Sebastian Voigt
Der Judenhass

Sebastian Voigt

Der Judenhass

Eine Geschichte ohne Ende?

HIRZEL

Bibliografische Information der Deutschen Nationalbibliothek
Die Deutsche Nationalbibliothek verzeichnet diese Publikation in der Deutschen Nationalbibliografie; detaillierte bibliografische Daten sind im Internet unter https://portal.dnb.de abrufbar.

Jede Verwertung des Werkes außerhalb der Grenzen des Urheberrechtsgesetzes ist unzulässig und strafbar. Dies gilt insbesondere für Übersetzungen, Nachdruck, Mikroverfilmung oder vergleichbare Verfahren sowie für die Speicherung in Datenverarbeitungsanlagen.

2. Auflage 2024
ISBN 978-3-7776-3529-3 (Print)
ISBN 978-3-7776-3531-6 (E-Book, epub)

© 2024 S. Hirzel Verlag GmbH
Birkenwaldstraße 44, 70191 Stuttgart
Printed in Germany

Lektorat: Thomas Steinhoff, Frankfurt am Main
Umschlaggestaltung: Stefan Schmid Design, Stuttgart
Satz: abavo GmbH, Buchloe
Druck und Bindung: Beltz Grafische Betriebe, Bad Langensalza

www.hirzel.de

Inhalt

Vorwort. 7

Einleitung. 9

Der Ursprung des Hasses
Die Judenfeindschaft in der Antike und im Mittelalter. 14

Emanzipation und Rückschläge
Die Judenfeindschaft von der Frühen Neuzeit
bis zur Französischen Revolution 27

Verschwörungen
Die Judenfeindschaft von der Entstehung des Kapitalismus
bis zum Frühsozialismus 36

Revolution und Deutsche Frage
Die Judenfeindschaft von den 1848er-Revolutionen
bis zur deutschen Reichseinigung 1871 49

Wandlungen des Hasses
Die Judenfeindschaft von der Reichsgründung 1871
bis zur Jahrhundertwende 58

Internationale Dimensionen
Die Judenfeindschaft von der Jahrhundertwende
bis zum Ende des Ersten Weltkrieges 1918. 75

Weimar
Die Judenfeindschaft in der Weimarer Republik
von 1918 bis 1933. 88

Ausgrenzung und Vernichtung
Der Nationalsozialismus von 1933 bis 1945 113

Die beiden Deutschlands
Die Judenfeindschaft von der frühen Nachkriegszeit
bis zur Wiedervereinigung 1990 146

Kontroversen
Die Judenfeindschaft von der Wiedervereinigung 1990 bis heute 187

Schlussbemerkung 222

Nachwort 225

Nachwort zur zweiten Auflage 228

Danksagung 230

Literaturverzeichnis 231

Der Autor 232

Vorwort

Gegen die oft beklagte Verschiebung des Sagbaren helfen nur Argumente – die sich auf historische Kenntnisse stützen. In ganz besonderer Weise gilt das für die Auseinandersetzung mit dem Judenhass. Wenn sich Sebastian Voigt der Herausforderung stellt, ihn zu überwinden und abzuschaffen, schreibt er nicht absichts- und auch nicht voraussetzungslos. Der von ihm hier sorgsam zusammengetragene Forschungs- und Wissensstand beruht auf den Erfahrungen und dem Umgang mit einer sich über Jahrhunderte erstreckenden Bedrohung, die auf den gesellschaftlichen Zusammenhalt, das mitmenschliche Empfinden, die Empathie zielt und diese bekämpft.

Der Judenhass hat eine lange Vorgeschichte: Angefangen in der Antike, setzt er sich in den Zeiten der Bibel fort und steigert sich in der Neuzeit zu einem nicht nur konfessionell, sondern auch sozial und kulturell begründeten Ressentiment. Er zielt auf die Homogenisierung der Gesellschaft und eine ethnische Begründung des Nationalstaates, die eine angebliche Andersartigkeit von Nationen und Menschen konstruiert und, weil fremd erscheinend, in ihrem Wert infrage stellt. Der Weg von den Pogromen des Mittelalters und der frühen Neuzeit über die von vielen abgelehnte »Judenemanzipation« und den später so genannten Antisemitismus bis zur politischen Gleichberechtigung und sozialen Anerkennung der Juden hierzulande war dabei keineswegs gradlinig. Einerseits, weil diese Entwicklungen oft kaum durchschaut wurden. Andererseits, weil zum Antisemitismus auch die Geschichte derjenigen gehört, die sich seinen Vorstellungen und Verschwörungslegenden widersetzten.

Die ausgewogene und im Urteil doch sehr entschiedene Arbeit des Zeithistorikers Voigt macht deutlich, wie der Antisemitismus Teil eines Denkens wurde, das sich immer wieder neu Argumente suchte und zugleich gegen Einwände wappnete. Antisemiten sind in der Regel unbelehrbar, ihre Weltsicht schwer zu erschüttern. Umso wichtiger ist es deshalb, ihre Vorbehalte, Vorstellungen, Regelverletzungen und Übergriffe nicht einfach hinzunehmen, sondern gegen sie anzugehen. Dazu bedarf es historischer Kenntnisse. Denn diese ermöglichen den Vergleich und die Einordnung von Vorurteilen und Verleumdungen, von Argumenten der Dummheit und der Inhumanität. Die hier vorlegte Geschichte des Judenhasses öffnet so nicht nur den Blick für die Vergangenheit, sie schärft auch die Wahrnehmung der Gegenwart, begünstigt die Reflexion über die eigenen Wertvorstellungen, Vorurteile, unausgesprochenen Empfindungen und insgeheimen Gedanken. Indem er Schritt für Schritt die Eskalationsstufen des Judenhasses darstellt, analysiert Voigt die Infiltrationen eines Denkens, das nur allzu oft zu Gewalt und Tod führte und führt. So sensibilisiert das hier vorgelegte Buch nicht zuletzt für die Zukunft, weil es bewusst macht, dass uns – wenn wir selbstkritisch sind – nicht alles fremd ist, was wir im anderen verachten.

Peter Steinbach
Leiter der Gedenkstätte Deutscher Widerstand, Berlin

Einleitung

Anliegen

Ein Buch über Judenhass zu schreiben, stellt eine besondere Herausforderung dar, denn die Beschäftigung damit folgt einer einzigen Motivation: Sie beabsichtigt, ihren Gegenstand abzuschaffen. Diese Abschaffung ist keine wissenschaftliche, sondern eine gesellschaftspolitische Aufgabe. Daher versteht sich die vorliegende Untersuchung und Darstellung der Geschichte des Judenhasses als ein Teil des Kampfes gegen denselben, der noch immer eine mörderische Bedrohung für Juden bedeutet. Als universelle Verschwörungserzählung, die alle gesellschaftlichen Verwerfungen zu erklären beansprucht, drängt diese Ideologie zur Gewalt, zum Mord und im schlimmsten Fall zur systematischen Vernichtung wie im Holocaust. Der Judenhass ist damit eine Gefahr für die moderne, pluralistische Gesellschaft, für die Grundlagen unseres Zusammenlebens.

Der Antisemitismus trifft zuerst die Juden, ist aber kein jüdisches, sondern ein gesamtgesellschaftliches Problem. Als Ideologie resultiert er nicht aus dem realen Verhalten von Juden, lässt sich nicht als etwaige »Reaktion« begreifen, sondern beruht auf falscher, wahnhafter Projektion. Er ist das »Gerücht über die Juden«, wie Theodor W. Adorno schrieb. Die Zwiespältigkeit und Komplexität der nicht auf Anhieb durchschaubaren gesellschaftlichen Verhältnisse werden im antisemitischen Weltbild beseitigt. In ihm erscheint die Welt übersichtlich, greifbar, mit eindeutigen Schuldigen: den Juden. Sie werden für alle Erschütterungen der Moderne verantwortlich gemacht, sei es für den Liberalismus, den Kommunismus, den Feminismus oder die wirtschaftlichen Krisen des Kapitalismus. Der Antisemitismus stellt somit einen Gegenentwurf zu den Errungenschaften der modernen Gesellschaft dar, einen Gegenentwurf zur Demokratie, zur Freiheit des Individuums und zur kritisch-aufgeklärten Debatte. Deshalb geht er alle an, ganz besonders die Nichtjuden. Dieser Herausforderung muss sich eine demokratische Öffentlichkeit stellen.

Braucht es aber noch ein weiteres Buch über den Judenhass? In den letzten Jahren erschienen nicht wenige historische wie sozialwissenschaftliche Studien über seine verschiedenen Facetten. Außerdem veröffentlichen Nichtregierungsorganisationen zahlreiche Handreichungen zur pädagogischen (Aufklärungs-)Arbeit. Die Vielzahl an Publikationen ist dem Gegenstand selbst geschuldet. Kaum ein anderes Thema weist eine derartige Beständigkeit, Verbreitung und bittere Aktualität auf wie der Judenhass: der von einem Rechtsextremen verübte Anschlag auf die Synagoge in Halle an der Saale 2019; die im Zuge des hochkochenden Nahostkonflikts auch in Deutschland stets gerufenen Parolen gegen Juden, wobei alle Juden mit Israel gleichgesetzt werden; die islamistischen Anschläge in Paris 2015, in Brüssel 2016, in Israel und anderswo; die von Linken immer wieder bestrittene Existenzberechtigung eines jüdischen Staates; die Vernichtungsdrohungen des iranischen Regimes gegen das »zionistische Gebilde« oder die erschreckende Verbreitung von Verschwörungserzählungen bis in die Mitte der Gesellschaft – dies alles sind nur einige wenige Beispiele.

Diese verschiedenen Geschehnisse sind keineswegs gleichwertig in ihrer Wirkungsweise oder Gewaltförmigkeit. Sie verweisen darauf, dass der Judenhass äußerst unterschiedliche Formen annimmt und aus allen politischen und gesellschaftlichen Richtungen kommt. Er tritt zugleich weltweit und in verschiedenen kulturellen sowie religiösen Kontexten auf. Seine Vielfältigkeit macht eine klare Bestimmung des Antisemitismus äußerst schwierig und führt immer wieder zu heftigen politischen Auseinandersetzungen über seine Erscheinungsformen bzw. deren Einordnung. Die regelmäßigen Kontroversen um den israelbezogenen Antisemitismus belegen, dass keineswegs eine Übereinstimmung darüber herrscht, wo Judenhass beginnt, geschweige denn, was überhaupt als antisemitisch zu gelten habe.

Insofern wird dieses Buch keinen weiteren Versuch unternehmen, den Begriff eng umgrenzt und eindeutig zu definieren. Es will vielmehr den Judenhass in seiner historischen Entwicklung darstellen, einige lange Entwicklungslinien aufzeigen und zugleich die Anpassungs- und Veränderungsfähigkeit des antijüdischen Ressentiments herausstellen. Ein Fokus liegt dabei darauf, die Judenfeindschaft nicht als Phänomen der politischen Extreme aufzufassen, sondern ihre tiefe Verankerung in der Mitte der Gesellschaft sichtbar zu machen.

Dieses Buch richtet sich an eine interessierte Öffentlichkeit, nicht in erster Linie an ein akademisches Fachpublikum. Es versteht sich folglich auch nicht als ein Beitrag zur wissenschaftlichen Forschung. Ich hoffe vielmehr, eine kompakte Einführung und einen verständlichen Zugang zu einem komplexen Thema zu eröffnen und eine weitere Beschäftigung mit der Geschichte und Gegenwart des Antisemitismus anzuregen. Diesem Anspruch folgend wird auf Fußnoten und wissenschaftliche Nachweise verzichtet. Stattdessen bietet das Literaturverzeichnis vielfältige Anregungen zu einer vertiefenden Lektüre.

Eine Auseinandersetzung mit Judenhass folgt jedoch mehr als einem bloßen historischen oder politischen Interesse. Der Antisemitismus ist mit anderen antimodernen gesellschaftlichen Phänomenen eng verwoben. Er stellt somit einen Ausgangspunkt dar, von dem aus die unterschiedlichen Ideologien, die Ressentiments und auch die Strukturen einer Gesellschaft erkundet werden können. Der Antisemitismus ist die Kernideologie der Moderne. Die Beschäftigung damit ist also immer auch Gesellschaftsanalyse, ja mehr noch: Sie ist gewissermaßen die Voraussetzung, um die gesellschaftlichen Verhältnisse zu begreifen.

Bereits 1941 – in dem Jahr, in dem der Massenmord an den Juden durch die Deutschen begann – formulierte der jüdische Sozialphilosoph Max Horkheimer im amerikanischen Exil in einem Brief: »So wahr es ist, dass man den Antisemitismus nur aus unserer Gesellschaft heraus verstehen kann, so wahr scheint mir zu werden, dass heute die Gesellschaft selbst nur durch den Antisemitismus richtig verstanden werden kann.« Die Umstände sind heutzutage zwar gänzlich andere, aber der Stellenwert des Antisemitismus zum Verständnis der Gesellschaft ist noch immer zentral.

Struktur und Intention

Der Aufbau des Buches folgt der klassischen historischen Epocheneinteilung und schlägt den Bogen über rund zweieinhalb Jahrtausende. Die Antike und das Mittelalter bilden die Grundlage und die Voraussetzung für die weitere Entwicklung der Judenfeindschaft in der Moderne. Sie werden deshalb in der erforderlichen Ausführlichkeit und der gebotenen Kürze behandelt. Der Schwerpunkt liegt auf der Zeit seit der Entstehung des modernen Antisemitismus im 19. Jahrhundert. Er verweist bei aller Kontinuität des christlichen (und islamischen) Antijudaismus auf eine strukturelle Veränderung des Judenhasses. Diese Einschätzung teilen keineswegs alle Forscher. Einige betonen, dass ältere Elemente des Judenhasses bis in die Gegenwart stark fortwirken. Deshalb treffen sie keine begriffliche Unterscheidung zwischen der vormodernen Judenfeindschaft und dem Antisemitismus, sondern wählen stattdessen einen gemeinsamen Begriff über die Epochen hinweg. In ihrer Perspektive überwiegt die Kontinuität gegenüber den Brüchen. Dieses Buch hingegen folgt der Annahme, dass die Judenfeindschaft an der Schwelle zur bürgerlichen Gesellschaft, also etwa ab dem Jahr 1800, eine grundlegende Transformation durchlief: Der moderne Antisemitismus zeichnet sich durch qualitativ andere Merkmale aus. Daher wird im Folgenden zwischen Judenfeindschaft als vormoderner Kategorie und Antisemitismus unterschieden. Diese Unterscheidung trägt dazu bei, die komplexen Veränderungen des Judenhasses besser fassen zu können – der Judenhass verändert sich mit der Gesellschaft, in der er auftritt. Genau deshalb lassen sich an ihm die Grundlinien der gesellschaftlichen Entwicklung ablesen.

Der Schwerpunkt des Buches liegt auf der Entwicklung im deutschsprachigen Raum. Dort gelangte die mörderische Qualität des Antisemitismus in der Mitte des 20. Jahrhunderts mit dem Nationalsozialismus an ihren grausamen Höhepunkt. Das Wissen um die Vernichtungslager und Massenerschießungen, um die Ermordung von circa sechs Millionen Juden ließ den Antisemitismus aber nicht verschwinden. Er wandelte sich nach 1945 erneut. Die Veränderung des Antisemitismus nach Auschwitz wirkt bis in die Gegenwart. Die Leugnung oder Relativierung des Holocaust findet sich in den Nachfolgestaaten des nationalsozialistischen Regimes, beschränkt sich aber keineswegs auf Deutschland und Österreich. Sie tritt in unzähligen Ländern und in verschiedenen kulturellen und religiösen Umgebungen auf.

So relativierte Mahmud Abbas, der Präsident der Palästinensischen Autonomiebehörde, im August 2022 bei einer Pressekonferenz im deutschen Kanzleramt die Ermordung der Juden im Holocaust, indem er der israelischen Armee vorwarf, »Dutzende Holocausts« verübt zu haben.

Die Argumentationsfigur, dass sich Israel und die Juden heute gegenüber den Palästinensern so verhielten wie die Nazis einst gegenüber den Juden, ist lediglich ein sehr verbreitetes Beispiel für den heutigen Antisemitismus. Die antisemitischen Kunstwerke des indonesischen Künstlerkollektivs Ruangrupa auf der Documenta fifteen in Kassel 2022 unterstreichen diese Feststellung.

Um den Antisemitismus deshalb in seiner ganzen Wirkmächtigkeit und seinen unterschiedlichen Erscheinungsformen zu erfassen, wäre es erforderlich, eine globale Perspektive einzunehmen. Dieser Anspruch würde das Buch überfrachten und einer kurzen Einführung zuwiderlaufen. Damit bleibt eine der gefährlichsten und mörderischsten Varianten des gegenwärtigen Antisemitismus notwendigerweise unterbelichtet: die Judenfeindschaft in der islamischen Welt.

Mit dem Buch will ich die Bedeutung der Thematik unterstreichen und zur kritischen Auseinandersetzung ermuntern sowie den einen oder die andere dazu anspornen, sich für das eigentliche Ziel zu engagieren: den Antisemitismus zu bekämpfen und letztlich abzuschaffen. Hierfür wäre eine grundlegende Änderung der gesellschaftlichen Zustände notwendig, die den Judenhass aus sich heraus immer wieder hervorbringen. Da diese Absicht aber ohne eine Kenntnis der geschichtlichen Entwicklung, der Genese und der Transformation des Judenhasses schwer zu erreichen ist, muss die Geschichtswissenschaft einen Beitrag zu diesem drängenden, aktuellen Problem leisten. Historische Kenntnis ermöglicht historische Urteilskraft. Diese Urteilskraft zu schärfen, ist der Ansporn jeder kritischen Geschichtswissenschaft und damit auch dieser Publikation.

Der Ursprung des Hasses
Die Judenfeindschaft in der Antike und im Mittelalter

Die Anfänge des Judentums reichen über 3000 Jahre zurück. In seiner heutigen Gestalt bildete es sich wahrscheinlich im Lauf des sechsten Jahrhunderts v.u.Z. heraus. Es wies eine Reihe von Merkmalen auf, die es von seiner kulturellen Umgebung abhoben. Die Thora, die fünf Bücher Mose in der hebräischen Bibel, konstituiert bis heute sein religiöses Selbstverständnis. Damit geht eine bestimmte Gottesvorstellung einher. Gott besitzt im Judentum weder einen Namen noch ein Abbild. Die monotheistische Struktur des jüdischen Glaubens lässt nur den einen Gott zu. Die antiken Gesellschaften nahmen die Juden deshalb als nicht zugehörig, als fremd wahr. Ihre Auffassung *eines* Gottes passte nicht in die vielfältigen orientalischen, griechischen oder römischen Götterhimmel, die sich ständig erweiterten und neue Gottheiten integrierten. Die Juden unterschieden sich aber auch durch religiöse Rituale von ihrer gesellschaftlichen Umgebung. Jeder männliche Jude muss beschnitten werden, um den Bund des Stammvaters Abraham mit Gott immer wieder neu zu besiegeln. Der Sabbat als Tag der Ruhe ist dem Schöpfungsakt folgend einzuhalten. Ebenso ist es Juden verboten, Schweinefleisch zu essen. Diese Verhaltensweisen und Vorschriften setzten sie zahlreichen Anfeindungen aus. Sie mussten sich folglich seit jeher als religiöse Minderheit behaupten und riefen immer wieder Hass und Ablehnung hervor.

Der Judenhass in religiösen Schriften

Erstmals taucht der Judenhass in den religiösen Schriften im Buch Ester auf. Im Perserreich heckte Haman, der höchste Berater des Königs Ahasveros, einen Plan aus, um alle Juden zu vernichten. Er stachelte seinen Herrscher mit folgenden Worten auf:»Es gibt ein Volk, das lebt verstreut und abgesondert unter allen Völkern in allen Provinzen deines Königreiches, und ihre Gesetze sind anders als die aller Völker und sie befolgen die Gesetze des Königs nicht, sodass es dem König nicht geziemt, sie gewähren zu lassen.« (Ester 3,8)

Der Groll Hamans rührte daher, dass Mordechai, der Cousin und Adoptivvater der jüdischstämmigen Königin Ester, sich geweigert hatte, vor ihm niederzuknien. Daraufhin sann er auf Rache und wollte alle Juden in Persien ausrotten lassen. Diesen Plan konnten Mordechai und Ester letztlich abwenden. Der unbändige Hass Hamans gegen die Juden entsprang den religiösen Schriften zufolge aber nicht nur aus einer individuellen Abneigung, sondern ergab sich aus seiner Abstammung vom Volk der Amalekiter. Bereits ihr Gründungsvater Amalek habe die Israeliten unmittelbar nach ihrem Auszug aus Ägypten in der Wüste angegriffen. So heißt es im fünften Buch Mose:»Denk daran, was Amalek dir unterwegs angetan hat, als ihr aus Ägypten zogt: wie er unterwegs auf dich stieß und, als du müde und matt warst, ohne jede Gottesfurcht alle erschöpften Nachzügler von hinten niedermachte. [...] Du sollst nicht vergessen.« (Deuteronomium 25,17–19) Außerdem habe König Agag, ein Nachfahre Amaleks, sich im Konflikt mit Saul befunden, dem ersten König der Israeliten.

Demgemäß setzte der Konflikt zwischen Haman auf der einen sowie Mordechai und Ester auf der anderen Seite eine ältere Auseinandersetzung fort, die sich letztlich bis in die früheste Geschichte der Juden zurückführen ließ. Amalek wurde damit zum Sinnbild des Judenfeindes, der im Lauf der Geschichte in unterschiedlicher Gestalt immer wiederkehre. In Gedenken an ihre Rettung im Perserreich feiern die Juden bis heute das Purimfest. So halten sie die Erinnerung an die Verfolgungsgeschichte im kollektiven Gedächtnis wach. Um sie zu begreifen, muss der Blick aber nicht so sehr auf die Juden und die Eigenheiten ihrer Religion, sondern auf die sie umgebenden Mehrheitsgesellschaften geworfen werden.

Die Zerstörung des Tempels und das folgende Exil

Einen tiefen Einschnitt für die Juden stellte die Zerstörung des Tempels in Jerusalem im sechsten Jahrhundert v. u. Z. durch die Babylonier dar. Im darauf folgenden babylonischen Exil entstanden zerstreut an mehreren Orten jüdische Gemeinden. Die Herrschaft der Babylonier endete schließlich mit der persischen Eroberung. In Persien spielte sich dann im fünften Jahrhundert v. u. Z. das im Buch Ester beschriebene Drama ab. Die Feldzüge Alexanders des Großen um 330 v. u. Z. zerstörten schließlich das Perserreich und bildeten wiederum die Grundlage für ein neues Großreich. Es zerfiel allerdings nach dem Tod seines Herrschers 323 v. u. Z. in die sogenannten Diadochenreiche. In einem davon, dem Reich der Seleukiden, erhoben sich die Juden unter Judas Makkabäus. In diesem Aufstand eroberten sie 175 v. u. Z. Jerusalem und weihten dort einen neuen Tempel ein. Dieser Weihung des zweiten Tempels gedenken die Juden bis in die Gegenwart im Channukafest. Erst die Römer brachen die jüdische Vorherrschaft wieder und gliederten Judäa, die Gegend um Jerusalem, als Klientelstaat mit einem gewissen Maß an Autonomie in ihr Reich ein. Nach einem weiteren jüdischen Aufstand von 66 bis 70 u. Z. eroberten die römischen Truppen die Heilige Stadt erneut. Dabei zerstörten sie auch den wiedererrichteten Tempel und besiegten die letzten Aufständischen wenige Jahre später auf der Bergfestung Massada am Toten Meer. Das Scheitern der Aufstände besiegelte das Ende einer jüdischen Staatlichkeit für eine lange Zeit.

Gegen die Herrschaft des römischen Imperiums erhoben sich die Juden noch mehrere Male erfolglos. Nach dem Diasporaaufstand von 115 bis 117 u. Z. lösten die Römer die letzten zusammenhängenden jüdischen Siedlungsgebiete auf. Ebenso schlugen sie den Bar-Kochba-Aufstand von 132 bis 135 u. Z. nieder. Danach benannten sie die Provinz in Palästina um.

Die Gewalt des römischen Imperiums gegen die Juden richtete sich nicht primär gegen ihre Religion, sondern gegen eine renitente Bevölkerungsgruppe, die sich nicht unterwarf und nach Autonomie strebte. Generell stellte das Judentum eine der erlaubten Religionen im Römischen Reich dar. Seine Anhänger hatten Abschlagszahlungen zu leisten, durften ihre Bräuche und Riten jedoch weitgehend unbehelligt pflegen. Dennoch finden sich viele antijüdische Passagen in den Schriften römischer Philosophen oder Staatsmänner, so etwa bei dem Geschichtsschreiber und Senator Publius Cornelius Tacitus. In dem »Judenexkurs« im fünften Buch der Historiae warf er den Juden vor, einem Aberglauben anzuhängen. Sie seien ein »abscheulicher Volksstamm«.

Das Christentum

Mittlerweile war jedoch eine neue Religion aus dem Judentum hervorgegangen, welche die Situation grundlegend veränderte. Das Christentum stand zu seinem Ursprungsglauben sowohl in enger Beziehung als auch in dauernder Konkurrenz. Dieses widersprüchliche Verhältnis wirkte sich fatal für die Juden aus.

Die frühesten Ressentiments formulierte der Apostel Paulus. Als zum Christentum bekehrter Jude gründete er einige Gemeinden im östlichen Mittelmeerraum. Damals bestand in Jerusalem noch eine mächtige judenchristliche Gemeinde, die auf die Einhaltung des jüdischen Gesetzes bestand und sich dezidiert als Juden betrachtete. Insofern handelte es bei den verschiedenen Polemiken gewissermaßen um Konflikte um die Emanzipation der neuen Religion vom Judentum.

Die von Paulus um 50 u. Z. verfassten Briefe gelten als die ältesten erhaltenen Schriften des Urchristentums. In den Angriffen auf seine ehemaligen Glaubensbrüder begründete er bereits einige Vorwürfe, die sich in der späteren Rezeption zum Kern der Judenfeindschaft auswuchsen. So schrieb er im Brief an die Thessalonicher über die Juden: »Die haben den Herrn Jesus getötet und die Propheten und haben uns verfolgt und gefallen Gott nicht und sind allen Menschen feind.« (1. Thessalonicher 2,15–16)

Paulus machte folglich nicht die römische Besatzungsmacht, sondern die Juden für die Kreuzigung Jesu verantwortlich. In der Rezeption der Paulusbriefe verdichteten sich derartige Aussagen zu einem pauschalen Antijudaismus. Nachdem sich die Kirche endgültig vom Judentum emanzipiert hatte, wurde der Gottesmordvorwurf ein integraler Bestandteil ihrer Doktrin. Der Vorwurf wurde immer wieder als Begründung für antijüdische Gewalttaten herangezogen. Ebenso warfen kirchliche Gelehrte mit Bezug auf Paulus den Juden vor, verstockt an ihren Glaubensgrundsätzen festzuhalten, sich dem Heil zu entziehen und andere Menschen davon abzuhalten. Als eine abgeschlossene Gruppe seien sie die Feinde der ganzen Menschheit. Auch die nach den Paulusbriefen entstandenen Evangelien formulieren ähnliche Vorwürfe. Im Matthäusevangelium ist die ausschließlich jüdische Schuld an der Ermordung Christi zwar noch nicht ausdrücklich ausgesprochen, aber angelegt. Während der römische Statthalter Pontius Pilatus Jesus habe freilassen wollen, habe sich die jüdische Menge dagegen gewandt. An sie gerichtet, sagte Pilatus: »Ich bin unschuldig am Blut dieses Menschen; seht ihr zu! Da antwortete alles Volk und sprach: Sein Blut komme über uns und unsere Kinder!« (Matthäus 27,24–25) Die Juden als Gottesmörder würden nach dem Blut des Herrn trachten. Der Bezug auf Blut zieht sich ebenso in verschiedener Weise durch die Geschichte der Judenfeindschaft.

Während die frühen Evangelien noch stärker im Kontext innerjüdischer Konflikte und der Auseinandersetzungen mit den Heidenchristen zu interpretieren sind, ist die Situation beim jüngsten Evangelium bereits klarer. Das Johannesevangelium gilt gewissermaßen als der »christlichste« Text des Neuen Testaments. Es ist außerdem das antijüdischste der Evangelien mit einer deutlichen Stoßrichtung. Es stellt die Juden als Anhänger oder gar Abkömmlinge des Teufels dar. So heißt es dort, dass Jesus sie gefragt habe: »Warum versteht ihr meine Rede nicht? Weil ihr mein Wort nicht hören könnt! Ihr habt den Teufel zum Vater, und nach eures Vaters Begierden wollt ihr tun.« (Johannes 8,43–44)

Die Juden werden als Antichristen, als der absolute Gegenpol zum Christentum dargestellt, weil sie Jesus nicht als Gottes Sohn, als Messias anerkennen. Diese dichotome Feindschaft bestimmte aus christlicher Sicht das Verhältnis der beiden Religionen zueinander. Die Situation spitzte sich mit der Ausbreitung des Christentums im Römischen Reich zu. Nachdem die Christen dort lange Zeit selbst verfolgt worden waren, wandte sich Kaiser Konstantin dem Christentum zu Beginn des vierten Jahrhunderts zu. Diese konstantinische Wende veränderte seine Stellung im Römischen Reich immens. In den folgenden beiden Jahrhunderten gewann das Christentum mit kaiserlicher Unterstützung mehr und mehr an Einfluss und verdrängte das Heidentum.

Einer der schärfsten antijüdischen Hetzer seinerzeit war Johannes von Antiochia, der später den Beinamen Chrystosomos, Goldmund, erhielt. Als Erzbischof von Konstantinopel galt er als einer der einflussreichsten Prediger. In seinen scharfen Angriffen gegen die Juden wiederholte er die gängigen Stereotype und fügte zugleich neue Vorwürfe hinzu: »Weil ihr Christus getötet habt, weil ihr gegen den Herrn die Hand erhoben habt, weil ihr sein kostbares Blut vergossen habt, deshalb gibt es für euch keine Besserung mehr, keine Verzeihung und auch keine Entschuldigung.« Und er fährt an die Juden gerichtet fort: »Denn, wenn dies nicht die Ursache eurer gegenwärtigen Ehrlosigkeit ist, weshalb hat euch Gott damals ertragen, als ihr Kindesmord begangen habt, wohingegen er sich jetzt, da ihr nichts Derartiges verübt, von euch abwendet? Also ist klar, dass ihr mit dem Mord an Christus ein viel schlimmeres und größeres Verbrechen begangen habt als Kindesmord und jegliche Gesetzesübertretung.«

Der vermeintliche Mord der Juden an dem Gottessohn sei zweifellos der höchste Frevel, stehe aber in einer Reihe mit anderen Untaten, die sie begangen hätten. Das Motiv des Kindesmords spielte auf den jüdischen König Herodes an, der gemäß der christlichen Erzählung die Ermordung aller männlichen Kleinkinder in Bethlehem verfügte, um Jesus, den neuen König der Juden, zu beseitigen. Der Vorwurf, die Juden würden Kinder töten, gewann im Mittelalter im Ritualmordvorwurf eine neue Qualität.

Auch der bedeutendste Kirchenlehrer im Weströmischen Reich, Augustinus von Hippo, der mit den »Confessiones«, den »Bekenntnissen«, eines der einflussreichsten autobiografischen Werke der Weltliteratur verfasste, ließ sich in seinen Predigten *adversus Judaeos*, gegen die Juden, aus. Er argumentierte, dass sich die Schuld an der Ermordung Jesu über die Generationen hinweg übertrage. Außerdem verglich er die Juden mit Raubtieren und belegte sie mit allerlei Schimpfwörtern. Dennoch ging er nicht so weit wie andere christliche Prediger. Augustinus wies den Juden nämlich gerade wegen ihrer Verfehlungen und in ihrer Sündhaftigkeit eine wichtige Funktion für das Christentum zu. Unfreiwillig bewiesen sie dessen Überlegenheit und Wahrhaftigkeit. Somit hätten sie eine Rolle in Gottes Heilsplan zu spielen. Deshalb, so Augustinus, sollten die christlichen Herrscher die Juden nicht vertreiben oder töten, sondern in einer geächteten gesellschaftlichen Stellung halten und doch mit Respekt behandeln.

Diese Beispiele verdeutlichen, dass sich das Christentum in ständiger Auseinandersetzung mit seiner Vaterreligion befand. Es grenzte sich permanent von ihr ab und blieb doch zugleich notwendigerweise auf sie bezogen.

Der Antijudaismus zeigte sich jedoch nicht ausschließlich in Schriften oder Predigten, sondern schlug sich in der Spätantike auch in der kirchlichen und teilweise der staatlichen Gesetzgebung nieder. Die wichtigsten antiken Gesetzessammlungen, die »Codices Theodosianus« und »Iustinianus«, enthielten diskriminierende Passagen für die Juden hinsichtlich der Beschneidung, dem Übertritt zum Judentum, dem Kauf von Sklaven oder dem Neubau von Synagogen. Diese Bestimmungen verdrängten die Juden zunehmend aus dem sozialen Leben. Die Gesetze wurden mit ihrer Stoßrichtung ferner zur Grundlage der Gesetzgebung für die folgenden Jahrhunderte.

Die Judenfeindschaft im Mittelalter

Über die Lebenssituation der Juden im frühen Mittelalter ist recht wenig bekannt. Allerdings lebten sie seit der Zerstörung des zweiten Tempels in Jerusalem überwiegend in der Diaspora, also verstreut in vielen Ländern. Christliche Prediger deuteten diese erzwungene, diasporische Lebensweise der Juden als Strafe Gottes für die Ermordung Jesu. Abgesehen von den höfischen Ämtern fanden sich Juden seinerzeit trotzdem noch in vielen Berufszweigen, besonders jedoch unter den Kaufleuten. Außerdem betätigten sich Juden als Geldverleiher. Diese Tätigkeit war wirtschaftlich notwendig, aber gesellschaftlich verpönt. Die Juden genossen einen besonderen Schutz seit den spätantiken Rechtskodizes, weil sie als Zeugen des christlichen Glaubens galten und somit eine herausgehobene Rolle im Heilsplan einnahmen. Viele weltliche Herrscher gewährten ihnen allerdings Schutz nur gegen einen hohen Abschlag. Obwohl sie eine Minderheit unter den Kreditgebern bildeten, entwickelten sich hieraus zwei wirkmächtige Stereotype. Einerseits entstand die Vorstellung des Geld- und

Wucherjuden, wie ihn noch William Shakespeare im 16. Jahrhundert in der Figur des Shylock im »Kaufmann von Venedig« prototypisch beschrieb.

Andererseits schienen die Juden eng mit den herrschenden weltlichen Gewalten verbandelt zu sein, als ihre Büttel, die zugleich großen Einfluss hinter den Kulissen ausüben würden. Die Juden erhielten unter Karl dem Großen um 800 besondere Schutzrechte. Dieses Privileg lieferte sie aber gänzlich der Gunst des jeweiligen Herrschers aus. Außerdem mussten sie dafür regelmäßig hohe Geldzahlungen leisten. Trotz aller fortwirkenden Diskriminierungen gründeten sich durch die auch nach dem Tode des Kaisers weiter bestehenden Schutzprivilegien im zehnten und elften Jahrhundert an verschiedenen Orten jüdische Gemeinden, unter anderem in Trier, Magdeburg oder Prag. Zugleich waren die Juden in vielen Städten aber gezwungen, in separierten Wohngebieten oder Gassen zu leben. Diese Gettos bestanden zum Teil bis ins 19. Jahrhundert.

Bereits im siebten Jahrhundert hatte sich eine weitere, als Bedrohung für das christliche Europa wahrgenommene Religion herausgebildet, der Islam. Nach seiner Entstehung war er schnell expandiert, zunächst in Arabien und dem Nahen Osten, dann in Nordafrika und auf der hispanischen Halbinsel. Im Zuge dieser Expansion war auch Jerusalem als heilige Stadt für das Juden- und das Christentum unter islamische Herrschaft geraten. Außerdem stellte der Islam eine große Gefahr für das Byzantinische Reich dar. Deshalb entstand in Europa im elften Jahrhundert die Idee, das Heilige Land gewaltsam zu befreien. Es entwickelte sich in vielen Schichten der Bevölkerung geradezu eine Kreuzzugsbegeisterung mit fanatischen Zügen. Seit dem ersten Kreuzzug unter Papst Urban II. im Jahre 1095 fanden bis ins 13. Jahrhundert derartige Beutezüge statt. 1099 gelang es einem christlichen Heer, Jerusalem zu erobern und einige Kreuzfahrerstaaten im Orient zu gründen. Der christliche Fanatismus traf aber nicht nur die Andersgläubigen im Nahen Osten, sondern zuallererst die Juden in Europa. Im Verlauf der Kreuzzüge wurden sie immer wieder das Ziel von Übergriffen, Plünderungen und Massakern. Ganze jüdische Gemeinden wurden ausgelöscht, ihre Mitglieder zwangsgetauft oder ermordet.

Im Zuge dieser Entwicklungen traten weitere Anschuldigungen auf. Den Juden war bereits seit Jahrhunderten unterstellt worden, Christusbilder aus Hass zu zerstören. Im Hochmittelalter wurde den Juden vermehrt vorgeworfen, geweihte Hostien zu schänden. Mit diesem Frevel würden sie den Martertod Christi nachvollziehen. Ebenso wurden sie der Ritualmorde beschuldigt. Ein solcher Vorwurf wurde erstmals 1144 in England erhoben. Die Juden würden christliche Kinder entführen und töten, weil sie deren Blut für das Pessachfest oder andere Rituale benötigten. Derartige Anschuldigungen führten zu Schauprozessen und Übergriffen. Vor allem im 13. Jahrhundert nahmen die Ritualmordbeschuldigungen europaweit stark zu. Diese Zunahme war selbst einigen weltlichen und kirchlichen Autoritäten zu viel, so dass sie es untersagten, solche Gerüchte in die Welt zu setzen. Nicht selten stellten die damit einhergehenden judenfeindlichen Ausschreitungen eine Möglichkeit für die christlichen Schuldner dar, ihre Kreditgeber loszuwerden. Auch wurden Juden mit der Drohung erpresst, sie des Ritualmords anzuklagen. Die Erpressung von Juden war so verbreitet, dass Papst Gregor X. sie in einem Erlass 1272 verurteilte.

Gemäß den Beschlüssen des Vierten Laterankonzils 1215 mussten sich Andersgläubige, also Juden und Muslime, durch ihre Kleidung von Christen unterscheiden. Sie sollten äußerlich als das andere und das Fremde erkennbar sein, damit sich die Christen nicht irrtümlich mit ihnen einließen. Dieser Beschluss führte dazu, dass die Juden in verschiedenen Ländern durch ein gelbes Stück Stoff gekennzeichnet sein oder einen bestimmten Hut tragen mussten.

In jener Zeit tauchten in ganz Mitteleuropa Schmähreliefs auf kirchlichen Bauwerken auf. Die Juden wurden als Säue oder an Schweinezitzen saugend abgebildet. Eine derartige »Judensau« sollte die Juden herabsetzen und verhöhnen, da das Schwein im Judentum als unrein galt und mit einem religiösen Tabu besetzt war. Im Hoch- und Spätmittelalter wurde das Kaisertum allmählich geschwächt und damit auch die ohnehin fragilen kaiserlichen Verfügungen zum Schutz der Juden. Die Zugriffsrechte gingen auf die kleineren Territorialherren über, die zumeist finanzielle Interessen verfolgten und teilweise den Schutzaspekt gegenüber den Juden vernachlässigten.

1240 wurde in Paris der »Talmudprozess« durchgeführt. Der konvertierte Jude Nikolaus Donin behauptete unter anderem, dass der Talmud voller Gotteslästerungen gegen den Heiland und die Kirche sei. Außerdem stünde in den jüdischen Schriften, dass der beste unter den Christen zu töten sei. Zunächst gelang es den Verteidigern des Talmuds zwar, die Anschuldigungen abzuweisen, aber nichtsdestotrotz wurden zwei Jahre später 24 Wagenladungen hebräischer Schriften öffentlich verbrannt. 1290 vertrieb der englische König Eduard I. die Juden sogar vollständig von der Insel. 1306 erfolgte die Vertreibung aus Frankreich.

Mitte des 14. Jahrhunderts erreichte die antijüdische Gewalt dann einen bis dahin nicht gekannten Höhepunkt. Ab 1348 breitete sich die Pest, der schwarze Tod, von Asien über den Mittelmeerraum in wenigen Jahren über fast ganz Europa aus. Die über Handelswege nach Frankreich eingeschleppte Krankheit entwickelte sich zu einer der schlimmsten Pandemien in der Geschichte. In kurzer Zeit raffte sie gut 25 Millionen Menschen hin, ungefähr ein Viertel der europäischen Bevölkerung. Die Ursache der Krankheit war damals unbekannt. Deshalb suchten die Menschen nach einer Erklärung, nach Schuldigen, und fanden sie in den Juden. Der bereits früher erhobene Vorwurf der Brunnenvergiftung machte erneut die Runde. Den Juden wurde vorgehalten, die Brunnen und Quellen zu vergiften und somit für die Krankheit verantwortlich zu sein. Die Folge waren schreckliche Pogrome gegen jüdische Gemeinden. Viele Juden wurden ermordet, Synagogen zerstört und die heiligen Schriften und Ritualgegenstände verbrannt. Im Verlauf der Pestwelle von 1346 bis 1353 wurden mindestens einhundert Gemeinden in den deutschsprachigen Gebieten vernichtet, ihre Mitglieder getötet oder vertrieben. Diese Pogrome stellten einen tiefen Einschnitt für die Juden in West- und Mitteleuropa dar. Viele Überlebende siedelten sich daraufhin in Osteuropa an, im heutigen Polen oder in den baltischen Staaten.

Das mittelalterliche Spanien

Eine besondere Situation herrschte in Spanien vor. Die Iberische Halbinsel befand sich ab dem achten Jahrhundert zu großen Teilen unter muslimischer Herrschaft. Im Vergleich zum christlichen Europa genossen die

Juden dort eine weitgehende Toleranz und fanden sich in nahezu allen gesellschaftlichen Bereichen. In den meisten Ländern standen die Zünfte und folglich alle Handwerksberufe nur Christen offen. In Spanien hingegen arbeiteten die Juden nicht nur als Handwerker, sondern waren generell ein wichtiger Bestandteil der aufblühenden städtischen Kultur. Im Zuge der christlichen Rückeroberung, der Reconquista, die sich bis ins späte 15. Jahrhundert hinzog, verschlechterte sich ihre Lage. Die neuen christlichen Herrscher zwangen die Juden zur Konversion. Die zum Christentum Übergetretenen, die *conversos*, wurden häufig beschuldigt, weiterhin heimlich jüdische Riten zu praktizieren. Schließlich wurde eine Inquisition in Spanien eingeführt, um diese sogenannten Kryptojuden, auch Marranen genannt, aufzuspüren. Das brutale Vorgehen gipfelte in dem protorassistischen Grundsatz des *limpieza de sangre*, der Reinheit des Blutes, um die alten und die neuen Christen, die zwangskonvertierten Juden, auseinanderzuhalten. Mit dem Abschluss der Reconquista als Eroberung ganz Spaniens im Jahr 1492 verfügten die katholischen Herrscher, alle Juden aus dem Königreich zu entfernen. Auch in England und Frankreich waren die Juden bereits vertrieben worden. Somit wiesen viele Staaten West- und Mitteleuropas im Spätmittelalter faktisch keine jüdische Bevölkerung mehr auf.

Der christliche Antijudaismus hatte sich folglich radikalisiert. Zu den klassischen religiösen Vorwürfen, die seit der Entstehung des Christentums erhoben worden waren, traten mit den zahlreichen politischen oder ökonomischen Krisen neue hinzu. Die Juden wurden für die gesellschaftlichen Verwerfungen verantwortlich gemacht, als die Schuldigen oder deren Nutznießer benannt. Somit erfüllte der Judenhass im christlichen Europa im Mittelalter mehrere wichtige ideologische Funktionen. Einerseits trug er dazu bei, die Überlegenheit der christlichen Religion zu bestätigen. Andererseits half er, Erklärungen für bedrohliche Entwicklungen zu bieten und Verantwortliche ausfindig zu machen. Er zementierte gewissermaßen die christliche Gemeinschaft und bot bei allen Unterschieden zwischen den Ländern den verbindenden Kitt. An der Schwelle zur Frühen Neuzeit verschärften sich die antijüdischen Angriffe nochmals.

Martin Luther und die Reformation

Die Reformation im frühen 16. Jahrhundert spaltete das Christentum in die katholische und die protestantische Denomination. Martin Luthers Verhältnis zu den Juden wandelte sich im Laufe der Zeit. Schließlich polemisierte er 1543 gegen Ende seines Lebens in der Schrift »Von den Juden und ihren Lügen« aufs Heftigste gegen sie. Darin kritisierte Luther die Eigenheiten der Juden, die sich für etwas Besonderes hielten. Sie seien ein geldgieriges Volk und leibhaftige Teufel. Sie würden nicht körperlich arbeiten und auf Kosten der christlichen Bevölkerung leben. Luther beließ es nicht bei den Beschimpfungen, sondern forderte konkrete Maßnahmen, um gegen sie und ihren Glauben vorzugehen. Unter anderem sollten ihre Synagogen niedergebrannt und ihre Häuser zerstört werden. Er schrieb: »Erstlich, das man jre Synagoga oder Schule mit feur anstecke und, was nicht verbrennen wil, mit erden uber heuffe und beschuette, das kein Mensch ein stein oder schlacke davon sehe ewiglich. Und solchs sol man thun, unserm Herrn und der Christenheit zu ehren damit Gott sehe, das wir Christen seien und solch oeffentlich liegen, fluchen und lestern seines Sones und seiner Christen wissentlich nicht geduldet noch gewilliget haben.« Ferner dürften Rabbiner nicht mehr lehren und die Juden kein Geldgeschäft betreiben. Stattdessen seien sie zur körperlichen Arbeit zu zwingen. Gegebenenfalls seien die Juden zu vertreiben.

Die breit rezipierte Schrift verstärkte den traditionellen christlichen Antijudaismus weiter und verankerte ihn in der neuen Konfession. Diese Verankerung wirkte lange fort. Besonders die Gegenüberstellung von konkreter christlicher Arbeit im Schweiße des Angesichts und abstrakter jüdischer Tätigkeit entfaltete bis ins 20. Jahrhundert verheerende Auswirkungen. Da es den Juden in den meisten Regionen verboten war, Land zu besitzen, und sie außerdem nicht Mitglied einer Zunft werden, also auch nicht als Handwerker arbeiten durften, stand ihnen eine körperliche Arbeit ohnehin nicht offen. Somit konzentrierten sie sich auf bestimmte Bereiche wie den Handel. Diese Konzentration bestätigte wiederum das antijüdische Ressentiment.

Grundlagen der christlichen Judenfeindschaft

Mit der Entstehung und Ausbreitung des Christentums gelangte die Judenfeindschaft zu einer neuen Qualität. Zwar hatte es auch davor in der Antike schon Anfeindungen gegeben, die sich aber meist nicht gegen die Juden als solche richteten, sondern generell gegen aufmüpfige Bevölkerungsgruppen. Der aus dem Judentum entstandene neue Glaube befand sich allerdings in ständiger Auseinandersetzung mit und in Abgrenzung zur Ursprungsreligion. Das Christentum musste sich zunächst konsolidieren, um dann in einem nächsten Schritt seine Überlegenheit gegenüber dem Judentum zu beweisen. Auch deshalb arbeiteten sich die christlichen Kirchenväter und Prediger geradezu manisch am Judentum ab.

Hieraus resultierten die klassischen antijudaistischen Topoi von der verstockten Haltung der Juden, die sich dem Messias und damit dem Heil verweigerten, bis zum Christusmord. Zu diesen Vorwürfen traten im Lauf der Jahrhunderte neue hinzu, etwa der Vorwurf des Wuchers und der Brunnenvergiftung. Die verbreitete Judenfeindschaft endete nicht selten in körperlichen Angriffen, Morden und Brandschatzungen. Mit den Pogromen während der Pest ab 1348 gelangte die antijüdische Gewalt an einen vorläufigen Höhepunkt. Auch die Spaltung des Christentums im Zuge der Reformation änderte an der judenfeindlichen Haltung nichts. Im Gegenteil spitzte Martin Luther viele Vorwürfe noch zu und forderte praktische Konsequenzen gegen die Juden.

So blieben die Juden bei allen Veränderungen das ganze Mittelalter über eine geschmähte, ausgegrenzte, verfolgte Minderheit, die nicht zur christlichen Gemeinschaft dazugehörte. Zugleich benötigten die Christen das Judentum zur Selbstvergewisserung und zum Beweis für die eigene Wahrhaftigkeit. Bei aller Kontinuität der Judenfeindschaft zeichneten sich mit dem Ausgang des Mittelalters doch Veränderungen am Horizont ab, die den Umgang mit dem Judentum beeinflussten. Die religiöse Ablehnung der Juden wurde sukzessive durch säkulare Ressentiments abgelöst.

Emanzipation und Rückschläge
Die Judenfeindschaft von der Frühen Neuzeit bis zur Französischen Revolution

Ab dem 16. Jahrhundert vollzogen sich einschneidende gesellschaftliche Veränderungen, die sich auf das Verhältnis von Christen und Juden auswirkten. Dieser Prozess war durchaus widersprüchlich. Luther allerdings, dessen Thesenanschlag an die Tür der Schlosskirche von Wittenberg 1517 den symbolischen Beginn der Reformation markierte, verschärfte die Hetze gegen die Juden noch. Die Position des Reformators zu den Juden entfaltete eine fatale Wirkung, weil der Protestantismus sich volkstümlicher präsentierte als die lateinischen Verlautbarungen der katholischen Kirche. Damit stachelten seine Schriften das antijüdische Ressentiment der unteren Volksklassen an. Die Erfindung des Buchdrucks durch Johannes Gutenberg Mitte des 15. Jahrhunderts in Mainz sorgte darüber hinaus für die weite Verbreitung der lutherischen Hetze gegen die Juden. Luther sprach seine Leserschaft außerdem in ihrer Muttersprache an und schuf dadurch eine große Reichweite.

Auch die Veröffentlichungen von humanistischen Gelehrten wurden durch den Buchdruck breiter wahrgenommen. Der Humanismus und die Renaissance stellten sich gegen den religiösen Dogmatismus der traditionellen Kirchenlehre und wandten sich der klassischen antiken Literatur und Philosophie zu. Die Wiederentdeckung alter Sprachen schloss ebenso das Hebräische mit ein, die Sprache des Judentums. Die Humanisten erhoben den Anspruch, sich den Texten, also auch den jüdischen Quellen, im Original und ungefiltert durch die Interpretationen der christlichen Kirche zuzuwenden. Viele von ihnen lernten Hebräisch, verfassten Grammatiken und eröffneten damit einen anderen Zugang zur jüdischen Tradition. Dahinter verbarg sich ein protowissenschaftlicher Ansatz, sich den Gegenständen unbefangener, objektiver und jenseits vorgegebener Lehren zu nähern. Diese direkte Hinwendung zum Judentum konnte einerseits bestehende Ressentiments verstärken, aber andererseits auch zu einem größeren Verständnis für die Juden führen.

Der Streit um die jüdischen Schriften

Diese höhere Toleranz zeigte sich bei einem der ersten christlichen Hebraisten, Johannes Reuchlin (1455 bis 1522), der an einem heftigen Streit über das Judentum beteiligt war. Er war zunächst als Jurist tätig, später als Privatgelehrter und Professor, unter anderem für Hebräisch, stammte also nicht aus der offiziellen Kirche.

Zu seiner Lebenszeit waren die meisten Juden schon aus den deutschen Landen vertrieben. Der Antijudaismus ebbte deshalb aber nicht ab, sondern suchte sich ein neues Ziel. Das antijüdische Ressentiment funktioniert unabhängig von der Präsenz realer Juden: Es richtete sich nun verstärkt gegen das jüdische Schrifttum. Alle Bücher bis auf die hebräische Bibel sollten konfisziert und zerstört werden, so die Forderung einiger Institutionen und Geistlicher. Dieses Ansinnen unterstützten etwa die Universität Köln und der deutsche Franziskanerorden. Als Protagonist der Kampagne tat sich Johannes Pfefferkorn hervor, ein zum Christentum konvertierter Jude, der einen ungebändigten Antijudaismus pflegte. Er brachte Kaiser Maximilian I. dazu, alle jüdischen Bücher in Deutschland beschlagnahmen zu lassen. Unterstützt wurde Pfefferkorn dabei von der Schwester des Kaisers, Kunigunde von Österreich. Er bemühte sich auch, Reuchlin für sein Vorhaben zu gewinnen, der allerdings juristische und inhaltliche Bedenken vorbrachte und eine Unterstützung ablehnte. Trotzdem begann Pfefferkorn, in Frankfurt am Main Schriften zu konfiszieren. Daraufhin bat die dortige jüdische Gemeinde den Mainzer Erzbischof, Uriel von

Gemmingen, um Unterstützung. Er protestierte auch, weil dieses Vorgehen seine Rechte als Kurfürst verletze. Daraufhin beauftragte der Kaiser den Erzbischof, mehrere Gutachten zu dieser Angelegenheit einzuholen. Verschiedene Universitäten, darunter Heidelberg und Köln, und Gelehrte wie der Inquisitor der Kölner Dominikaner, Jakob van Hoogstraten, sowie Johannes Reuchlin erhielten 1510 den Auftrag, den möglichen schädlichen Einfluss jüdischer Schriften auf das Christentum zu untersuchen. Allein Reuchlin argumentierte dagegen, jüdische Schriften zu verbrennen. Einerseits wies er auf die Mannigfaltigkeit und die großen Unterschiede innerhalb des Judentums hin. Sie seien so vielfältig, dass sie in Gänze überhaupt nicht beurteilt werden könnten. Zudem seien, so der Hebräischspezialist, die Sprachkenntnisse vieler Kritiker der jüdischen Religion zu mangelhaft, um ein inhaltliches Urteil darüber fällen zu können. Andererseits unterstrich er, dass die Juden als Untertanen des Heiligen Römischen Reiches ein Eigentumsrecht besäßen, das auch Bücher mit einschließe.

Reuchlin veröffentliche sein Gutachten in deutscher Sprache 1511 in der Schrift »Augenspiegel«. Diese Veröffentlichung löste eine breite Diskussion aus. Pfefferkorn kritisierte die Schlussfolgerungen des Gutachtens heftig. Viele Gelehrte der damaligen Zeit ergriffen für die eine oder andere Seite Partei. Der Streit zog sich jahrelang hin und gipfelte in den anonym publizierten »Dunkelmännerbriefen« 1515 und 1517, die die Befürworter der Bücherverbrennung ins Lächerliche zogen. Schließlich beabsichtigte der Inquisitor van Hoogstraten, Reuchlin vor ein kirchliches Gericht zu stellen. Dieser wandte sich daraufhin an Papst Leo X. Der folgende Prozess zog sich mehrere Jahre hin, bis 1520 die Schrift »Augenspiegel« schließlich verboten wurde.

Humanismus und Protestantismus

Im Zuge der Auseinandersetzung schlugen sich weitere humanistische Gelehrte wie Erasmus von Rotterdam und Ulrich von Hutten auf die Seite Reuchlins. Sie sahen in dem Streit um die jüdischen Bücher nicht nur eine Meinungsverschiedenheit über eine religiöse Frage, sondern einen prototypischen Schlagabtausch zwischen der kirchlichen Orthodoxie und einem neuen Wissenschaftsverständnis. Diesen frühen Rationalismus zu verteidigen, war ihr Hauptanliegen, nicht primär, das Judentum oder die Juden zu unterstützen. Vielmehr bedienten sich sowohl Reuchlin als auch Erasmus von Rotterdam judenfeindlicher Topoi in ihrer Kritik an Pfefferkorn. Sie hielten dem konvertierten Juden vor, rachsüchtig und treulos und damit ein typischer Repräsentant seines Volkes zu sein.

Aus dem Streit mit dem Dogmatismus mag Reuchlin intellektuell als Sieger hervorgegangen sein, die Situation für die Juden verschlechterte sich trotz alledem weiter. Angesichts der ansetzenden Reformation zog die katholische Kirche die Zügel auf allen Ebenen an. Diese Verschärfung traf auch das Judentum. So ordnete Papst Paul III. 1548 an, jüdische Schriften zu beschlagnahmen. Sein Nachfolger, Julius III., verfügte fünf Jahre später, diese Bücher öffentlich zu verbrennen. Kurz darauf, im Jahr 1569, setzte Pius V. den Talmud auf den Index der verbotenen Bücher.

Der sich ausbreitende Protestantismus schwächte außerdem die Macht des Kaisers, so dass die Juden vermehrt von der Gunst der regionalen Machthaber abhingen. Seit dem Augsburger Religionsfrieden 1555 galt der Grundsatz: *cuius regio eius religio* (wessen das Land, dessen die Religion). Die Juden konnten sich nicht (mehr) auf die kaiserlichen Schutzrechte verlassen und wurden oftmals zwischen den unterschiedlichen Interessen zerrieben.

Jedoch suchten einige Gelehrte und frühe Reformatoren wie Sebastian Münster oder Andreas Osiander den Dialog mit dem Judentum. Oftmals selbst Hebraisten, interessierten sie sich etwa für die Kabbala, die jüdische Mystik, und positionierten sich deutlich gegen den Antijudaismus. Diese Tendenz verstärkte sich im 17. Jahrhundert weiter. Vor allem in den calvinistisch geprägten Ländern setzte sich ein anderes Verhältnis zu den Juden durch. Im Calvinismus als gesetzesorientierter Strömung im Christentum nahmen das Alte Testament und damit auch das Judentum einen hohen Stellenwert ein. Diese Haltung beeinflusste die gesellschaftliche Stellung der Juden, wie ihre Situation in den Niederlanden beispielhaft zeigte. Bereits nach ihrer Vertreibung von der iberischen Halbinsel im späten 15. Jahrhundert hatten sich kleinere Gruppen dort niedergelassen, meist in Amsterdam. Zu Beginn des

17. Jahrhunderts erlaubten weitere Städte, dass Juden sich unter bestimmten Auflagen dort ansiedeln konnten.

Auch in England veränderte der strenggläubige Puritaner Oliver Cromwell nach seinem Sieg im Bürgerkrieg über die Katholiken die Lage der Juden grundlegend. Nachdem sie 1290 vertrieben worden waren, erlaubte er ihnen 1655 wieder, auf die britische Insel einzuwandern. Sicherlich spielten dabei neben religiösen auch wirtschaftliche Motive eine Rolle. Seine Gegner warfen ihm vor, das Land an die Juden auszuliefern oder vermuteten gar eine jüdische Herkunft von Cromwell.

Spinoza und Voltaire

Mit dem Humanismus, dem neuen Wissenschaftsverständnis und der erfolgten Spaltung des Christentums veränderte sich auch die Kritik am Judentum als Religion. Ein einschneidendes Beispiel dafür ist Baruch de Spinoza. Er wurde 1632 in Amsterdam in einer aus Portugal eingewanderten jüdischen Familie geboren. Früh kam er mit der Philosophie in Kontakt, die sich auf Vernunft gründete und viele Grundlagen des Glaubens in Zweifel zog. Deshalb äußerte er Kritik an zentralen Lehren des Judentums. Daraufhin schloss die jüdische Gemeinde der Amsterdamer portugiesischen Synagoge Spinoza mit einem Bann aus. Erst später veröffentlichte er eine Verteidigungsschrift gegen die erhobenen Anschuldigungen und bedeutende philosophische Abhandlungen. Darin kritisierte er auch das Judentum und wies die Vorstellung zurück, dass die Juden ein von Gott auserwähltes Volk seien. Ferner sprach er ihnen eine Mitverantwortung für den Hass auf sie zu. Die Juden hätten sich im Lauf der Geschichte in einer Opferrolle eingerichtet. Insofern steht Spinoza für eine vernunftgeleitete Kritik am religiösen Irrationalismus, die sich allerdings besonders auf das Judentum kaprizierte, weil es den Ursprung aller abrahamitischen Glaubensrichtungen darstellte, also sowohl des Christentums als auch des Islams. In seiner harschen Kritik reproduzierte Spinoza antijüdische Stereotype.

Noch viel deutlicher tauchte diese Ambivalenz der aufklärerischen Religionskritik bei dem einflussreichen französischen Philosophen Voltaire im frühen 18. Jahrhundert auf. Generell predigte die Aufklärung zwar Toleranz, ging aber mit den Traditionen, alten Gebräuchen und jeglichem Irrationalismus hart ins Gericht. Das Judentum galt oftmals als der Ursprung allen religiösen Irrglaubens. Voltaire verabscheute es als fanatisch und zurückgeblieben. Darüber hinaus äußerte er sich mehr als herablassend über die Juden. So schrieb er 1764 im »Dictionnaire philosophique«: »Ich spreche mit Bedauern von den Juden: Diese Nation ist, in vielerlei Beziehung, die verachtenswerteste, die jemals die Erde beschmutzt hat.« An anderer Stelle hieß es: »Sie werden in ihnen nur ein unwissendes und barbarisches Volk treffen, das schon seit langer Zeit die schmutzigste Habsucht mit dem verabscheuungswürdigsten Aberglauben und dem unüberwindlichsten Hass gegenüber allen Völkern verbindet, die sie dulden und an denen sie sich bereichern. Man soll sie jedoch nicht verbrennen.«

Über den Stellenwert derartiger Aussagen im Denken und Werk Voltaires ließe sich streiten, aber zweifellos zeigte sich bei ihm der Widerspruch der Aufklärung in voller Deutlichkeit. Einerseits forderte sie die Gleichheit aller Menschen und ihre individuellen Rechte, andererseits reproduzierte sie antijüdische Ressentiments.

Auch der große Denker Immanuel Kant ließ kein gutes Haar am Judentum. Es galt ihm als archaisch und als Hindernis für die Verwirklichung der aufklärerischen Ideen und Forderungen. Insofern müsse es im Zuge der geschichtlichen Entwicklung überwunden werden. Es sei partikular im Gegensatz zum Christentum als universeller Religion. Die heftigen Aussagen Kants über die jüdische Religion stehen in scheinbarem Widerspruch zu den Postulaten seiner Philosophie und seinem Bezug auf die Vernunft.

Viele Aufklärer wandten sich aber in unterschiedlicher Heftigkeit gegen die Religionen, weil sie darin einen Aberglauben erblickten, der sich nicht mit den Grundsätzen der Vernunft vereinbaren lasse. Allerdings stand häufig das Judentum als besonders verstockt und irrational in der Kritik. Religiöse Menschen sollten sich dem neuen Glauben an die Vernunft und den Fortschritt anschließen. Leisteten sie diesem Ansinnen nicht Folge, traf sie die Verachtung der Aufklärer. Dabei liefen die Philosophen immer Gefahr, judenfeindliche Denkmuster zu bedienen und sich damit gewissermaßen in Widerspruch zu ihren eigenen allgemeinen Ansprüchen zu setzen.

Jedoch lassen sich einige prominente Gegenbeispiele finden, allen voran Gotthold Ephraim Lessing. In der Ringparabel in »Nathan der Weise« proklamierte er 1779 die Gleichwertigkeit und Gleichberechtigung der drei monotheistischen Religionen Judentum, Christentum und Islam. Mit dem Protagonisten des Stückes setzte er außerdem seinem Freund, Moses Mendelssohn, literarisch ein Denkmal, einem der Begründer der Haskala, der jüdischen Aufklärung. Er trat unter anderem für die Trennung von Staat und Religion ein und forderte eine gegenseitige tolerante Haltung. Er bemühte sich, die gesellschaftliche Stellung der jüdischen Gemeinden zu verbessern. Ferner setzte sich Mendelssohn für die politische und rechtliche Gleichberechtigung der Juden ein. Die Debatte um die Emanzipation der Juden gewann in Preußen und anderen deutschen Staaten im frühen 19. Jahrhundert an immenser Bedeutung. Damit hinkte sie allerdings anderen Ländern hinterher, in denen sich die Situation der Juden bereits gewandelt und verbessert hatte. Bereits Ende des 18. Jahrhunderts vollzogen sich massive weltpolitische Zäsuren sowohl diesseits als auch jenseits des Atlantiks.

Die Vereinigten Staaten von Amerika

Mit der Unabhängigkeit der Vereinigten Staaten von Amerika 1776 entstand ein Staatswesen, das sich von den europäischen Gesellschaften unterschied. Es wies keine monarchische Vergangenheit auf und postulierte in seinem Gründungsdokument, der Unabhängigkeitserklärung, dass alle Menschen gleich geschaffen worden seien. Die alten Beschränkungen und Standesunterschiede Europas besaßen keine Gültigkeit in dem neuen Staat. Von Beginn an herrschte ein religiöser Pluralismus vor, der auch den Juden große Freiräume bot. Gegründet von religiösen Dissidenten, die vor Verfolgung in der Alten Welt geflohen waren, besaßen die Vereinigten Staaten von Amerika keine Staatskirche oder -religion. Sie entwickelten sich zu einem Gegenmodell zu Europa mit unzähligen Hoffnungen, die gerade Juden hegten, die mit antijüdischer Gewalt in ihren alten Heimatländern konfrontiert waren. Deswegen wählten Millionen von ihnen im Lauf der folgenden Jahrhunderte die Auswanderung über den großen Ozean. Selbstverständlich waren sie auch in Amerika unzähligen Diskriminierungen ausgesetzt und mit Judenfeindschaft konfrontiert, aber die dortigen Gründungsbedingungen erwiesen sich für sie als vorteilhaft.

Die Französische Revolution

Bedeutsamer für die Mehrzahl der europäischen Juden waren jedoch zunächst die Entwicklungen in Frankreich nach 1789. Es war die erste europäische Nation, die den Juden im Zuge der Revolution 1792 die volle rechtliche Gleichstellung zuerkannte. Allerdings folgte die Proklamation der Bürger- und Menschenrechte einem Republikanismusverständnis, das die eine und unteilbare Republik als Ideal propagierte. Gefordert wurde die vollständige Assimilation und damit die Aufgabe jeder partikularen Herkunft, sei sie religiös oder regional. Der Abgeordnete Graf Stanislas de Clermont-Tonnerre brachte diese Überzeugung in einer Debatte der französischen Nationalversammlung kurz nach der Revolution in einer berühmt gewordenen Sentenz zum Ausdruck: »Man muss den Juden als Nation alles verweigern und den Juden als Individuen alles zugestehen.« Den Idealen der Aufklärung folgend, gestand die neue Nation zwar allen Mitgliedern gleiche Rechte zu, aber unter Aufgabe ihrer Besonderheiten. Insofern verbesserte sich die gesellschaftliche Stellung der Juden, zeitigte aber aus Sicht religiöser Juden durchaus ambivalente Folgen.

Dessen ungeachtet markierten diese beiden Revolutionen 1776 in den Vereinigten Staaten von Amerika und 1789 in Frankreich einen welthistorischen Einschnitt. Vor allem strahlten sie auf andere Länder aus, die sich nun an den neuen Grundsätzen messen lassen mussten. Mit ihnen waren neue Prinzipien erstmals in einer Welt politisch umgesetzt worden, die sich bereits im Umbruch befand.

Mit dem Niedergang der Feudalgesellschaften und den beiden einschneidenden Revolutionen beschleunigte sich die gesellschaftliche Assimilation der Juden. Dieser Prozess verlief aber alles andere als geradlinig, selbst im Musterland der bürgerlichen Revolution, in Frankreich. Vor 1789 hatten die Juden dort als separierte Gruppe gelebt, gewissermaßen als »Nation« innerhalb des Staates. Sie verfügten über eine eigene Verwaltung und Gerichtsbarkeit und folgten ihren (Religions-)Gesetzen. Die

Mehrheit wohnte auf Grund von Niederlassungsbeschränkungen im Elsass und verständigte sich auf Elsässerdeutsch.

Die Frage des Verhältnisses der Religion zum Staat und der Loyalität der Juden brach unter Napoleon Bonaparte zu Beginn des 19. Jahrhunderts erneut auf. Er berief 1806 den Großen Sanhedrin ein, eine Versammlung von 71 jüdischen Honoratioren, um das Verhältnis von religiösem und säkularem staatlichem Gesetz zu klären. Im Zentrum der Debatte standen die Loyalität der Juden zu Frankreich und die Vereinbarkeit von partikularer Herkunft und universalistischem Staatsverständnis. Allerdings tauchten die Juden hierbei als eigenständige Akteure auf, nicht nur als Spielball der herrschenden Kräfte.

Verschwörungen
Die Judenfeindschaft von der Entstehung des Kapitalismus bis zum Frühsozialismus

Seit dem 16. Jahrhundert breiteten sich die weltweiten Handelsströme mit dem europäischen Kolonialismus massiv aus. Der Merkantilismus als dominante Wirtschaftsform förderte den Export von Fertigwaren. Der langsame Abbau von Zunftprivilegien und die Abschaffung von Binnenzöllen ließen erste kapitalistische Strukturen entstehen. Damit stieg auch die ökonomische Bedeutung der Geldwirtschaft an. Einzelne Juden, die im Geldhandel oder im Kaufmannsgewerbe tätig waren, gelangten dadurch in prominente Positionen. Als Geldleiher und Kreditgeber wurden sie dann in Krisen für die Verwerfungen verantwortlich gemacht. Der ökonomisch motivierte Judenhass stieg stark an. Allgemein differenzierte sich in dieser Umbruchphase die soziale Stellung der Juden deutlich aus und die Unterschiede wuchsen, sowohl zwischen West- und Osteuropa als auch innerhalb der jüdischen Gemeinschaften. Da den Juden der Beitritt zu Zünften verschlossen gewesen war, hatten viele sogenannte freie Berufe ergriffen. Diese berufliche Struktur wiederum erwies sich bei der Entstehung des Handelskapitalismus als vorteilhaft. So nahmen beispielsweise jüdische Bankhäuser dabei eine herausgehobene Funktion ein. Ferner waren die jüdische Mehrsprachigkeit und die transnationalen Netzwerke, die Juden im Laufe der Jahrhunderte wegen ihrer gesellschaftlichen Marginalisierung herausgebildet hatten, von Nutzen. Folglich waren die Juden nach wie vor gesellschaftlich ausgegrenzt und diskriminiert, erwiesen sich bei der Entstehung der modernen, kapitalistischen Gesellschaft jedoch häufig als Vorreiter. Den Judenhassern erschienen sie als Profiteure und die eigentlich Verantwortlichen für die Veränderung der alten Strukturen. In diesem Umbruchprozess stand die Zugehörigkeit der Juden zur jeweiligen Gesellschaft immer wieder zur Debatte.

Die Emanzipationsdebatte

Gleichzeitig zu diesen gesellschaftlichen Veränderungen lief in den deutschsprachigen Ländern die Debatte über die Emanzipation der Juden. Wichtig in dieser Hinsicht war die Schrift »Über die bürgerliche Verbesserung der Juden« des preußischen Juristen und Diplomaten Christian Friedrich Wilhelm Dohms von 1781. Darin forderte er die vollen Bürgerrechte für die Juden, also auch der freien Religionsausübung, und ihre wirtschaftliche Gleichberechtigung. Zugleich verlangte er von den Juden nach der rechtlichen Gleichstellung, sich dem Ideal des Staates anzugleichen. Er wollte sie zu nützlichen Staatsbürgern formen.

Um die Juden zu Mitgliedern der bürgerlichen Gesellschaft zu machen, so schrieb er, »müßten sie Erstlich vollkommen gleiche Rechte mit allen übrigen Unterthanen erhalten. Sie sind fähig, die Pflichten derselben zu erfüllen, und dürfen also auf gleich unpartheyische Liebe und Vorsorge des Staats gerechten Anspruch machen.« Dohms Plädoyer löste eine breite Diskussion aus, zeitigte aber zunächst wenig praktische Konsequenzen. Es erhoben sich außerdem bald Gegenstimmen, die argumentierten, dass die Juden von ihrem Wesen her gar nicht in der Lage seien, sich zu verändern.

Erst unter dem Druck der napoleonischen Kriege Anfang des 19. Jahrhunderts erließen mehrere deutsche Staaten Emanzipationsgesetze, die jedoch nicht die volle Gleichstellung der Juden als Staatsbürger bedeuteten. Sie blieben noch immer von öffentlichen Ämtern und dem Militär ausgeschlossen. Des Weiteren identifizierten Judenfeinde sie deshalb mit den Franzosen und sahen sie als deren Agenten.

Preußen verkündete schließlich 1812 die privatrechtliche Gleichstellung der Juden. Zweifellos bedeutete dieses Gesetz einen großen formalen Fortschritt, aber praktisch wurde es nur eingeschränkt und geografisch begrenzt umgesetzt. Außerdem formierte sich eine heftige Kritik an der Aufnahme der Juden in die entstehende bürgerliche Gesellschaft. So schrieb der Historiker Friedrich Rühs 1816 in seinem Pamphlet gegen das preußische Emanzipationsgesetz: »Die Juden können zu Deutschland in keiner andern Beziehung gedacht werden, als in der eines geduldeten Volks; sie werden als Schirm- und Schutzgenossen angesehen und die Forderung, ihnen gleiches Bürgerrecht zu ertheilen, würde in frühern Zeiten geradezu als entschiedener Unsinn erschienen seyn; sie sind Metoiken (Fremde, ohne Bürgerrechte – Anmerkung S. V.), die zu der eigentlichen Kraft des Volks nichts beitragen.« Ferner erklärte er: »So lange die Juden Juden bleiben wollen, erklären sie sich für eine besondere und abgesonderte Nation.«

Der deutsche Nationalismus und der Frühantisemitismus

Diese Frage der nationalen Zugehörigkeit trat im frühen 19. Jahrhundert in den deutschsprachigen Gebieten auf. Dort verlief die Auseinandersetzung allerdings unter anderen Vorzeichen als in Frankreich. Ein deutscher Nationalstaat existierte nicht und das deutsche Nationalgefühl formierte sich im Kampf gegen Frankreich und die französische Besatzung im Zuge der napoleonischen Kriege ab 1803. Die Ablehnung der Franzosen in den deutschsprachigen Gebieten fiel oftmals mit einem antijüdischen Hass zusammen. Den Juden wurde unterstellt, mit dem Feind zu kollaborieren und nicht loyal zu sein. Ein derartiges Ressentiment zeigte sich bei dem Schriftsteller Ernst Moritz Arndt, dem »Turnvater« Friedrich Ludwig Jahn und dem Philosophen Johann Gottlieb Fichte. Zur möglichen Emanzipation der Juden sagte der Letztgenannte: »Aber ihnen Bürgerrechte zu geben, dazu sehe ich wenigstens kein Mittel, als das, in einer Nacht ihnen allen die Köpfe abzuschneiden, und andere aufzusetzen, in denen auch nicht eine jüdische Idee sei.«

Den Juden wurde häufig unterstellt, sie seien ein unzuverlässiges Volk, gewissermaßen ein Staat im Staat. So verglich Ernst Moritz Arndt in »Noch ein Wort über die Franzosen und über uns« 1814 den »einzelnen Franzosen« mit dem »treuen, richtigen, einfältigen und mannlichen Teutschen«. Ersterer sei »[e]in leeres, hohles, puppiges, gestaltloses und gehaltloses Nichts, ohne Kraft Bedeutung und Karakter, ein zierlicher Lakai, ein gebückter Knecht, ein ausgeputzter Affe, ein kniffiger und pfiffiger Jude, [...] ein armseliger und kümmerlicher Wicht«. Der deutsche Nationalismus, das deutsche Nationalgefühl formierte sich also von Beginn an gegen Frankreich und gegen die Juden. Die Judenfeindschaft änderte nun auch ihr Gesicht.

Der sich herausbildende Frühantisemitismus argumentierte nicht mehr in erster Linie religiös. Zwar wirkten antijudaistische Elemente fort, aber die Juden wurden nun vor allem als Schädlinge, als Fremdkörper innerhalb Deutschlands gesehen, als illoyale Elemente, die sich gegen die deutsche Einigung stellten und mit dem Feind kooperierten. Zugleich kritisierten die Judenfeinde ein vermeintliches, unabänderliches jüdisches Wesen. Ihre Argumentation nahm rassistische Züge an. Zugleich unterschied sich die Feindschaft gegen die Juden von der Feindschaft gegen die Franzosen oder Angehörige anderer Nationen. Die Juden bewegten sich durch ihre transnationale Zerstreuung, die Diaspora, außerhalb der Welt der Nationalstaaten. Sie repräsentieren die Figur des Dritten innerhalb der nationalstaatlichen Konstellation. Insofern nahm es auch nicht wunder, dass beispielsweise die französischen Nationalisten gegen die Deutschen und zugleich auch gegen die Juden waren. Die Juden wurden so zum universellen Feindbild der Nationalisten in allen Ländern.

Sowohl in der Emanzipationsdebatte als auch im Nationalismus ging es im Kern um die Frage der Gleichheit, der Frage der Zugehörigkeit zur Nation. Im Zentrum der Auseinandersetzung standen die Juden als größte nicht christliche Minderheit. Somit bündelten sich in der »Judenfrage« wiederum grundsätzliche gesellschaftliche Entwicklungen, also die soziale Transformation um 1800 nach der Französischen Revolution. Die langsame Auflösung der ständischen Ordnung provozierte heftigen Widerstand. Die Feindschaft gegen die Juden war auch eine Feindschaft gegen diese Veränderungsprozesse.

Die Aufklärung relativierte außerdem die Rolle der Religion für den gesellschaftlichen Status einer Person. Naturrechtliche Auffassungen proklamierten die Gleichheit aller Menschen qua Zugehörigkeit zur Gattung Mensch. Viele Juden strebten damals mit ihrem ökonomischen Aufstieg danach, sich zu akkulturieren, sich an die Kultur der Mehrheitsgesellschaft anzupassen. Viele Emanzipationsbefürworter begriffen die Akkulturation auch als Voraussetzung für die rechtliche Gleichstellung der Juden. Die Gegner der Emanzipation modifizierten angesichts des Gleichheitsgedankens ihre Kritik. Sie argumentierten nun mit einem naturhaften, wesensmäßigen Unterschied der Juden. Meist setzten sie sich für eine angeblich naturgegebene Ordnung ein, in der jedem der Platz in der Gesellschaft durch die Geburt zugeordnet war. Damit leisteten sie Widerstand gegen die gesellschaftlichen Umbrüche, gegen eine zunehmende soziale Mobilität. Sie fürchteten den ökonomischen Abstieg und fanden neuen Halt in einem ausschließenden Nationalismus, der sich von äußeren wie inneren Feinden abgrenzte, allen voran den Juden.

Die ab 1807 durchgeführten preußischen Reformen, die von Karl Freiherr von Stein und Karl August von Hardenberg eingeleitet worden waren, bedeuteten realiter die Abkehr vom Stände- und Agrarstaat. Die Bauernbefreiung, die Einführung der Gewerbefreiheit, die Neuordnung der Staatsverwaltung und die Emanzipation der Juden fielen allerdings mit Missernten und wirtschaftlichen Krisen zusammen. Diese Gleichzeitigkeit verstärkte die Kritik der Judenhasser am Frühkapitalismus.

Nichtsdestotrotz gelang einigen Juden seinerzeit der Aufstieg ins Bildungsbürgertum. Sie gründeten Lesegesellschaften und Vereine, beispielsweise 1819 den Verein für Cultur und Wissenschaft des Judentums, dessen Mitglieder unter anderem die bedeutenden Wissenschaftler Leopold Zunz und Eduard Gans sowie der Schriftsteller Heinrich Heine waren. Rahel Varnhagen von Ense etablierte zu Beginn des 19. Jahrhunderts in Berlin den ersten jüdischen Salon. Die Mehrheit der deutschen Juden war bereit, sich zu assimilieren, verehrte die deutsche Kultur, Literatur und Philosophie. Sie verstanden sich wider alle Schwierigkeiten als Deutsche.

Das Wartburgfest und die Hep-Hep-Unruhen
Friedrich Rühs wurde zusammen mit anderen Judenfeinden zum Stichwortgeber der 1815 gegründeten Urburschenschaft, in der sich deutschnational gesinnte Studenten zusammenschlossen. Sie verbrannten 1817 auf dem Wartburgfest Attrappen von Schriften jüdischer und nicht jüdischer

Autoren, die sie als deutschfeindlich ansahen. Darunter befand sich auch die »Germanomanie« von Saul Ascher, der die Judenfeindschaft in der Nationalbewegung kritisiert hatte. Die Schrift wurde mit folgenden Worten dem Feuer übergeben: »Wehe über die Juden, so da festhalten an ihrem Judenthum und wollen über unser Volksthum und Deutschthum spotten und schmähen!«

Nach dem Ende der napoleonischen Herrschaft 1815 beratschlagten die monarchischen Mächte auf dem Wiener Kongress über die Wiederherstellung des alten Kräfteverhältnisses in Europa und die Neuordnung der zuvor von den Franzosen beherrschten Gebiete. Sie diskutierten neben territorialen Fragen auch über die von Napoleon Bonaparte eingeführten juristischen und politischen Reformen. Dazu gehörte die Emanzipation der Juden. Letztlich blieb es den einzelnen Staaten des Deutschen Bunds überlassen, wie sie mit der Situation umzugehen gedachten. Sie konnten zur Gesetzgebung vor den napoleonischen Kriegen zurückkehren. Damit blieb die rechtliche Lage der Juden in den deutschsprachigen Ländern uneinheitlich. Viele Staaten entzogen den Juden sofort nach Abzug der Franzosen die ihnen zugestandenen Rechte. Einige erließen Erziehungsgesetze und verlangten die kulturelle Angleichung der Juden als Vorbedingung für ihre eventuelle Rechtsgleichheit.

Zusätzlich zu diesem rechtlichen und politischen Widerstand gegen die Judenemanzipation regte sich auch Unmut in der Bevölkerung. Das Wartburgfest stellte lediglich eine der Äußerungsformen dar. Ein starker Anstieg von Pamphleten war zu verzeichnen. Der Erfolg des judenfeindlichen Theaterstücks »Unser Verkehr« von Karl B. A. Sessa und die Verbreitung antijüdischer Karikaturen verwiesen auf die verbreitete gesellschaftliche Ablehnung der Judenemanzipation. Ferner häuften sich die gewalttätigen Ausschreitungen gegen Juden. In Krawallen zerstörten die Beteiligten Häuser, schändeten Friedhöfe und steckten Synagogen in Brand.

Das herausragende Beispiel hierfür stellten die sogenannten Hep-Hep-Unruhen in Würzburg dar. In der fränkischen Stadt begannen am 2. August 1819 die heftigsten antijüdischen Ausschreitungen seit Jahrhunderten. In der Residenzstadt hatten bis 1803 überhaupt keine Juden gelebt. Nachdem sie das Niederlassungsrecht unter bayerischer Herrschaft wiedererhalten hatten, siedelten sich gut 400 Juden dort an. Die antijüdische Stimmung heizte sich immer weiter auf. Schon seit geraumer Zeit riefen christliche Bewohner der Stadt den Juden »hep hep« entgegen, wenn sie sie auf der Straße sahen. Schließlich eskalierte die Situation Anfang August 1819 vor dem Hintergrund der Verhandlungen über die Emanzipation der Juden in Bayern im Parlament in München. Tagelang zog ein Mob plündernd durch die Würzburger Straßen, zerstörte Fenster und Türen jüdischer Häuser und Wohnungen, demolierte Waren und Geräte. Die Wortführer verlangten von den Behörden, alle Juden auszuweisen. Unter Polizeischutz wurde ein Großteil der jüdischen Bewohner Würzburgs in benachbarte Orte gebracht. Letztlich schickten die bayerischen Behörden das Militär in die Stadt. Dennoch dauerte es noch fast zwei Wochen, bis sich die Situation vollends beruhigte.

Die Ausschreitungen blieben nicht auf Würzburg beschränkt, sondern breiten sich innerhalb weniger Tage aus. In Heidelberg, Frankfurt am Main oder Hamburg dauerten die schweren Unruhen ebenfalls mehrere Tage. Schließlich sprang der Funken auf andere Länder über. In ganz Europa fanden antijüdische Krawalle statt, von Frankreich bis Ostpreußen, von Dänemark bis ins Habsburgerreich. Die Ursachen für diese größte europaweite Welle antijüdischer Ausschreitungen waren vielfältig und unterschieden sich von Ort zu Ort. Häufig spielten lokale Gegebenheiten eine Rolle. Die Tumulte spielten sich aber allgemein vor dem Hintergrund des sozioökonomischen Umbruchs und der Debatte um die Emanzipation der Juden ab.

Das Jahr 1816 brachte wegen schlechten Wetters eine große Missernte, so dass sich die Lebensmittel massiv verteuerten. Die sich anschließende Hungerkrise betraf vor allem die untersten Klassen der Gesellschaft. Außerdem verarmten zahlreiche christliche Bauern, mussten sich Geld leihen, häufig bei Juden, und sahen sich deshalb in ihrem Ressentiment gegen den »Wucherjuden« bestätigt. Die Juden betrachteten sie als Verursacher oder zumindest als Profiteure der Krise.

Der Hauptgrund für die Krawalle war jedoch kein ökonomischer, sondern die Ablehnung der Judenemanzipation und der aggressive Charakter des deutschen Nationalismus. Während der französischen Herrschaft waren Gesetze erlassen worden, die die Juden rechtlich gleichstellten. Ferner erkannten sie ihnen die Gewerbe- und Niederlassungsfreiheit zu. Dagegen regte sich in allen Bevölkerungsschichten bald Widerstand. Die antijüdischen Krawalle stellten einen Versuch dar, die Judenemanzipation zu verhindern oder vollständig rückgängig zu machen. Daran beteiligten sich hauptsächlich Personen aus den unteren sozialen Schichten, die ihren eigenen Status durch die Gleichstellung der Juden gefährdet sahen und deren ökonomischen Aufstieg fürchteten.

Die staatlichen Behörden reagierten unterschiedlich auf die Krawalle. Während sie an einigen Orten sofort einschritten, zögerten sie andernorts. Generell war ihnen ein unkontrollierter, gewalttätiger Mob nicht geheuer. Vor allem bekämpften sie die nationalen Erhebungen, weil sie die monarchische Ordnung infrage zu stellen drohten.

Kurz nach Beginn der Ausschreitungen in Würzburg tagten im böhmischen Karlsbad die Ministerialkonferenzen von Vertretern der einflussreichen Staaten des Deutschen Bunds. Der Anlass war die Ermordung des Schriftstellers und russischen Generalkonsuls Ernst von Kotzebue. Die Vorfälle in Würzburg, die Hep-Hep-Krawalle, schätzten die Teilnehmenden als revolutionäre Ausschreitungen ein und bestärkten sie in dem Beschluss, gegen nationale und liberale Tendenzen vorzugehen. Die verabschiedeten Beschlüsse schränkten unter anderem die Meinungsfreiheit ein, zensierten die Presse und verhängten ein Berufsverbot für liberal gesinnte Professoren. Außerdem verboten sie die Burschenschaften. Letztlich waren sie ein Ausdruck des reaktionären, restaurativen Klimas im nachnapoleonischen Deutschland.

Die Judenemanzipation geriet ebenfalls ins Stocken. Viele Rechte nahmen die Staaten des Deutschen Bundes wieder zurück, eine einheitliche Regelung bestand im »Flickenteppich« ohnehin nach wie vor nicht.

Die 1830er-Jahre und die Damaskusaffäre

Die Hep-Hep-Rufe waren zwar zunächst verstummt oder unterdrückt, aber der Judenhass schwelte fort. So ließen sich im europäischen Revolutionsjahr 1830 erneut antijüdische Unruhen von München bis Hamburg beobachten. Die Aufständischen stürmten Schlösser und zerstörten Zollstationen, aber zugleich plünderten sie jüdische Wohnhäuser und beschmutzten Synagogen. In diesen Ereignissen zeigte sich die enge Verbindung von revolutionären Aufständen und antijüdischer Gewalt. Viele Menschen sahen die Juden sowohl als Büttel der Herrschenden, deren Schutz sie häufig unterstanden, und als Repräsentanten der sich entwickelnden kapitalistischen Gesellschaft. Die Juden schienen von den damit einhergehenden gesellschaftlichen Verwerfungen zu profitieren und standen als Geldverleiher für dieses neue System. Deshalb richteten sich die Ausschreitungen oftmals gegen »Pfaffen, Junker und Juden«. Dieser Dreiklang begleitete die revolutionären Erhebungen auch im Vormärz und in der 1848er-Revolution. Antijüdische Krawalle spielten sich oftmals im Zuge von Revolutionen ab.

Zunächst trug sich aber noch in einer entfernten Weltgegend ein Ereignis zu, das große Auswirkungen auf die Organisation und Vernetzung der jüdischen Gemeinden auch im deutschsprachigen Raum zeitigte: die Damaskusaffäre im Jahr 1840. In der syrischen Stadt erhoben christliche Mönche einen Ritualmordvorwurf gegen die Juden. Mit Bewilligung des französischen Konsuls wurden mehrere Juden verhaftet und gefoltert, um sie zu einem Geständnis zu bewegen. Als dieses Unterfangen scheiterte, wurden Dutzende jüdische Kinder als Geiseln genommen, um ihre Eltern unter Druck zu setzen. Mittlerweile trugen sich im gesamten Nahen Osten Ausschreitungen gegen jüdische Gemeinden zu. Auch in Damaskus selbst stürmte ein Mob die Synagoge und verbrannte die Thorarollen. Die Vorfälle erregten in der ganzen Welt Aufmerksamkeit. Die britische Regierung schaltete sich ein, der amerikanische Konsul in Ägypten legte im Auftrag seines Präsidenten förmlich Protest ein. Letztlich wurden die Gefangenen bedingungslos freigelassen und ihre Unschuld öffentlich bekannt.

Die Damaskusaffäre offenbarte abermals die Verwundbarkeit jüdischer Gemeinden und machte deutlich, wie stark sie politischen Interessengegensätzen ausgeliefert waren. Sie rief deshalb eine globale Solidarisierung von Juden hervor. In ihrem Verlauf wurden einige internationale jüdische Zeitungen gegründet, um eine andere Öffentlichkeit zu schaffen. In den Vereinigten Staaten von Amerika fanden in mehreren Städten Kundgebungen für die Freilassung der Gefangenen statt. Die Vorfälle im Nahen Osten sowie die Zwangstaufe und Entführung des jüdischen Jungen Edgardo Mortara im italienischen Bologna durch die päpstliche Polizei führten 1860 zur Gründung der ersten internationalen jüdischen Hilfsorganisation, der Alliance Israélite Universelle.

Auch in Deutschland selbst erschütterten antijüdische Ausschreitungen 1834/1835 im Rheinland das Vertrauen der jüdischen Gemeinden. Doch nicht nur die katholisch geprägte Landbevölkerung wandte sich gegen die Juden. Das judenfeindliche Ressentiment zog sich durch alle Schichten und durch alle politischen Lager. Seinerzeit kam die heftigste Kritik von unerwarteter Seite: der Linken, den Frühsozialisten.

Die Frühsozialisten

Die Vertreter utopisch-sozialistischer Gedanken kritisierten vehement die bestehende Ungleichheit, griffen den Adel und die Grundbesitzer an. Sie forderten eine Umverteilung des Reichtums und das Gemeineigentum an Grund und Boden. Ferner attackierten sie die kirchlichen Institutionen. Im Zentrum der Kritik standen allerdings oftmals das Finanzkapital und der Geldhandel, die als Grundübel der modernen Gesellschaft begriffen wurden. Damit gerieten die frühsozialistischen Denker in ein problematisches Fahrwasser. Sie argumentierten alle mehr oder weniger offen und heftig judenfeindlich. So sah beispielsweise der französische Theoretiker Joseph Proudhon die Juden als Parasiten des Kapitalismus, die – ohne selbst zu arbeiten – auf Kosten anderer lebten. Eine solche Ansicht steigerte sich bei ihm zu Vernichtungsfantasien. 1847 hielt er in seinen Notizbüchern fest: »Der Jude ist der Feind der Menschengattung. Man muss diese Rasse nach Asien zurückschicken oder sie ausrotten.« Ebenso offen artikulierte der Journalist und Schriftsteller Alphonse Toussenel seine antijüdischen Ansichten. Sein Ressentiment kam vor allem in dem handfesten Verschwörungsmythos einer jüdischen Weltherrschaft zum Ausdruck.

1846 veröffentlichte er das Buch »Die Juden, Könige der Epoche: Eine Geschichte des Finanzfeudalismus«. Das Werk war in mehrfacher Hinsicht bedeutsam. Es unterstrich einerseits die Bedeutung, die die sogenannte Judenfrage quer durch alle politischen Spektren im frühen 19. Jahrhundert einnahm. Andererseits stand es beispielhaft für die Veränderung der Judenfeindschaft in jener Zeit. Alphonse Toussenel sah die Juden wie auch Joseph Proudhon als unproduktive Parasiten, die von der Arbeit anderer leben würden. Für ihn waren die Begriffe Jude und Wucherer synonym. Weiter führte er aus, dass die Juden Frankreich beherrschen, aber eigentlich nicht zur Nation dazugehören würden. Vielmehr seien sie eine Nation in der Nation, die ihre Macht immer weiter ausdehnen und andere Völker unterdrücken wollten. Die Bankiersfamilie Rothschild verkörpere diese Bestrebungen. Die Argumentation Toussenels verband die beiden neuen Aspekte der Judenfeindschaft, die sich seit der Französischen Revolution 1789 und der Industrialisierung herausgebildet hatten und ins Zentrum der Diskussion gerückt waren: erstens die nationale Frage, nach der (Nicht-)Zugehörigkeit zur Nation, und zweitens die sich wandelnde ökonomische Grundlage der Gesellschaft, also die Herausbildung der kapitalistischen Produktionsweise und die Rolle des Finanzkapitals. Diese beiden Faktoren kennzeichneten den sich im 19. Jahrhundert entwickelnden modernen Antisemitismus.

Doch derartige Auffassungen fanden sich keineswegs ausschließlich bei französischen Denkern. Auch die deutschen Frühsozialisten waren nicht vor Judenfeindschaft gefeit.

Bruno Bauer und Karl Marx

Der Junghegelianer Bruno Bauer beispielsweise wandte sich immer stärker judenfeindlichen Positionen zu, die er 1843 in der Schrift »Die Judenfrage« zusammenfasste. Er warf den Juden Starrsinnigkeit und Haltungslosigkeit zugleich vor: »Dem Juden ist nur sein Volksgenosse Bruder und Nächster und alle anderen Völker außer ihm gelten ihm und müssen – müssen ihm nach dem Gesetze als unberechtigt und rechtlos erscheinen.« Darauf verfasste Karl Marx eine Replik, eine ebenfalls nicht unproblematische Polemik.

In »Zur Judenfrage« setzte sich der selbst aus einer jüdischen Familie stammende Marx mit den Positionen Bauers und der damals breit debattierten jüdischen Frage auseinander. Im Gegensatz zu Bauer befürwortete Marx die politische Emanzipation der Juden, wies aber darauf hin, dass dieser Schritt nicht ausreichend sei. Letztlich gehe es um die allgemeinmenschliche Emanzipation, die Emanzipation der Gesellschaft. In seinen Ausführungen verwendete Marx eine Metaphorik, die antijudaistische Stereotype reproduzierte, um die gesellschaftliche Stellung der Juden und des Judentums zu beschreiben. Er assoziierte die Juden mit Geld, Schacher und Wucher, ihre Religion mit Egoismus. So schrieb er: »Welches ist der weltliche Grund des Judentums? Das praktische Bedürfnis, der Eigennutz. Welches ist der weltliche Kultus des Juden? Der Schacher. Welches ist der weltliche Gott? Das Geld, Nun wohl! Die Emanzipation vom Schacher und vom Geld, also vom praktischen, realen Judentum wäre die Selbstemanzipation unserer Zeit.«

Dieser frühen Schrift von Marx lag noch keine ausgearbeitete Kritik der kapitalistischen Vergesellschaftung zugrunde. Er reagierte auf die judenfeindlichen Beiträge Bauers und befürwortete, trotz aller problematischen Formulierungen, die politische und rechtliche Gleichstellung der Juden, im Gegensatz zu den meisten Frühsozialisten. Der Text von Marx stand beispielhaft dafür, wie breit die »Judenfrage« seinerzeit diskutiert wurde. Sie beschäftigte nicht nur Juristen oder Staatsrechtler, sondern auch Philosophen und (linke) Gesellschaftskritiker.

Allerdings wurde sie nicht nur auf theoretischer Ebene behandelt, sondern schlug immer wieder in Gewalt um, so auch im Vorfeld und während der Revolution von 1848. 1846/1847 hatte sich wieder eine Missernte zugetragen und viele Bauern ins Elend gestürzt. Oftmals mussten sie sich weiter bei jüdischen Kreditgebern verschulden und konnten die Rückzahlungen nicht leisten. Sie fühlten sich zerdrückt von der Feudal- und der Finanzaristokratie. Die Stimmung auf dem Land war explosiv. So rief 1847 eine Flugschrift im strukturschwachen Odenwald zum Aufstand mit folgenden Forderungen auf: »1. Der Adel muss vernichtet werden. 2. Die Juden müssen aus Deutschland vertrieben werden. 3. Müssen alle Könige, Herzöge und Fürsten weg und Deutschland ein Freistaat wie Amerika werden. 4. Müssen alle Beamten gemordet werden. Dann wird es wieder gut in Deutschland.« Dieser Aufruf zeigt, wie der Hass gegen den Adel und die Herrschenden mit der Judenfeindschaft einherging, wie sich fortschrittliche Forderungen wie die nach einem Freistaat mit Judenhass mischten.

Die revolutionären Ereignisse von 1848 nahmen, wie fast immer seit der Französischen Revolution, ihren Ausgang in Frankreich. Nach den Rückschritten unter Napoleon im Vergleich zur Judenemanzipation 1791 verfügte ein Gesetz 1830 schließlich die gleichwertige staatliche Besoldung von Rabbinern, ein gewichtiger Schritt, um das Verhältnis zwischen Staat und christlicher Religion distanzierter zu gestalten. 1846 schaffte die französische Regierung den Judeneid ab, einen in vielen christlichen Ländern verwendeten diskriminierenden Eid in Rechtsstreitigkeiten, der je nach Land unterschiedliche Formen annehmen konnte. Für die Abschaffung setzte sich besonders der jüdische Jurist und Politiker Adolphe Crémieux ein. Auch in Frankreich war der Antijudaismus und Frühantisemitismus weit verbreitet, aber die politische und rechtliche Emanzipation der Juden im Vorfeld der 1848er-Revolution weiter vorangeschritten als in den deutschsprachigen Ländern.

Revolution und Deutsche Frage
Die Judenfeindschaft von den 1848er-Revolutionen bis zur deutschen Reichseinigung 1871

Die französische Februarrevolution von 1848 breitete sich schnell über den Rhein aus, erreichte das Habsburgerreich und Italien genauso wie die Schweiz und Dänemark. Zu Beginn der Revolution ereigneten sich europaweit heftige antijüdische Ausschreitungen. In knapp 200 Städten plünderten Aufständische jüdische Häuser und Geschäfte, verprügelten die Bewohner und Inhaber und zerstörten Synagogen. Häufig stellten diese Tumulte eine Reaktion darauf dar, dass Ständeversammlungen die Gleichstellung von Juden beschlossen hatten. Die Bauernaufstände gegen die Obrigkeit schlugen nicht selten in antijüdische Gewalttaten um. Sie traten vor allem in ländlichen Gebieten und Kleinstädten auf, häufig als Teil von Agrarunruhen, die sich allgemein gegen die feudale Elite richteten. Die Gewalt übten meist Bauern und Handwerker aus. Sie richtete sich gegen die rechtliche Gleichstellung und soziale Integration der Juden.

Die Gesellschaft befand sich seinerzeit in einem rapiden Umbruchprozess. Die Industrialisierung wälzte die sozioökonomische Grundlage um und führte zu weitreichenden Veränderungen, vor allem im Arbeitsleben. Der Wunsch nach Stabilität und alten Gewissheiten sowie eine Angst vor den sich vollziehenden Umbrüchen waren tief verwurzelt. Die Juden wurden als Repräsentanten und Profiteure dieser Prozesse wahrgenommen. Somit mischte sich in der antijüdischen Gewalt 1848 die Angst vor Veränderungen, die wirtschaftliche Krisensituation, der Hass auf die feudale Obrigkeit mit der gesellschaftlich tief verwurzelten Judenfeindschaft.

Viele Revolutionäre, vor allem in größeren Städten, lehnten die antijüdische Gewalt jedoch nicht nur ab, sondern förderten die Emanzipation der Juden offensiv ein. Ihre Hauptziele waren allerdings die liberale Staatlichkeit und die nationale Einigung. Diese Forderungen unterstützten auch viele Juden, die deshalb trotz der antijüdischen Gewalt aktiv und enthusiastisch an der Revolution teilnahmen. Sie verstanden sich als deutsche Patrioten und strebten ebenfalls ein vereinigtes, demokratisches Deutschland an. Ihre nationale Zugehörigkeit stand für sie außer Frage. Die antijüdischen Ausschreitungen ignorierten sie entweder oder sahen sie als unausweichlichen Bestandteil der revolutionären Erhebung. So schrieb der radikale Demokrat Leopold Zunz in einem Brief: »Die Pöbelstürme gegen Juden in einzelnen Gegenden werden spurlos wie anderer Unfug vorübergehen und die Freiheit wird bleiben.«

Diese Hoffnung erfüllte sich nicht. Zwar gelang es in vielen Bundesstaaten, die feudalen Herrscher durch liberale Regierungen zu ersetzen und eine verfassungsgebende Nationalversammlung zu wählen, die erstmals am 18. Mai 1848 in der Paulskirche in Frankfurt am Main zusammentrat. Außerdem wurde die rechtliche Situation für Juden vielerorts verbessert und ein Passus zur Religionsfreiheit in einen Grundrechtskatalog aufgenommen. Allerdings waren diese Errungenschaften nicht von langer Dauer. Preußische und österreichische Truppen schlugen die Revolution letztlich Mitte 1849 endgültig nieder, lösten die Parlamente auf und verfolgten die Aufständischen. Damit waren auch die liberalen Verfassungen und rechtlichen Verbesserungen nichtig. Die bürgerliche Revolution war in Deutschland gescheitert, eine nationale Einigung des Landes unter liberalen, demokratischen Vorzeichen nicht gelungen. Der Dualismus zwischen Preußen und Österreich war zementiert und bestimmte die kommenden Jahrzehnte. Viele Revolutionäre waren gezwungen, ins Exil zu gehen, in andere europäische Länder oder in die Vereinigten Staaten von Amerika.

Für die Juden stellten sich die revolutionären Ereignisse von 1848 unterschiedlich dar. Während die jüdische Landbevölkerung unter den antijüdischen Ausschreitungen im Vorfeld oder zu Beginn der Revolution litt, beteiligten sich viele jüdische Intellektuelle und Politiker aktiv an dem Aufstand. Sie waren oftmals akkulturiert und vertraten eine mehr oder weniger radikale Form des Liberalismus. Sie begriffen sich als Teil des Kampfes für den gesellschaftlichen Fortschritt, der die Juden endgültig in die deutsche Gesellschaft integrieren würde. Ihr eigenes Judentum sahen sie als rein private Angelegenheit, als eine Form des religiösen Glaubens unter anderen. Andere waren bereits zum Christentum konvertiert, um ihre Zugehörigkeit zur Mehrheitsgesellschaft unter Beweis zu stellen. Wäre diese Konversion im Mittelalter und der frühen Neuzeit meist ausreichend gewesen, um die Juden dem Hass ihrer Feinde zu entziehen, genügte ein derartiger Schritt in der Mitte des 19. Jahrhunderts kaum noch, um ihn zu beruhigen. Die Judenfeindschaft hatte mittlerweile ihr Gesicht gewandelt. Die Religion stand nicht mehr im Vordergrund.

Die Reaktion

Nachdem die Revolution niedergeschlagen worden war, stellten die alten Machthaber das monarchische System wieder her. Politischer Stillstand kennzeichnete die kommenden Jahrzehnte. Die feudalen Kräfte hatten sich erneut konsolidiert, der revolutionäre Funke war erloschen. Die Repression gegen Demokraten wurde verschärft, Zeitungen verboten, die Meinungsfreiheit eingeschränkt.

Dennoch trugen sich in den 1850er- und 1860er-Jahren massive gesellschaftliche Veränderungen zu. Die Industrialisierung wälzte das Arbeitsleben und das alte Zunftsystem um. Neue Technologien und Fabriken, der Ausbau der Eisenbahninfrastruktur und die aufkommende soziale Frage bestimmten zunehmend das Leben. Im Zuge dieser Prozesse gründeten sich auch die ersten Organisationen der Arbeiterbewegung, in denen Juden eine große Rolle spielten.

In diesen beiden Jahrzehnten trat die »Judenfrage« etwas in den Hintergrund. Die formale Emanzipation fand ihren Abschluss, was zwar nicht ohne Protest, aber dennoch erstaunlich geräuschlos vonstattenging.

Schritt für Schritt führten einzelne Staaten Verbesserungen ein. Vor allem war der ökonomische Fortschritt nicht mehr aufzuhalten. Bis 1869 stellten nahezu alle Staaten die Juden rechtlich gleich ein, darunter Österreich-Ungarn und schließlich der Norddeutsche Bund unter preußischer Führung. Mit der deutschen Reichseinigung 1871 fand die Emanzipation schließlich ihren Abschluss.

Auch wenn der politische Emanzipationsprozess der Juden nach der niedergeschlagenen 1848er-Revolution langsam voranschritt, bestanden die antijüdischen Einstellungen in weiten Teilen der Gesellschaft fort. Sie mussten sich aber auf Grund der politisch repressiven Verhältnisse anders ausdrücken. Infolgedessen erhielten judenfeindliche Stereotype verstärkt Einzug in die Literatur, Kunst und Musik.

Die literarische Judenfeindschaft

Bereits 1850 publizierte der Komponist Richard Wagner unter Pseudonym den Aufsatz »Das Judenthum in der Musik«. Darin beklagte er die übergroße Machtfülle der Juden in allen Bereichen und besonders eine »Verjüdung der Kunst«. Die Juden seien allerdings nicht fähig, eigenständig kreative Kunst zu produzieren. Originalität sei ihnen wesensfremd. Sie würden lediglich nacheifern, nachahmen, die germanische Schaffenskraft plagiieren. Wagner schrieb:»Der Jude, der an sich unfähig ist, weder durch seine äußere Erscheinung, noch durch seine Sprache, am allerwenigsten aber durch seinen Gesang, sich uns künstlerisch kundzugeben, hat nichtsdestoweniger es vermocht, in der verbreitetsten der modernen Kunstarten, der Musik, zur Beherrschung des öffentlichen Geschmackes zu gelangen.« Diese jüdische Herrschaft in den Künsten gelte es zu brechen.

Der Aufsatz Wagners fand weite Verbreitung. Er veröffentlichte ihn 1869 erneut unter seinem richtigen Namen. Vor allem schlug sich die antijüdische Haltung auch in zahlreichen Figuren seiner Opern nieder. Verschwörungswahn, gepaart mit einem Erlösungsversprechen zeichnete sein Denken und Schaffen aus. Insofern nimmt es nicht wunder, dass sich später viele Judenhasser positiv auf Wagner bezogen, allen voran die Nationalsozialisten.

Damals entfalteten jedoch populäre literarische Werke eine größere Wirkung als kunsttheoretische Abhandlungen, weil sie viel weiter rezipiert wurden. Der populäre Autor Gustav Freytag stellte 1855 in »Soll und Haben« den amoralischen, habgierigen jüdischen Kaufmann, Veitel Itzig, dem arbeitsamen Protagonisten Anton Wohlfart gegenüber. Damit reproduzierte der Schriftsteller den Antagonismus von arbeitsscheuen, hinterhältigen Juden und fleißigen, schaffensfrohen Deutschen. Neben antijüdischen Stereotypen war der Roman ebenfalls voller antipolnischer Ressentiments. Zahlreiche Auflagen machten das Buch zu einem der meistgelesenen im 19. Jahrhundert.

Eine ähnliche Gegenüberstellung nahm Wilhelm Raabe in »Der Hungerpastor« vor. Er erschien zunächst in zwölf Folgen als Fortsetzung in einer Zeitschrift und schließlich 1864 als Roman. Darin kontrastierte der Autor auf manichäische Weise zwei unterschiedliche Lebensentwürfe. Dem armen Deutschen, Hans Unwirrsch, stand der Jude Moses Freudenstein gegenüber. Nachdem sie beide als Außenseiter in der Schule zunächst Freunde gewesen waren, entfremdeten sie sich im Lauf ihres Lebens. Unwirrsch wurde Pastor, während Freudenstein rücksichtslos eine akademische Karriere anstrebte, zum Katholizismus konvertierte und sich seinen Mitmenschen gegenüber ruchlos verhielt. Das Buch erhielt bis zum Tode des Autors 1910 insgesamt 34 Auflagen und wurde in mehrere Sprachen übersetzt.

Die Bücher von Gustav Freytag und Wilhelm Raabe wurden millionenfach gelesen. Sie griffen antijüdische Ressentiments auf, die bereits in der Gesellschaft weit verbreitet waren, und schrieben sie fort. Die weitreichende Wirkung dieser populären Darstellung stereotyper jüdischer Figuren war nicht zu überschätzen. Die Bücher wirkten als starke Multiplikatoren antijüdischer Anschauungen.

In den 1850er- und 1860er-Jahren verschob sich das antijüdische Ressentiment also im Vergleich zu 1848. Angesichts der erfolgreichen Akkulturation vieler Juden und ihrem Erfolg in unterschiedlichen Bereichen der Kultur konnten die Antisemiten nicht mehr über ihre offensichtliche Andersartigkeit spotten und sich lustig machen. Vielmehr warfen sie den Juden nun vor, lediglich deutsche Kunst nachzuahmen und nicht zu eigenständiger Kreativität fähig zu sein. Die Unterschiedlichkeit der Juden wurde verschoben. Da die akkulturierten Juden sich äußerlich nicht mehr unterschieden, verlegten die Judenfeinde die unüberbrückbare Differenz ins Innere, in das jüdische Wesen.

Die Verwerfungen in der zweiten Hälfte des 19. Jahrhunderts

Diese Veränderung des Judenhasses trug sich vor dem Hintergrund einer grundlegenden Wandlung der deutschen Gesellschaft in der zweiten Hälfte des 19. Jahrhunderts zu. Die Industrialisierung beschleunigte sich und veränderte die sozioökonomische Basis. Die alte Zunftordnung ging unter und kapitalistische Strukturen etablierten sich. Die Juden galten in der antijüdischen Perspektive als die Urheber dieser Entwicklung. Einige namhafte jüdische Industrielle wie die Familie Rathenau, die Gründer der Allgemeinen Electricitäts-Gesellschaft (AEG), standen sinnbildlich für diese Wahrnehmung. Den Juden wurde eine Verbundenheit zum Kapitalismus, dem ruchlosen Gewinnstreben, dem Egoismus und dem Profit ohne Arbeit unterstellt.

Viele deutsche Juden strebten dennoch gegen alle Widerstände nach der Assimilation, nach der Aufnahme in die deutsche Gesellschaft. Sie akkulturierten sich, bewunderten die Literatur von Johann Wolfgang von Goethe und Friedrich Schiller und generell das deutsche Geistesleben. Die Religion galt ihnen als Privatsache von wenig Relevanz. Sie feierten die jüdischen ebenso wie die christlichen Feiertage. Nicht wenige konvertierten zum Christentum, um das Judentum gänzlich hinterher sich zu lassen.

Doch all diese Schritte waren aus Sicht der Judenhasser nicht genug. In ihrer Sichtweise konnten die Juden machen, was sie wollten. Sie würden niemals ein Teil von Deutschland sein, weil sie gewissermaßen das Antiprinzip verkörperten. Von ihrem Wesen her könnten sie nicht zur deutschen Nation gehören, auch wenn sie dem Judentum entsagten. Damit zeichnete sich eine neue Form der Judenfeindschaft deutlicher ab, die unabhängig vom religiösen Glauben funktionierte. Die alten antijudaistischen Stereotype des Christentums waren zwar nicht verschwunden, traten aber zugunsten einer sich stärker auf »Rasse« begründenden Feindschaft in den Hintergrund.

Ferner engagierten sich viele Juden politisch in progressiven Bewegungen, die für den gesellschaftlichen Fortschritt standen und die Judenemanzipation befürworteten. Deshalb schlossen sie sich überwiegend dem Liberalismus an. Jüdische Politiker spielten eine gewichtige Rolle in den liberalen Parteien und als Parlamentarier. Insofern geriet der Liberalismus als politische Strömung bei Judenfeinden in Verruf, eigentlich jüdisch zu sein. Da die Liberalen auch für den Freihandel und den Kapitalismus, also gegen die feudalistischen Beschränkungen eintraten, vermischte sich in der Judenfeindschaft die Ablehnung des Liberalismus mit einer antikapitalistischen Haltung.

Die gesellschaftlichen Verwerfungen, die massenhafte Armut, der Pauperismus in der Frühphase der kapitalistischen Entwicklung brachten eine Gegenbewegung hervor. Die Lohnabhängigen in den Fabriken organisierten sich ab den 1860er-Jahren in Gewerkschaften und kämpften darum, die Löhne und Arbeitsbedingungen zu verbessern. Zeitgleich entstanden auf politischer Ebene sozialistische Parteien, die für eine Überwindung des Kapitalismus, den Aufbau einer neuen Gesellschaft eintraten. Führende Köpfe dieser neuen Bewegung waren jüdisch. Sowohl Ferdinand Lassalle als auch Karl Marx waren assimilierte Juden. Für sie selbst spielte ihre Herkunft keine Rolle, aber für ihre Gegner. Sie diffamierten die entstehende Arbeiterbewegung und die Sozialdemokratie als »verjudet«.

Aus antijüdischer Perspektive galten folglich der Kapitalismus und der Liberalismus ebenso als jüdisch wie der Sozialismus und die Arbeiterbewegung. Solche scheinbaren Widersprüche stellten im judenfeindlichen Ressentiment kein Problem dar, sie gehörten vielmehr konstitutiv dazu. Die Juden standen im Mittelpunkt dieses verschwörungsideologischen Denkens. Sie verkörperten das Prinzip des Bösen, wurden als Ursache für den Untergang der alten Gesellschaft und ihrer Prinzipien gesehen.

Der beschleunigte Prozess der gesellschaftlichen Veränderungen im 19. Jahrhundert verstärkte die Unsicherheiten, die Ängste und wurde von den meisten Menschen nicht verstanden. Sie suchten nach den vermeintlich Verantwortlichen, nach den Schuldigen dafür und fanden sie in den Juden. Folglich verkörperten die Juden in antijüdischer Perspektive diese abstrakten Prozesse.

Die deutsche Reichseinigung

Der offene, gewalttätige Judenhass war zwar nach 1848 zunächst zurückgegangen, lebte aber unter der Oberfläche fort. Besonders tauchte er in den Debatten um die nationale Frage auf. Die Einigungsfrage war zum dominanten politischen Problem geworden.

Bestimmend war in dieser Hinsicht der Dualismus zwischen Preußen und Österreich. Umstritten war, ob es zu einer kleindeutschen Lösung mit preußischer Dominanz oder einer großdeutschen unter Einschluss Österreichs kommen sollte. Der Verlauf der Ereignisse in den 1860er-Jahren, also der Deutsch-Dänische Krieg 1864 und der Preußisch-Österreichische Krieg zwischen den beiden Großmächten 1866, ebnete den Weg für die kleindeutsche Lösung. Realisiert wurde sie schließlich im Zuge des Deutsch-Französischen Krieges 1870/1871. Nach dem Sieg Preußens verlas Otto von Bismarck am 18. Januar 1871 die Proklamation des deutschen Kaiserreichs im Spiegelsaal des Schlosses von Versailles in Frankreich. Der Ort stellte eine bewusste Demütigung des besiegten Erzfeindes dar.

Der deutsche Nationalstaat gründete sich also als Folge von drei Kriegen unter unbestrittener preußischer Vorherrschaft. Er entstand in Abgrenzung zu Frankreich und den damit verbundenen Idealen der Französischen Revolution. Die bürgerliche Revolution war in Deutschland 1848 gescheitert, die Reichseinigung eine Konsequenz der Politik von »Blut und Eisen«, wie es der spätere Reichskanzler von Bismarck formulierte.

Diese Entwicklungen stellten keine guten Voraussetzungen für eine demokratische, liberale Gesellschaft dar. Vielmehr wurden in dem nationalistischen Überschwang Fragen von Zugehörigkeit stärker präsent. Wer gehörte zur deutschen Nation, was machte ihren Kern aus?

Derartige Debatten zogen immer wieder die Loyalität der Juden, ihre Zugehörigkeit zu Deutschland in Zweifel. Somit stand die Gründung des Deutschen Reiches für die Juden unter keinem guten Stern.

Bereits im Gründungsjahr 1871 erschien die judenfeindliche Schrift »Der Talmudjude. Zur Beherzigung für Juden und Christen aller Stände« des katholischen Theologen August Rohling. Darin vertrat er eine klassisch antijudaistische Argumentation. Die Juden stellten nur knapp 0,3 Prozent der Weltbevölkerung und dennoch seien sie »die erste Großmacht unter den Völkern, die Könige des Kapitals, die Fürsten des Handels, die Beherrscher der Presse geworden«. Diese Entwicklung habe sich unter anderem aus der verderbten Sittenlehre der Talmudjuden ergeben, wie eine Überschrift in dem Buch lautete. Schon im Talmud sei das jüdische Streben nach Weltherrschaft angelegt. Das Judentum sei eine menschenfeindliche Religion. Die modernen Tendenzen seit der Französischen Revolution, insbesondere die Forderung nach gleichem Recht für alle, kämen den Juden zupass, ebenso wie der Sozialismus, der von dem Juden Karl Marx begründet worden sei. Sie seien zu bekämpfen, um die Gesellschaft vor dem jüdischen Einfluss zu retten, da »schon der Talmud die Überlistung, Ausraubung und Abschlachtung des Nichtjuden als erlaubt und tugendsam bezeichnet« habe.

Rohlings Pamphlet erlebte in den folgenden Jahren mehrere Auflagen, aber der Antijudaismus trat im Laufe des Jahrzehnts dennoch zunehmend hinter einer neuen Form der Judenfeindschaft zurück. Dieses Nebeneinander von altem und neuem Judenhass, von Kontinuität und Veränderung prägt das judenfeindliche Ressentiment bis heute.

Wandlungen des Hasses
Die Judenfeindschaft
von der Reichsgründung 1871
bis zur Jahrhundertwende

Das Kaiserreich erlebte nach dem gewonnenen Krieg und den üppigen Reparationszahlungen Frankreichs von fünf Milliarden Francs zunächst einen wirtschaftlichen Aufschwung. Es gründeten sich viele Firmen, die Industrieproduktion wurde ausgedehnt und die Verkehrsinfrastruktur ausgebaut. Daran beteiligten sich auch jüdische Unternehmer. Ohnehin schien sich die Lage für die Juden zunächst positiv zu wandeln. Keine andere Gruppe hatte seit Mitte des 19. Jahrhunderts einen vergleichbaren Aufstieg erlebt. Ihre Gleichstellung war in der Reichsverfassung verankert worden und viele profitierten von der ökonomischen Entwicklung. Die übergroße Mehrzahl der gut 500 000 Juden in Deutschland lebte in den großen Städten, allen voran in der Hauptstadt Berlin. Der mit diesen Veränderungen einhergehende Optimismus hielt sich trotz des verbreiteten Antisemitismus.

Der Gründerkrach
Bereits wenige Jahre später entpuppte sich der Boom als wenig nachhaltig. Die überhitzte Konjunktur und eine Spekulationsblase an den Aktienmärkten ließen die Wirtschaft 1873 einbrechen. Die Krise breitete sich von der Wiener Börse in das Deutsche Reich aus. Der sogenannte Gründerkrach

provozierte eine Wirtschaftskrise sowie eine Pleitewelle von Firmen und Banken. Massenentlassungen waren die Folge. Handwerksbetriebe und andere kleine Selbstständige erhielten keine Aufträge mehr. Viele Privatpersonen verloren ihre Ersparnisse an den Börsen. Die Wirtschaft war von einem achtprozentigen Wachstum im Jahr zuvor in eine Stagnation geraten. Als Konsequenz aus dem Gründerkrach wandte sich der Staat einer protektionistischen Politik zu. Reichskanzler Otto von Bismarck verabschiedete sich von der Idee des Freihandels und führte Schutzzölle ein. Außerdem verschärfte er die innenpolitische Repression.

In zahlreichen Publikationen waren die Schuldigen der wirtschaftlichen Krise schnell ausgemacht: die Juden. Beispielhaft hierfür stand die zwölfteilige Artikelserie Otto Glagaus über den »Börsen- und Gründungsschwindel in Berlin«, die ab 1874 in der populären Zeitschrift »Die Gartenlaube« erschien. Darin kritisierte Glagau die Immobilienspekulation und die Börsenpraktiken allgemein, zielte aber immer wieder speziell auf die Juden. Er beklagte ihre Macht, ihren Einfluss und Reichtum: Es »befinden sich die stolzesten Paläste im Innern der Stadt und die herrlichsten Villen rings um den Thiergarten im Besitz der Kinder des auserwählten Volks, in den Händen der Börsianer und Gründer«. Die Juden seien ein »heimatloses Volk, eine physisch wie psychisch entschieden degenerirte Race, [die] blos durch List und Schlauheit, durch Wucher und Schacher, über den Erdkreis gebiete«.

Hier schimmerte erneut das Phantasma einer jüdischen Weltherrschaft durch. Glagau vermischte das alte antijüdische Ressentiment des heimatlosen Volks mit modernen »Rassentheorien« und einem Verschwörungsglauben. Darin deutete sich eine grundlegende Veränderung des Judenhasses an.

Die Gründerkrise verschlimmerte die Armut enorm. Die soziale Frage gewann infolgedessen an Bedeutung. Glagau sah einen engen Zusammenhang zwischen ihr und der »Judenfrage«. So formulierte er später ausdrücklich: »Die soziale Frage ist die Judenfrage.« Diese enge Verbindung von Juden mit den sozialen Problemen der Gegenwart war charakteristisch für die sich seinerzeit herausbildende neue Form des Judenhasses. Er war stark geprägt von einem Verschwörungsglauben an eine jüdische Weltherrschaft. Unverstandene, abstrakte Phänomene wurden auf das konkrete Handeln von Individuen projiziert. Die Juden wurden als die Verantwortlichen der wirtschaftlichen Krisen benannt. Ferner entfernte sich die Judenfeindschaft von ihren religiösen Grundlagen und bezog sich stärker auf eine »rassische«, völkische Ebene.

Die Wandlung der Judenfeindschaft in den 1870er-Jahren

In geradezu idealtypischer Weise artikulierte Wilhelm Marr den neuen Judenhass in seiner Schrift »Der Sieg des Judenthums über das Germanenthum. Vom nicht confessionellen Standpunkt aus betrachtet«. Er grenzte sich damit deutlich von der religiösen Judenfeindschaft ab. Marr sah die Juden als eigene, fremde Rasse, die sich parasitär in anderen Völkern einniste. Auch er betrachtete die »Judenfrage« als eine »social-politische Frage«. Besonders in Deutschland sei der jüdische Einfluss erschreckend groß und kaum noch aufzuhalten. Den jüdischen »Wucher« bezeichnete er als ein »Krebsgeschwür«, das sich weit in die Gesellschaft gefressen habe. Folglich schloss Marr so reißerisch wie pessimistisch: »Finden wir uns in das Unvermeidliche, wenn wir es nicht ändern können. Es heißt: Finis Germaniae.« Indem er das Ende Deutschlands verkündete, stilisierte sich der Autor zum einsamen Rufer in der Wüste, der die Wahrheit kenne. Dadurch hoffte er, die Massen gegen die Juden aufzurütteln. Insofern stellte die dystopische Aussicht lediglich eine rhetorische Figur dar. Die suggerierte Ohnmacht angesichts der »jüdischen Gefahr« sollte lediglich umso mehr zur Aktion anspornen. Damit hatte er der inhaltlichen und organisatorischen Entwicklung des Judenhasses den Weg bereitet.

Marr prägte auch 1879 den Begriff des Antisemitismus, als neue, moderne Form des Judenhasses. Der Begriff sollte die Neuartigkeit unterstreichen und die Abgrenzung von den bisherigen Formen der religiösen Judenfeindschaft deutlich machen. Von der Wortherkunft her leitete sich der Terminus von Semitismus ab, der in der Sprachwissenschaft die Sprachfamilie der semitischen Sprachen umfasste. Der Antisemitismus meinte aber von Beginn an und ausschließlich die Feindschaft gegen Juden. Bis heute bezeichnet er den modernen, nicht religiös imprägnierten und verschwörungsideologischen Judenhass. Der neue Begriff verbreitete sich schnell, auch über die deutschen Grenzen hinaus. So erschienen allein in Deutschland in den Jahrzehnten nach der Gründerkrise Hunderte von antisemitischen Pamphleten. Der Antisemitismus beschränkte sich aber nicht auf Veröffentlichungen, sondern organisierte sich politisch.

Der politische Antisemitismus

Wilhelm Marr gründete zusammen mit anderen Judenfeinden 1879 in Berlin die Antisemitenliga. In ihren Statuten hieß es, der einzige Zweck des Vereins bestehe darin, »unser deutsches Vaterland vor der vollständigen Verjudung zu retten und den Nachkommen der Urbewohner den Aufenthalt in demselben erträglich zu machen«. Die Liga bestand zwar nur etwas länger als ein Jahr, sie markierte allerdings den Auftakt des politischen Antisemitismus, der Organisierung von Judenhassern in Vereinen und Verbänden.

Der Antisemitismus entwickelte sich zu einem politischen Faktor im Kaiserreich. 1881 gründete der protestantische Theologe und spätere Hofprediger Adolf Stoecker die Christlichsoziale Partei, nachdem ein vorheriger Versuch, eine antisozialistische und antikapitalistische Partei ins Leben zu rufen, durch die Intervention sozialdemokratischer Arbeiter gescheitert war. Die Christlichsozialen vertraten ein konservatives sozialpolitisches Programm und verstanden sich als Gegenentwurf zur erstarkenden Sozialdemokratie. Sie strebten einen christlichen, monarchischen Volksstaat an. Neben der antisozialistischen Ausrichtung stand der Antisemitismus im Zentrum. Stoecker nutzte als charismatischer Redner den Judenhass, um die Massen politisch zu mobilisieren. Er hielt mehrere agitatorische öffentliche Reden gegen die Juden. In seiner ersten Rede »Über das moderne Judenthum in Deutschland« sagte er: »Fährt das moderne Judenthum wie bisher fort, die Capitalskraft wie die Macht der Presse zum Ruin der Nation zu verwenden, so ist eine Katastrophe zuletzt unausbleiblich. Israel muss den Anspruch aufgeben, der Herr Deutschlands werden zu wollen.« Seine Judenfeindschaft stellte er als Notwehr dar. Das deutsche Volk sei gezwungen, sich zu verteidigen.

Stoeckers Erfolg verankerte den Antisemitismus im konservativen Milieu. Allerdings scheiterte der Theologe daran, die Arbeiterschaft für seine Ideen zu begeistern. Die Juden vermutete er sowohl hinter dem Kapitalismus wie auch hinter dem Sozialismus. Solche Tendenzen dürfe eine Nation nicht dulden. Wenn aus dem Judentum »diese schürenden, aufhetzenden, revolutionären Kräfte kommen, die, in der einen Hand den Kapitalismus, in der anderen den Umsturz, durch beides das Volk vernichten, so ist das etwas, was keine Nation ertragen kann«.

Es folgten noch weitere antisemitische Verbände und Parteien, die in nicht unerheblichem Maße die gesellschaftliche Debatte beeinflussten und bis in höchste politische Kreise Ansehen genossen. Obwohl sich die judenfeindlichen Organisationen untereinander keineswegs einig waren, gelang es mehreren bekannten Antisemiten der Berliner Bewegung, die sogenannte Antisemitenpetition zu lancieren. Initiatoren dieses Aufrufs waren neben Stoecker unter anderem der Gymnasiallehrer Bernhard Förster und der Publizist Max Liebermann von Sonnenberg. Darin forderten sie, die Juden aus dem Staatsdienst, dem Heer und dem Justizwesen zu entfernen. Außerdem sollten keine jüdischen Lehrer an Volksschulen unterrichten und wieder eine amtliche Statistik über die jüdische Bevölkerung erhoben werden. Die Einwanderung von Juden aus dem Osten, das heißt aus Österreich-Ungarn und Russland, sei drastisch einzuschränken.

Für die Petition sammelten die Unterstützer im gesamten Reich über 200 000 Unterschriften. Sogar das preußische Abgeordnetenhaus diskutierte darüber. Besonders an den Universitäten erhielt sie große Unterstützung. Fast 20 Prozent aller Studenten unterzeichneten sie. Einen großen Einfluss auf diese Mobilisierung übte der konservative Historiker, Professor und Reichstagsabgeordnete Heinrich von Treitschke aus. Er hatte bereits 1879 mit seiner Schrift »Unsere Aussichten« in den Preußischen Jahrbüchern den Berliner Antisemitismusstreit ausgelöst.

Der Berliner Antisemitismusstreit

Heinrich von Treitschke beklagte die verstärkte Zuwanderung von Juden: »Über unsere Ostgrenze aber drängt Jahr für Jahr aus der unerschöpflichen polnischen Wiege eine Schar strebsamer hosenverkaufender Jünglinge hinein, deren Kinder und Kindeskinder dereinst Deutschlands Börsen und Zeitungen beherrschen sollen.« Er kritisierte den jüdischen Einfluss und die »nationale Sonderexistenz« der Juden in Deutschland. Er verlangte ihre Assimilation: »Was wir von unseren israelitischen Mitbürgern zu fordern haben, ist einfach: sie sollen Deutsche werden, sich schlicht und recht als Deutsche fühlen.« Die Juden würden sich aber weigern, deshalb sei die Abneigung der Volksmassen gegen sie verständlich. Folglich ertöne aus allen Mündern: »Die Juden sind unser Unglück!« Dieser Ausspruch prangte später als Fußzeile auf der Titelseite der nationalsozialistischen Zeitung »Der Stürmer«.

Im Gegensatz zu vielen noch radikaleren Antisemiten befürwortete Treitschke die Assimilation der Juden. Er ging nicht von einem unvereinbaren jüdischen Wesen aus, das im Gegensatz zum Deutschtum stehe. Sein Hauptanliegen war das Wohl und die Einigkeit der deutschen Nation, für welche die Juden ein Problem darstellten. Dennoch löste der Aufsatz durch die Popularität des Verfassers eine breite Debatte über die »Judenfrage« aus.

Zunächst reagierten jüdische Intellektuelle wie der Politiker Ludwig Bamberger, der Historiker Heinrich Graetz und der Psychologe Moritz Lazarus. Antisemiten wiederum sahen in Treitschke einen Verbündeten, der ihre Position mit seiner wissenschaftlichen Autorität aufwerte. Rund ein Jahr später meldete sich der prominente Althistoriker Theodor Mommsen zu Wort, der Verfasser des mehrbändigen Werks »Römische Geschichte«, für das er den Literaturnobelpreis erhalten sollte. Besonders nach dem Erfolg der Antisemitenpetition unter Studenten sah er sich zum Eingreifen genötigt.

Zusammen mit anderen Honoratioren veröffentliche Mommsen im November 1880 eine Notabelnerklärung gegen den Judenhass. Darin hieß es: »Wie eine ansteckende Seuche droht die Wiederbelebung eines alten Wahnes die Verhältnisse zu vergiften [...]. Noch ist es Zeit, der Verwirrung entgegenzutreten und nationale Schmach abzuwenden; noch kann die künstlich angefachte Leidenschaft der Menge gebrochen werden durch den Widerstand besonnener Männer. [...] Vertheidigt in öffentlicher Erklärung und ruhiger Belehrung den Boden unseres gemeinsamen Lebens: Achtung jedes Bekenntnisses, gleiches Recht, gleiche Sonne im

Wettkampf, gleiche Anerkennung tüchtigen Strebens für Christen und Juden.«

Daraufhin lieferten sich Mommsen und Treitschke noch einen direkten Schlagabtausch in verschiedenen Berliner Tageszeitungen mit gegenseitigen Anschuldigungen. Schließlich publizierte Mommsen die Broschüre »Auch ein Wort über unser Judenthum«. Darin kritisierte er Treitschke erneut vehement und machte ihn zumindest indirekt für das Erstarken der antisemitischen Bewegung verantwortlich. Seine Stellungnahme laufe schließlich in letzter Instanz darauf hinaus, »den Bürgerkrieg zu predigen«. Diesen Tendenzen gelte es, entschlossen entgegenzutreten. Den Antisemitismus bezeichnete Mommsen als »Mißgeburt des nationalen Gefühls«, das letztlich Deutschland schade. Eine große Nation setze sich aus unterschiedlichen kulturellen Komponenten zusammen, die gewisse Eigenheiten aufzugeben hätten, um darin aufgehen zu können. Solche unausweichlichen Vermischungen seien positiv. Zum Wohle der Nation müssten auch die Juden ihren Teil beitragen: »Ob sie Hosen verkaufen oder Bücher schreiben, es ist ihre Pflicht […], auch ihrerseits die Sonderart nach bestem Vermögen von sich zu thun und alle Schranken zwischen sich und den übrigen deutschen Mitbürgern mit entschlossener Hand niederzuwerfen.«

Im Zuge der 1870er-Jahre veränderte die Judenfeindschaft folglich ihr Gesicht. Sie löste sich von ihren religiösen Wurzeln, ohne sie gänzlich abzustreifen, und stellte sich auf eine völkische, »rassische« Grundlage. Die Wortneuschöpfung Antisemitismus stand für diese Veränderung. Dieser neue Judenhass war radikaler, weil er etwa die Möglichkeit der Konversion für Juden ausschloss. Nicht selten schwelgte er in Vernichtungsfantasien, indem er Juden mit Bazillen oder Bakterien verglich. Zugleich formierte sich die Judenfeindschaft in Parteien und Organisationen. Dadurch avancierte sie zu einem politischen Faktor in der deutschen Hauptstadt und anderswo.

Der Berliner Antisemitismusstreit zeigte, dass die Judenfeindschaft keineswegs ausschließlich eine Angelegenheit ungebildeter, ländlicher Massen darstellte, sondern im deutschen Bildungsbürgertum fest verankert war. Der Antisemitismus durchzog alle Klassen, alle Bildungsschichten, alle politischen Lager sowie Stadt und Land. Er war zu einem Bodensatz der gesamten Gesellschaft im deutschen Kaiserreich geworden. Doch die 1870er-Jahre stellten gewissermaßen nur die Eröffnungsphase dieser neuen Judenfeindschaft dar.

Die Radikalisierung des Judenhasses

Im folgenden Jahrzehnt verfestigte sich die »rassische« Begründung des Antisemitismus. Nach der Veröffentlichung von Charles Darwins »Über die Entstehung der Arten« 1859 verfälschten und übertrugen Antisemiten zunehmend die aus dem Tierreich gewonnenen Erkenntnisse auf die menschliche Gesellschaft. Während der britische Forscher die Anpassung von Tieren an ihre natürliche Umgebung untersuchte, leiteten Judenhasser daraus eine »rassische« Grundlage des menschlichen Zusammenlebens ab. Es sei ein Kampf ums Überleben und nur die stärkere »Rasse« setze sich in einer natürlichen Auswahl durch.

Für diese Radikalisierung und »Verwissenschaftlichung« der Judenfeindschaft stand Eugen Dührings »Die Judenfrage als Racen-, Sitten- und Culturfrage. Mit einer weltgeschichtlichen Antwort« von 1881. Der Philosoph und Nationalökonom vertrat einen antimarxistischen Sozialismus auf »rassischer« Grundlage. Da er einen gewissen Einfluss auf die Sozialdemokratie ausübte, verfasste Friedrich Engels eine Polemik gegen ihn, den »Anti-Dühring«.

Mit seiner Hetzschrift gab Dühring der antisemitischen Bewegung eine (pseudo-)wissenschaftliche Basis: »Auf den Racencharakter der Juden einzugehen, bin ich schon seit vielen Jahren bei der Darstellung verschiedener Wissenschaften genöthigt gewesen.« In der Vergangenheit sei die »Judenfrage« eine Religionsfrage gewesen, »in Rücksicht auf die Race ist sie aber ein hochwichtiger Gegenstand der Gegenwart und der Zukunft.« Sie müsse international, in jedem Land gelöst werden, wobei auch eine »völkerrechtliche Internirung, nämlich einer Anweisung auf bestimmte Landgebiete« in Erwägung zu ziehen sei. Ihr gesellschaftlicher Einfluss sei mit Hilfe von »Specialjudengesetzen« zurückzudrängen, vor allem im Pressewesen und im Staat. Selbst seien die Juden als Nomaden unfähig, einen eigenen Staat zu gründen. Vorläufig könnten nur einzelne Maßnahmen gegen Juden unternommen werden, langfristig bedürfe es aber einer weltgeschichtlichen Lösung: »Die Juden sind, das wird für den Kenner dieser Race immer der Schluss sein, ein inneres Carthago, dessen Macht die modernen Völker brechen müssen, um nicht selbst von ihm eine Zerstörung ihrer sittlichen und materiellen Grundlagen zu erleiden«. Letztlich gehe es um die »Ausscheidung der Judenrace aus dem modernen Völkerleben.« Mit seiner Schrift radikalisierte Dühring den Antisemitismus weiter. Er forderte nicht nur, die Emanzipation rückgängig zu machen, sondern die Juden zu internieren und schließlich zu vernichten.

Der Judenhass erhielt in dieser Zeit zunehmend eine »rassische« Grundierung. Die aufkommenden Rassentheorien teilten die Menschheit in unterschiedliche »Rassen« ein, wobei die weiße, arische »Rasse« an der Spitze und die Juden und die Schwarzen ganz unten standen. Bei aller Überschneidung weisen Antisemitismus und Rassismus dennoch bedeutsame Unterschiede auf. Während die Antisemiten die Juden »rassisch« abwerteten, unterstellten sie ihnen doch zugleich, die Börsen- und die Banken zu kontrollieren, nach der Weltherrschaft zu streben und im Hintergrund die Fäden zu ziehen. Die Antisemiten gingen von einer jüdischen Übermacht aus, gegen die sie sich zur Wehr setzen müssten. Dieses Ineinandergreifen von heftiger Abwertung und projektiver Überhöhung macht eine Besonderheit des Antisemitismus aus.

Ein Jahr nach Erscheinen der Dühring'schen Hetzschrift fand in Dresden der erste »Internationale antijüdische Kongress« statt. Unter den knapp 400 Teilnehmern befanden sich vor allem bekannte deutsche Antisemiten wie Adolf Stoecker, Ernst Henrici und Otto Glagau, der dem Kongress vorsaß. Weitere antisemitische Parteien wurden in jenen Jahren ins Leben gerufen. Sie waren aber untereinander zerstritten. Auch deshalb hatten sie in Berlin bei Wahlen wenig Erfolg. Einige Organisationen lösten sich wenig später wieder auf. Die antisemitische Bewegung verlagerte ihren Schwerpunkt in die Provinz und hing stark an Einzelpersonen.

Das Großherzogtum Hessen spielte dabei eine besondere Rolle. Der volkstümliche antisemitische Agitator Otto Böckel verteidigte die von ihm verklärte kleinbäuerliche Lebensweise gegen jüdische Geldleiher und

Viehhändler. Der Angestellte der Marburger Universitätsbibliothek fand eine große Anhängerschaft nicht nur unter den (Klein-)Bauern, sondern auch unter den Studenten. Bei der Wahl 1887 wurde er als erster unabhängiger Antisemit direkt in den Reichstag gewählt, in dem er mehrere Legislaturperioden saß.

Im gleichen Jahr veröffentliche Theodor Fritsch den »Antisemiten-Katechismus. Eine Zusammenstellung des wichtigsten Materials zum Verständnis der Judenfrage«, eine einflussreiche Schrift, die zahlreiche Auflagen bis in den Nationalsozialismus hinein erlebte. Das Handbuch enthielt »alle wichtigen Aufzeichnungen für die antijüdische Propaganda«, wie es im Vorwort heißt. Fritsch versammelte Aussprüche von Persönlichkeiten der Weltgeschichte und Bibelstellen gegen die Juden. Er wollte den verderblichen jüdischen Einfluss durch die Weltgeschichte hindurch aufzeigen. Ferner gab er selbst Auskunft zu den wichtigsten Aspekten der »Judenfrage«. Die Frage, was Antisemitismus sei, beantwortete er folgendermaßen: »›Anti‹ heißt ›gegen‹ und ›Semitismus‹ bezeichnet das Wesen der semitischen Rasse. Der Antisemitismus bedeutet also die Bekämpfung des Semitenthums. Da die semitische Rasse in Europa fast ausschließlich durch die Juden vertreten ist, so verstehen wir unter den ›Semiten‹ im engeren Sinne die Juden. ›Antisemit‹ heißt also in unserem Falle ›Judengegner‹.« Er gründete später den Hammer-Verlag in Leipzig, in dem viele antisemitische Hetzschriften erschienen, darunter die deutsche Übersetzung der »Protokolle der Weisen von Zion« und »Der internationale Jude. Ein Weltproblem« des amerikanischen Industriellen Henry Ford. Fritsch blieb für die nächsten Jahrzehnte einer der bedeutendsten und radikalsten antisemitischen Hetzer.

Die 1890er-Jahre

Ende der 1880er-Jahre stellten dezidiert antisemitische Parteien aber nicht das größte Problem für die Juden dar, sondern die breite Verankerung des Judenhasses in der deutschen Gesellschaft. Seine Verbreitung im Alltagsbewusstsein bedeutete, dass er sich auch über die Kleinstparteien hinaus politisch niederschlug. So hielt die Deutschkonservative Partei 1892 in ihrem neu beschlossenen Parteiprogramm fest: »Wir bekämpfen den vielfach sich vordrängenden und zersetzenden jüdischen Einfluss auf unser Volksleben.« Außer gegen die Juden wandten sich die Konservativen ebenfalls gegen die Sozialdemokratie. Die seit 1878 bestehenden repressiven Sozialistengesetze waren 1890 aufgehoben worden, so dass die Sozialisten wieder stärker als Bedrohung wahrgenommen wurden. Antisemiten sahen in ihr ohnehin eine »verjudete« Bewegung, so dass der Hass auf Juden und Sozialisten häufig Hand in Hand ging, nicht nur bei der Deutschkonservativen Partei.

Die Übernahme eines offenen Antisemitismus durch die Konservativen hing auch mit dem Erfolg des agitatorischen Judenfeindes Hermann Ahlwardt zusammen. Der ehemalige Schulrektor mit unzähligen Skandalen wurde 1892 in der Provinz Brandenburg in den Reichstag gewählt. Die dortige Bühne nutzte er, um Juden mit Bazillen und Viren zu vergleichen. Er forderte ihre Vernichtung. Die gesamte Rechte in Deutschland profitierte von dem Aufschwung der antisemitischen Hetzer. Im Vergleich zu Böckel oder Ahlwardt erschienen andere antisemitische Positionen geradezu moderat.

Das Jahr 1890 bedeutete nicht nur einen Einschnitt, weil die Sozialistengesetze aufgehoben wurden, sondern vor allem, weil der Kaiser den Reichskanzler Otto von Bismarck absetzte. Ohnehin hatte seinerzeit ein neues Zeitalter begonnen, das Zeitalter des Imperialismus. Jüngere Nationalstaaten wie Deutschland wollten die Ausplünderung anderer Weltteile nicht mehr ausschließlich den alten Kolonialmächten England und Frankreich überlassen. Sie strebten selbst nach Weltgeltung, nach einem »Platz an der Sonne«, wie es der spätere Reichskanzler Bernhard von Bülow 1897 in einer Parlamentsdebatte nannte.

Die völkische Bewegung

Der Antisemitismus verschwand seinerzeit keineswegs, sondern wurde zu einem Teil der erstarkenden völkischen Bewegung. Kolonialismus und Imperialismus bestimmten damals die politische Diskussion. Zwar erzielten dezidierte Judenfeinde in den 1890er-Jahren vor allem in Hessen und Sachsen noch einige Wahlerfolge, aber der Stern des parteipolitischen Antisemitismus war bereits im Sinken begriffen. Die

Judenfeindschaft verlagerte sich in Organisationen hinein, vor allem in Verbände.

Besonders taten sich neben Handwerkervereinigungen dabei der Bund der Landwirte (BDL) und der Deutschnationale Handlungsgehilfen-Verband (DHV) hervor. Der BDL besaß bereits kurz nach seiner Gründung 1893 an die 200 000 Mitglieder. Der im gleichen Jahr gegründete DHV wuchs langsamer, wies allerding im Vorfeld des Ersten Weltkrieges ebenfalls an die 150 000 Mitglieder auf. Juden durften dem Verband nicht beitreten. Beide Organisationen vertraten einen radikalen Antisemitismus und Nationalismus und agitierten gegen die Entwicklungen der modernen kapitalistischen Gesellschaft.

Auch in anderen Verbänden gehörten Antisemitismus und Rassismus konstitutiv zum Selbstverständnis, so etwa beim Alldeutschen Verband. Die 1891 gegründete Organisation trat für eine imperiale Politik Deutschlands, die militärische Aufrüstung, vor allem einer Seestreitmacht, und ein offensiveres Auftreten auf der internationalen Arena ein. So hieß es in Paragraf eins der Satzung: »Der Alldeutsche Verband erstrebt Belebung der deutsch-nationalen Gesinnung, insbesondere Weckung und Pflege der rassenmäßigen und kulturellen Zusammengehörigkeit aller deutschen Volksteile.« Die proklamierte Förderung des nationalen Gedankens richtete sich gegen die Minderheiten. Der Antislawismus und der Rassismus wurden nur noch vom Antisemitismus überboten.

Das mehrbändige Werk Arthur de Gobineaus »Versuch über die Ungleichheit der Menschenrassen« aus den 1850er-Jahren stellte für diese Ideologien einen zentralen Bezugspunkt dar. Darin legte er nicht nur die Verschiedenartigkeit der menschlichen »Rassen« dar, sondern auch die Überlegenheit der Arier. Der Antisemit und Rassentheoretiker, Ludwig Schemann, übertrug es 1900 ins Deutsche.

Es wurde zusammen mit einem weiteren Buch, das ein Jahr zuvor erschienen war, zu einem der Klassiker der Rassentheorie. 1899 hatte Houston S. Chamberlain »Die Grundlagen des XIX. Jahrhunderts« veröffentlicht. Er unterstrich die Bedeutung der »Judenfrage« als eine der entscheidenden Fragen seiner Gegenwart. So schrieb Chamberlain über die Juden: »Dieses fremde Volk aber, ewig fremd, weil [...] an ein fremdes, allen anderen Völkern feindliches Gesetz unauflösbar gebunden, dieses fremde Volk ist gerade im Laufe des 19. Jahrhunderts ein unverhältnismässig wichtiger, auf manchen Gebieten geradezu ausschlaggebender Bestandteil des Lebens geworden.« Gegen seinen Einfluss müssten sich die europäischen Gesellschaften wehren. Im deutschen Volk verortete er die Ursprünge der Germanen, die an der Spitze aller »Rassen« stünden. Das Buch fand einen breiten Leserkreis bis in höchste staatliche Stellen hinein. Chamberlain wurde in seinem Antisemitismus stark von dem deutschen Theologen und Orientalisten Paul de Lagarde beeinflusst, der mit seinem Versuch, eine deutsche Nationalreligion ins Leben zu rufen, und seinen zahlreichen Schriften einer der prägenden Antisemiten seiner Zeit war.

Neben dieser deutlich rassenantisemitischen Richtung stand Julius Langbehn für eine kulturpessimistische Ausrichtung der Judenfeindschaft. In seinem anonym 1891 veröffentlichten »Rembrandt als Erzieher« beschrieb er den Verfall des gegenwärtigen deutschen Geisteslebens. Er plädierte dafür, sich wieder an das Schaffen und Wesen Rembrandts zu erinnern: »Unter allen deutschen Künstlern aber ist der individuellste: Rembrandt. Der Deutsche will seinem eigenen Kopfe folgen und Niemand thut es mehr als Rembrandt; in diesem Sinne muß er geradezu der deutscheste aller deutschen Maler und sogar der deutscheste aller deutschen Künstler genannt werden.« Für den Niedergang der volkstümlichen deutschen Kunst seien nicht zuletzt die Juden verantwortlich. Die Deutschen müssten sich deshalb erneut der wahren Kunst besinnen: »Rembrandt ist ein echter Arier; wenn der stille und gewaltige Hauch Rembrandt'schen Geistes sie erfüllt, so kann die germanische Eigenart sich wieder einmal neu beleben; [...] Daß nicht nur die deutsche Kunst, sondern das deutsche Leben wieder Stil gewinne, ist das zu hoffende Endergebnis dieser Erziehung.« Das Buch erlebte in wenigen Jahren 39 Auflagen, erreichte also ein Massenpublikum. Die Mischung aus Kulturpessimismus, germanischer Überlegenheit und Antisemitismus traf den Zeitgeist des Kaiserreichs im ausgehenden 19. Jahrhundert.

Viele Deutsche fühlten sich als »verspätete« Nation den traditionellen Kolonialmächten gegenüber politisch zurückgesetzt und benachteiligt. Zugleich hielten sie das deutsche Geistesleben für überlegen. Gerade vor dem Hintergrund der rapiden kapitalistischen Entwicklung galt es, den »deutschen Geist« gegen den angelsächsischen Materialismus hochzuhalten. Die ökonomische Entwicklung schien dennoch unaufhaltsam. Daraus resultierte die pessimistische Grundhaltung vieler Antisemiten. Gerade die Juden symbolisierten das Gegengewicht zum völkischen Deutschtum und zur alten Ordnung. Der Antisemitismus inszenierte sich folglich auch immer als Revolte gegen den gesellschaftlichen Fortschritt und für die Bewahrung des Herkömmlichen, gegen das Künstliche und für das Natürliche.

Jüdische Gegenreaktionen vor der Jahrhundertwende

Seinerzeit machten die Juden ungefähr ein Prozent der Bevölkerung im Deutschen Reich aus und lebten überproportional in den großen Städten. Sozioökonomisch unterschieden sie sich vom Rest der Bevölkerung. Über die Hälfte von ihnen war im Handel oder im Verkehr tätig, aber nur wenige in der Landwirtschaft. Ebenso stellten sie kaum Industriearbeiter, dafür aber viele Selbstständige wie Ärzte oder Anwälte. Die Berufsstruktur ergab sich aus der Geschichte der Verfolgung und Diskriminierung, da ihnen seit jeher bestimmte Berufe verschlossen waren. Im Zuge der wirtschaftlichen Dynamik des Kapitalismus brachten es einige jüdische Industrielle und Bankiers zu großem Reichtum. Generell gelang vielen deutschen Juden der Aufstieg in das Bildungsbürgertum. Damit unterschieden sie sich deutlich von den eingewanderten Juden aus Osteuropa mit einer hohen Armutsquote. Die Mehrzahl der Juden in Deutschland begriff sich als integraler Bestandteil der deutschen Gesellschaft mit Pflichten, aber auch mit Rechten. Für diese Rechte waren sie bereit einzutreten. Sie wollten die antisemitischen Angriffe nicht mehr widerstandslos hinnehmen, wie sie es lange Zeit getan hatten. Deshalb gründeten sich jüdische Organisationen, um dem Antisemitismus auf unterschiedliche Weise und den politischen Wahlerfolgen der Antisemiten etwas entgegenzusetzen. Die wichtigste ausdrücklich jüdische Organisation zum Kampf gegen den Antisemitismus war der Centralverein deutscher Staatsbürger jüdischen Glaubens. Die 1893 in Berlin gegründete Organisation besaß bis zur Jahrhundertwende gut 16 000 Mitglieder und leistete Aufklärungsarbeit im Kampf gegen den Judenhass und intervenierte in Wahlkämpfe für oder gegen bestimmte Kandidaten. Die Organisation unterstützte Parteien, die für die Weimarer Republik eintraten. Sie betrieb außerdem einen eigenen Pressedienst und den Philo-Verlag. Ferner gab sie Zeitungen und Zeitschriften heraus. Vor allem ging der Centralverein aber juristisch gegen die antijüdische Hetze und die Angriffe auf die Gleichberechtigung der Juden vor – mit unterschiedlichem (Miss-)Erfolg. Seine Mitglieder verstanden sich als patriotische Staatsbürger, die um ihre Rechte in Deutschland kämpften. Deshalb standen sie der um die Jahrhundertwende entstehenden zionistischen Bewegung, die einen eigenen jüdischen Nationalstaat anstrebte, ablehnend gegenüber.

Politische Gegenreaktionen

Aus dem liberalen jüdischen und nicht jüdischen Bürgertum heraus wurde 1890 der Verein zur Abwehr des Antisemitismus gegründet. Der parteiübergreifende Verband umfasste ungefähr 15 000 Mitglieder. Neben Politikern aus unterschiedlichen Parteien zählte er auch Intellektuelle wie Theodor Mommsen zu seinen Unterstützern. Die Organisation verstand sich als Vertretung einer freiheitlichen Gesellschaftsordnung und entfaltete umfangreiche Aktivitäten für die Verwirklichung der Bürger- und Menschenrechte.

Die bedeutendste politische Kraft im Kampf gegen die Antisemiten war allerdings die Sozialdemokratie, die sich nach dem Auslaufen der Sozialistengesetze 1890 auf dem Parteitag in Halle im gleichen Jahr in Sozialdemokratische Partei Deutschlands (SPD) umbenannte. Die Sozialdemokraten bekämpften bereits die politische Bewegung um Adolf Stoecker in Berlin. Auf dem Hallenser Parteitag erbaten Delegierte aus Marburg die Unterstützung von der Partei, da in ihrer Gegend der Antisemitismus besonders ausgeprägt sei. Sie begründeten ihren Antrag damit, dass »in Anbetracht des Vordringens der antisemitischen Bewegung auf immer weitere Kreise und der verwerflichen Kampfesweise, welcher sich die Antisemiten speziell gegen die Sozialdemokraten bedienen, die Partei die Parteigenossen Marburgs in irgend einer Weise unterstützt, damit am Heerde der antisemitischen Agitation eine kräftige Gegenagitation entwickelt werden kann.«

Schließlich verabschiedete der Berliner SPD-Parteitag 1892 eine Resolution gegen den Antisemitismus. Sie deutete den Antisemitismus als Missstimmung ökonomisch bedrohter Schichten, die sich gegen einzelne Auswüchse des kapitalistischen Systems richte und die Juden zum Feind erkoren habe. Ausbeutung sei aber, so wurde argumentiert, kein genuin jüdisches Charakteristikum, sondern entspringe der kapitalistischen Gesellschaft selbst. Die Resolution schloss folgendermaßen: »Die Sozialdemokratie bekämpft den Antisemitismus als eine gegen die natürliche Entwicklung der Gesellschaft gerichtete Bewegung, die jedoch trotz ihres reaktionären Charakters und wider ihren Willen schließlich revolutionär wirkt, weil die von dem Antisemitismus gegen die jüdischen Kapitalisten aufgehetzten kleinbürgerlichen und kleinbäuerlichen Schichten zu der Erkenntniß kommen müssen, daß nicht blos der jüdische Kapitalist, sondern die Kapitalistenklasse überhaupt ihr Feind ist und daß nur die Verwirklichung des Sozialismus sie aus ihrem Elende befreien kann.« Den Antisemitismus interpretierte die SPD primär funktional und ökonomistisch. Außerdem nahm sie an, dass er ein progressives Moment enthalte, an das sie anknüpfen könne. Gewissermaßen müsse der Antisemitismus über sich selbst hinausgetrieben werden.

Auf dem Parteitag in Köln 1893 hielt August Bebel das Grundsatzreferat »Antisemitismus und Sozialdemokratie«, das später – als Broschüre publiziert – eine nachhaltige Wirkung in der Arbeiterbewegung entfaltete. Die »Judenfrage« stellte für Bebel wie schon für Karl Marx kein religiös-theologisches, sondern ein soziales Problem dar. Der Antisemitismus weise seit Bestehen der kapitalistischen Gesellschaftsformation »einen ökonomischen und materialistischen Untergrund« auf. Da die Juden anscheinend besonders von den gesellschaftlichen Entwicklungstendenzen profitierten, bilde sich eine Mischung aus einer reaktionär-antimodernen Ablehnung des Kapitalismus und einer antisemitischen Geisteshaltung heraus. Die antisemitische Bewegung sei im Namen des Fortschritts zu bekämpfen. Die widerspruchsvolle Natur der Judenfeindschaft mit ihren antikapitalistischen Elementen trage letztlich aber wider willens zum Aufschwung der Sozialdemokratie bei. Weil der Antisemitismus notgedrungen über sein Ziel hinausschieße, werde er revolutionär. Dann, meinte Bebel, »kommt die Stunde unserer Ernte«. Zur Abschaffung des Antisemitismus und damit der Lösung der »Judenfrage« müsse aber letztlich der Kapitalismus überwunden werden. Trotz aller funktionalistischen Analysen und trotz der Unterschätzung der Judenfeindschaft als ideologischer Gefahr positionierte sich die SPD eindeutig gegen den Antisemitismus und erklärte seine Bekämpfung zu einem politischen Ziel. Ferner stellte die Partei gegen alle Widerstände zahlreiche jüdische Kandidaten auf ihren Listen auf. Deshalb und weil zusätzlich noch viele ihrer Gründungspersönlichkeiten Juden waren, beschimpften Reaktionäre und Antisemiten sie als »Judenschutztruppe«.

Internationale Dimensionen
Die Judenfeindschaft von der Jahrhundertwende bis zum Ende des Ersten Weltkrieges 1918

Im späten 19. Jahrhundert vollzogen sich folglich grundlegende Wandlungen der Judenfeindschaft in Deutschland. Seine religiösen Begründungen wichen zunehmend einer »rassischen« Argumentation. Dieser neue Antisemitismus ließ einen Übertritt der Juden zum Christentum, um den Verfolgungen zu entgehen, nicht mehr zu. Der Judenhass hatte sich radikalisiert und propagierte vermehrt extreme Lösungen der »Judenfrage«. Ferner breitete sich der Antisemitismus in allen Poren der deutschen Gesellschaft aus. Auch in den europäischen Nachbarländern trugen sich um die Jahrhundertwende Ereignisse zu, die sich stark auf den Antisemitismus allgemein auswirkten.

Die Dreyfus-Affäre

In Frankreich wurde der Artilleriehauptmann Alfred Dreyfus 1894 wegen Landesverrats verhaftet. Der aus dem Elsass stammende jüdische Offizier soll geheime Informationen an Deutschland weitergegeben haben. Obwohl die Anklage von Anfang an voller Ungereimtheiten war, verurteilte ein Militärgericht den Angeklagten wenig später zu lebenslanger Haft und Verbannung. Vor johlenden Schaulustigen wurden im Januar 1895 auf dem Hof der École Militaire in Paris sein Säbel zerbrochen und seine Abzeichen von der Uniform gerissen. Die Menge schrie »Tod den Juden«. Nach der öffentlichen Degradierung wurde Dreyfus auf die Teufelsinsel vor Französisch-Guayana verbannt, wo er mehrere Jahre völlig isoliert inhaftiert war. Die Justizaffäre zog sich mehrere Jahre hin, bis der zu Unrecht verurteilte schließlich 1899 begnadigt und 1906 rehabilitiert wurde. Die Debatte bestimmte viele Jahre die politische Diskussion und spaltete die französische Gesellschaft tief.

Frankreich, das Land der bürgerlichen Revolution von 1789, wies ebenfalls eine tief verwurzelte Tradition der Judenfeindschaft auf. Exemplarisch stand dafür die 1886 erschienene Schrift »La France Juive« (»Das verjudete Frankreich«) von Edouard Drumont. Die Schrift erlebte über 100 Auflagen, verkaufte sich mehr als eine Million Mal, wurde in zahlreiche Sprachen übersetzt und war eines der einflussreichsten antisemitischen Pamphlete des späten 19. Jahrhunderts. 1890 erschien die deutsche Fassung.

Der Verfasser interpretierte den Verlauf der gesamten Geschichte als unausweichlichen Konflikt zwischen der »arischen« und der »semitischen Rasse«. Nach der Vertreibung der Juden aus Frankreich im Jahr 1394 sei es zu einer kulturellen und politischen Blüte des Landes gekommen, die bis zur Französischen Revolution 1789 angedauert habe. Die mit der Revolution einhergehenden gesellschaftlichen Umwälzungen hätten zu einem Niedergang des Landes geführt, an dem die Juden die größte Schuld trügen und von dem sie am meisten profitierten. Drumont schrieb damit eine klassische Form der dystopischen Verfallsgeschichte, welche die Juden zu Schuldigen und zugleich den Nutznießern der modernen Gesellschaft stilisierte. Er verstand sich als Wahrheitssucher, der allein gegen eine übermächtige Kraft vorging, sich traute, verborgene Zusammenhänge aufzudecken und unterdrückte Tatsachen auszusprechen. Der Gestus der »verfolgenden Unschuld« ist typisch für autoritäre Charaktere und antisemitische Einstellungen. Antisemiten fühlen sich als Getriebene, die zu reagieren gezwungen seien. Die Schrift Drumonts endete mit folgenden Worten: »Ich habe auf jeden Fall meine Pflicht erfüllt, indem ich mit Beleidigungen auf die unzähligen Beleidigungen reagiert habe, die in der jüdischen Presse gegen

Christen erhoben wurden. Indem ich die Wahrheit ausgesprochen habe, bin ich dem zwingenden Ruf meines Gewissens gefolgt: liberavi animam meam (deutsch: Ich habe meine Seele befreit).«

Drumont rief 1888 eine französische Antisemitenliga ins Leben und gründete 1892 die Tageszeitung »La libre parole« (»Das freie Wort«). Während der Dreyfus-Affäre war sie das führende Organ der Antidreyfusards, also der Antisemiten und Gegner der Republik.

Die Bedeutsamkeit und die Nachwirkung der Dreyfus-Affäre waren immens. Erstmals spaltete sich eine moderne Gesellschaft anhand der »Judenfrage«. Zugleich wurde erneut die rechtliche Gleichberechtigung der Juden generell infrage gestellt. Insgesamt verunsicherte die Affäre die assimilierten Juden in Frankreich und darüber hinaus. Das Vertrauen der französischen Juden in die Werte der Republik war nachhaltig erschüttert. Bei den Ausschreitungen im Verlauf der Justizaffäre formierte sich außerdem ein marodierender Pöbel, den Teile der politischen und wirtschaftlichen Elite unterstützten.

Während zu Beginn der Affäre nur wenige, meist jüdische Intellektuelle wie Bernard Lazare für den Angeklagten öffentlich Partei ergriffen, änderte sich die Situation im weiteren Verlauf. 1898 publizierte der Schriftsteller Emile Zola in der Zeitschrift »L'Aurore« den offenen Brief »J'accuse« (»Ich klage an«), mit dem er Dreyfus unterstützte und schwere Vorwürfe gegen die Militärjustiz erhob. Danach äußerten sich noch weitere bekannte Personen öffentlich zugunsten des Angeklagten und gegen Antisemitismus. Zola war mit seiner Intervention zum Prototyp des engagierten Schriftstellers geworden, der sich in politische Entwicklungen einmischte, zum modernen Intellektuellen.

Außerdem war der 1860 in Österreich-Ungarn geborene Theodor Herzl zur Zeit der Affäre als Korrespondent für die Wiener Zeitung »Neue Freie Presse« in Paris tätig und berichtete ausführlich über den Justizskandal. Der virulente Antisemitismus bestärkte den Begründer des politischen Zionismus in der Überzeugung, dass die Assimilation der Juden in die jeweilige Gesellschaft keine Lösung der »Judenfrage« darstelle. Wenn selbst in Frankreich, dem Land des Gleichheitsgedankens, der Judenhass grassiere, die Errungenschaften der Emanzipation immer wieder infrage gestellt würden, dann stelle nur die Gründung eines eigenen Staates für die Juden einen Ausweg dar. 1896 veröffentlichte Herzl schließlich seine Schrift »Der Judenstaat. Versuch einer modernen Lösung der Judenfrage«. Alle bisherigen Versuche seien unzureichend gewesen. Der Antisemitismus sei durch die Assimilation der Juden nicht verschwunden, die jüdische Existenz deshalb in den europäischen Gesellschaften nicht gesichert. Insofern sei ein jüdischer Nationalstaat das einzige wirksame Mittel gegen den Antisemitismus: »Man gebe uns die Souveränität eines für unsere gerechten Volksbedürfnisse genügenden Stückes der Erdoberfläche, alles andere werden wir selbst besorgen.« Die zionistische Idee gewann angesichts der Judenfeindschaft in allen europäischen Ländern schnell an Anhängern. Diese vernetzten sich transnational und veranstalteten bald erste Kongresse. Allerdings betrachteten viele Juden den Zionismus auch als Hindernis und als schädlich, um sich für ihre Rechte in den jeweiligen Nationalstaaten einzusetzen.

Generell erhielt die französische Dreyfus-Affäre große Aufmerksamkeit in der internationalen Öffentlichkeit. Weltweit berichteten Zeitungen kritisch über den Prozess und prägten damit eine lang anhaltende gesellschaftliche Debatte. Der Antisemitismus hatte darin sein gesellschaftliches Spaltungspotenzial in voller Vehemenz offenbart.

Die »Protokolle der Weisen von Zion«

Um die Jahrhundertwende entstand im zaristischen Russland eines der einflussreichsten Pamphlete des antisemitischen Verschwörungsdenkens. Die fiktionalen »Protokolle der Weisen von Zion« erschienen 1903 erstmals auf Russisch und wurden in unzählige Sprachen übersetzt. Sie halluzinierten eine jüdische Weltverschwörung. Eine kleine Schar Rabbiner habe sich auf dem jüdischen Friedhof in Prag zusammengefunden, um die Übernahme der Weltherrschaft zu planen: »Das Volk Israel erhebt sich von seinem Sturz. Gewaltig ist die Macht geworden, die es über die Throne und Völker ausübt. Wenn alles Gold der Erde unser ist, ist alle Macht unser. An den Wassern von Babylon waren wir in der Gefangenschaft; man hat unsere Tempel zerstört; man hat uns geknechtet. Aber jetzt werden wir sie knechten, solange die Welt besteht.« Mittels Liberalismus, Atheismus und Materialismus solle die nicht jüdische Welt, sollen ihre traditionellen Strukturen und Normen zersetzt werden, um ein jüdisches Weltreich zu errichten. Hierfür seien alle Mittel recht, einschließlich Lug, Betrug und Hinterlist.

Die »Protokolle der Weisen von Zion« wurden zu einer der wirkmächtigsten antisemitischen Hetzschriften der Weltgeschichte und sind es bis heute geblieben. Sie sind gewissermaßen der Urtext der Verschwörungserzählungen. Die Schrift wurde auch von Antisemiten in Deutschland nach der Übersetzung 1919 breit rezipiert. Dass die Protokolle bereits in den frühen 1920er-Jahren als Fälschung enttarnt wurden, tat ihrer Rezeption keinen Abbruch. Vor allem ihre große Popularisierung durch den Industriellen und Antisemiten Henry Ford in den englischsprachigen Ländern in jenen Jahren stellte einen Beleg hierfür dar. Typisch ist, dass Antisemiten sich nicht von Tatsachen beirren lassen. Sie nehmen sie nur selektiv zur Kenntnis, wenn sie ihr Ressentiment bestätigen. Dieses Muster kennzeichnet das antisemitische Weltbild bis in die Gegenwart.

Zeitgleich mit ihrer Erstveröffentlichung veranstaltete ein marodierender Pöbel mit Unterstützung der staatlichen Stellen und des Militärs mehrere Pogrome im westlichen Teil des Zarenreichs. Besonders brutal verliefen die Ausschreitungen in Kischinew 1903. Eine amerikanische Krankenschwester, die die Ausschreitungen unmittelbar miterlebt hatte, schrieb ihre Beobachtungen in der Zeitschrift »Public Health« nieder. In einer Prozession seien Nonnen mit Ikonen und Jesusbildern zusammen mit ihren Schulkindern durch die Straßen gezogen und hätten »Gott rette den Zaren« gesungen und »Tötet die Juden« gerufen. Schließlich hätten sie jüdische Kinder, auch Babys, aus den Fenstern geworfen.

Diese Ermordung unschuldiger Kinder markierte einen Weckruf weltweit, wie gefährdet die Lage der Juden in Osteuropa war. Vor allem in den Vereinigten Staaten von Amerika gründeten sich verschiedene Hilfsvereinigungen für die verfolgten russischen Juden. Außerdem nahm die jüdische Auswanderung aus Russland weiter zu, die bereits nach den Ausschreitungen infolge der Ermordung von Zar Alexander II. 1881 eingesetzt hatte. Als Konsequenz forderte Leo Pinsker in seinem Essay »Autoemanzipation. Mahnruf an seine Stammesgenossen von einem russischen Juden« schon damals einen eigenen jüdischen Staat. Die meisten osteuropäischen Juden beabsichtigten aber, über den Atlantik in die Neue Welt überzusetzen, um das alte Europa hinter sich zu lassen. Viele kamen zunächst nach Mittel- und Westeuropa, darunter ins deutsche Kaiserreich. Demgemäß beschäftigte die Einwanderung sogenannter Ostjuden die deutschen Antisemiten in der ersten Dekade des 20. Jahrhunderts verstärkt.

Der politische Antisemitismus nach der Jahrhundertwende

Bereits Heinrich von Treitschke hatte sich in seinem Artikel über die »hosenverkaufenden Jünglinge« echauffiert, die unkontrolliert über die Ostgrenze nach Deutschland strömten, um dann zukünftig die Börsen und Zeitungen zu kontrollieren. Das Ressentiment gegen die »Ostjuden« wies somit eine spezifische Komponente auf. Es artikulierte sich anders als die Aversion gegen die assimilierten deutschen Juden. Den »Ostjuden« hielten die Antisemiten vor, nicht in die deutsche Gesellschaft zu passen. Sie seien unzivilisiert und minderwertig, dreckig und arm. Sie seien verschlagen, geschäftstüchtig und sozialistisch. Insofern unterschied sich der Hass auf die Juden aus Osteuropa von dem auf das assimilierte jüdisch-deutsche Bürgertum und ergänzte sich doch zugleich. Gerade diese vermeintliche Widersprüchlichkeit zeichnet die antisemitische Ideologie aus. Sie macht die Juden sowohl für den Kapitalismus als auch für dessen Gegenpart, den Sozialismus, verantwortlich, hält die Juden für primitiv und unterstellt ihnen zugleich, nach der Weltherrschaft zu streben. Sie hätten den Liberalismus ersonnen und würden die gewachsenen Normen der Gesellschaft untergraben. Sie seien außerdem eine verstockte Gruppe, die an ihren eigenen archaischen Riten festhalte. Diese scheinbaren Widersprüche vermischt der Judenhass zu einem Welterklärungsmodell, das alle Entwicklungen der Moderne zu erklären beansprucht. Die Facetten des judenfeindlichen Weltbilds waren bei den einzelnen Antisemiten im Kaiserreich unterschiedlich ausgeprägt.

Die Hochzeit des politischen Antisemitismus war Anfang des 20. Jahrhunderts in Deutschland zwar überschritten, aber der Judenhass hatte sich als Ideologie in der gesamten Gesellschaft verbreitet. Es existierte ein antisemitisches Milieu, das nicht eindeutig festgelegt war und sich in nahezu allen politischen Strömungen wiederfand. Es bedurfte der expliziten

Antisemitenparteien nicht mehr. Folglich büßten sie bei den Wahlen 1912 deutlich an Stimmen ein. Im neuen Reichstag fanden sich nur noch zehn bekennende Antisemiten. Ihre Anzahl hatte sich mehr als halbiert. Dafür legten die Sozialdemokraten deutlich zu und wurden mit über 34 Prozent klar stärkste Fraktion.

Im selben Jahr veröffentlichte der Vorsitzende des Alldeutschen Verbandes Heinrich Claß unter dem Pseudonym Daniel Frymann das Buch »Wenn ich der Kaiser wär'. Politische Wahrheiten und Notwendigkeiten«. Darin vertrat er ein biologistisches Weltbild und plädierte für den Aufbau des Staates nach »rassischen« Kriterien. Den Humanismus und das moderne Gleichheitspostulat lehnte er hingegen vehement ab: »Wo fängt das an und wo hört es auf, was uns zugemutet werden soll, als zur Menschheit gehörig zu lieben und in unser Streben einzuschließen? Ist der verkommene oder halbtierische russische Bauer des Mir, der Schwarze in Ostafrika, das Halbblut Deutsch-Südwests oder der unerträgliche Jude Galiziens oder Rumäniens ein Glied dieser Menschheit?« Er forderte, die Grenzen für die Einwanderung ausländischer Juden zu sperren, die Juden ohne Bürgerrecht auszuweisen und deutsche Juden unter Fremdenrecht zu stellen, um eine klare Trennlinie zwischen Juden und Nicht-Juden zu ziehen. Das Buch fand ein Massenpublikum und wurde bis in die höchsten politischen Kreise hinein gelesen. Es wurde breit über seinen wahren Verfasser spekuliert.

Karl Lueger in Wien

Doch nicht überall war im frühen 20. Jahrhundert der parteipolitische Antisemitismus im Niedergang begriffen. So war 1897 in Wien der Judenfeind Karl Lueger zum Bürgermeister gewählt worden. Er bekleidete das Amt bis zu seinem Tod 1910 und verband ein populistisches Sozialprogramm mit vehementem Antisemitismus. Ihm gelang es, die aus den östlichen Teilen des Habsburgerreiches nach Wien übergesiedelten Juden zu einem einigenden Feindbild zu stilisieren. Die Juden stellten um die Jahrhundertwende gut zehn Prozent der Bevölkerung in der österreichischen Hauptstadt. In einer seiner hetzerischen Reden bezeichnete sie Lueger als »Raubtiere in Menschengestalt«. Ferner rief er zum Boykott jüdischer Geschäfte auf. Zwar grenzte er sich von einem noch heftigeren Radau-Antisemitismus, etwa von Georg von Schönerer ab, aber das schmälerte kaum die Radikalität seiner eigenen Positionen. So drohte Lueger den Juden angesichts der russischen Revolution von 1905, die Sozialdemokraten zu unterstützen: »Wir in Wien sind Antisemiten, aber zu Mord und Totschlag sind wir gewiss nicht geschaffen. Wenn aber die Juden unser Vaterland bedrohen sollten, dann werden auch wir keine Gnade kennen.« Lueger wurde zu einem Vorbild des jungen Adolf Hitler während seiner Zeit in Wien vor dem Ersten Weltkrieg.

Der Antisemitismus in Europa war ein transnationales Phänomen. Die Antisemiten pflegten länderübergreifende Kontakte, tauschten sich aus und rezipierten sich gegenseitig. Die politische Atmosphäre war in jenen Jahren nationalistisch aufgeladen, aber die Nationalisten in allen Ländern konnten sich auf die Juden als Feindbild verständigen. Aus ihrer Sicht gehörten die Juden nicht zur Nation. Die Juden verorteten sie jenseits der Nationen, unfähig zur eigenen Staatlichkeit.

Neben dem Nationalismus bestimmten imperiale und koloniale Ambitionen die politische Debatte. Gerade das deutsche Kaiserreich strebte nach Weltgeltung und danach, den klassischen Kolonialmächten England und Frankreich ihren Platz streitig zu machen. Nach 1900 traten mehrfach Krisen zwischen den Nationen auf, die fast in eine kriegerische Auseinandersetzung eskaliert wären. Aber noch gelang es, eine internationale Eskalation abzuwenden, bis in den Sommer 1914.

Der Erste Weltkrieg

Am 28. Juni 1914 verübte Gavrilo Princip ein tödliches Attentat auf den österreichisch-ungarischen Thronfolger Franz Ferdinand und dessen Ehefrau Sophie in Sarajevo. Der Attentäter war ein serbischer Nationalist. Die Ermordung setzte eine folgenreiche Entwicklung in Gang. Mit deutscher Rückendeckung erklärte das Habsburgerreich Serbien einen Monat später den Krieg. Am 1. August erklärte schließlich das deutsche Kaiserreich Russland, das als serbische Schutzmacht auftrat und die Teilmobilmachung verhängt hatte, ebenfalls den Krieg. Damit war eine Eskalationsdynamik angestoßen, die zum Ersten Weltkrieg führte. Weitere

Kriegserklärungen folgten. Das deutsche Kaiserreich stand mit Österreich-Ungarn und später dem Osmanischen Reich sowie Bulgarien den restlichen Staaten gegenüber, allen voran dem russischen Zarenreich, England und Frankreich. Insgesamt beteiligten sich 40 Staaten auf unterschiedliche Weise an dem grausamen Konflikt.

Die damalige Stimmung in allen europäischen Staaten war bei Kriegsausbruch nicht nur äußerst nationalistisch, sondern von Siegeszuversicht geprägt. Besonders Deutschland rechnete mit einem baldigen Sieg an der Westfront und mit dem erneuten Sieg über den »Erzfeind« Frankreich. Diese Erwartung sollte sich nicht erfüllen. Stattdessen entwickelte sich im Westen ein jahrelanger Stellungskrieg mit wenig Bewegung und Millionen von Toten. Im Osten des Kontinents verschoben große Schlachten und Offensiven der verschiedenen Armeen die Frontlinie beständig. Der Einsatz von Giftgas, gepanzerten Fahrzeugen und der U-Boot-Krieg brutalisierten die Kriegsführung im weiteren Verlauf.

Der Krieg veränderte die Lage der Juden in Deutschland. Viele deutsche Juden waren sehr patriotisch und unterstützten die Kriegsziele des Kaiserreichs. Die von der Reichsregierung verfolgte Politik des »Burgfriedens« ordnete alle Anstrengungen der Kriegsführung unter. Damit wurden alle innenpolitischen Konflikte gedeckt. Die verhängte Zensur traf ebenso die antisemitischen Blätter. Ferner nahmen Juden wie der Industrielle Walter Rathenau und der Reeder Albert Ballin wichtige Funktionen in der deutschen Kriegswirtschaft ein. Die ausgerufene nationale Solidarität und der Patriotismus überdeckten bei Kriegsbeginn alle anderen Differenzen. Mit einer Verschärfung der Lage, den zunehmenden Entbehrungen und Opfern des Krieges trat der Antisemitismus allerdings wieder verstärkt hervor.

Infolge der erfolgreichen deutschen Offensiven in Osteuropa trat die »Ostjudenfrage« auf die politische Agenda. In den besetzten Gebieten lebten viele Juden, und es wurde in Deutschland diskutiert, wie mit ihnen in der Nachkriegsordnung umgegangen werden sollte. Die Angst vor einer massenhaften Einwanderung armer Juden aus den polnischen Gebieten kam auf. Außerdem schürte der Alldeutsche Verband diese Ängste gezielt, wobei er nicht nur gegen eine mögliche Immigration von Juden aus dem Osten agitierte, sondern Ausnahmegesetze für alle Juden forderte.

Im Zuge der schlechter werdenden Versorgungslage Ende 1915 prangerte die völkische Bewegung einen angeblichen »jüdischen Kriegswucher« an. Die Juden würden aus dem Krieg und der Not der Bevölkerung Profit schlagen. Die internationale »Plutokratie« habe sich gegen Deutschland verschworen. Diese Vorwürfe ergänzten sich mit dem Zweifel an der Loyalität der Juden zu Deutschland. Ihnen wurde fälschlicherweise unterstellt, die deutschen Kriegsanstrengungen nicht zu unterstützen. Sie seien Drückeberger und würden sich dem Militärdienst entziehen.

Die Reichsregierung und das militärische Oberkommando befeuerten solche Annahmen, indem sie im Oktober 1916 eine »Judenzählung« veranlassten. Sie sollte feststellen, wie viele Juden wirklich im Militär dienten. Die Zahlen wurden nicht veröffentlicht. Die Nichtveröffentlichung nährte die Spekulation darüber, dass die Vorwürfe gegen die Juden ihre Richtigkeit besäßen. Die von jüdischen Organisationen zusammengetragenen Zahlen legten das Gegenteil nahe. Kurz nach dem Krieg bestätigten Untersuchungen, dass mit ca. 15 Prozent der Anteil eingezogener Juden ebenso hoch war wie der Anteil der Nichtjuden. Juden dienten außerdem genauso häufig an der Front. Derartige Beweise hatten für die Antisemiten jedoch keine Bedeutung, dadurch ließen sie sich nicht von ihren Unterstellungen, von ihrem Judenhass abbringen. Hier offenbarte sich ein typischer Wesenszug des Antisemitismus: Das Weltbild nimmt die Tatsachen und die Realität nur dann zur Kenntnis, wenn sie die eigenen Ressentiments zu bestätigen scheinen. Der Vorwurf der jüdischen Illoyalität, der Nichtzugehörigkeit zur nationalen Gemeinschaft zieht sich durch den Antisemitismus von der Entstehung der Nationalstaaten bis heute.

Die Vorhaltung der »Judenzählung« führte zu zahlreichen Diskriminierungen jüdischer Soldaten in der deutschen Armee durch ihre Kameraden, aber auch durch die Militärbehörden. Die Juden wurden als potenzielle innere Feinde wahrgenommen. Der Antisemitismus intensivierte sich mit der Verschlechterung der Situation auf den Schlachtfeldern. Vor allem der Kriegseintritt der Vereinigten Staaten von Amerika 1917 verdüsterte die deutschen Aussichten auf einen Sieg.

Im gleichen Jahr erschien die erste Nummer der Zeitschrift »Deutschlands Erneuerung. Monatsschrift für das deutsche Volk«, die von Protagonisten der völkischen Bewegung herausgegeben wurde. Zu ihren Herausgebern zählten unter anderem Houston Stewart Chamberlain und Heinrich Claß, der Vorsitzende des Alldeutschen Verbandes. Im Vorwort der ersten Ausgabe hieß es: »Der Krieg um Deutschland hat mit seinen inneren und äußeren Erschütterungen den Willen zu einer Erneuerung des Deutschtums generell wachgerüttelt. Vorher beseelte er zwar schon die stille Gemeinde der Besten im Lande, doch verhallte ihr Ruf in dem verwirrenden Getöse, das der Tanz um das goldene Kalb verursachte.« Die Autoren plädierten für ein soldatisches, männliches Deutschtum, das den inneren und äußeren Feinden entschlossen entgegentritt. Die Deutschen müssten sich ihres idealistischen Wesens, ihres deutschen Geistes besinnen. Sie seien nicht wie die Engländer oder Amerikaner, die nur den materiellen Wohlstand, das Geld im Sinne hätten.

Die lauter werdenden Forderungen nach einem Verständigungsfrieden verwarf die Zeitschrift mit aller Vehemenz. Ein derartiges Ansinnen sei ein jüdisches Komplott. Ohnehin gingen viele Autoren des Blattes von einer jüdischen Weltverschwörung aus, der ein starkes Deutschland im Wege stehen würde. Deshalb würden die Juden sie beständig untergraben und gegen den Sieg des Kaiserreichs im Krieg arbeiten.

Der »jüdische Bolschewismus« und die Oktoberrevolution in Russland

Bereits seit ihrem Entstehen in den 1860er-Jahren sah sich die Sozialdemokratie mit der Behauptung konfrontiert, sie sei eine jüdische Angelegenheit, eine »Judenschutztruppe«. Prominente jüdische Theoretiker und Parteipolitiker schienen den Beleg für diese Behauptung zu liefern. Antisemiten hielten den Sozialismus generell für eine jüdische Erfindung. Den Sozialisten wurden von konservativer und rechter Seite in ähnlicher Weise wie den Juden Vaterlandslosigkeit und Illoyalität gegenüber der Nation unterstellt. Bei den Juden resultierte der Vorwurf aus ihrer diasporischen Lebensweise, bei den Sozialisten aus ihrem internationalistischen Anspruch. Diese beiden Vorwürfe vermengten die Antisemiten zu einem wirkmächtigen Topos, der seit der russischen Oktoberrevolution 1917 an Gewicht gewann.

Das russische Zarenreich befand sich schon seit Langem in einer tiefen Krise. Die Revolutionen von 1905 und vom Frühjahr 1917 hatten die Gesellschaft bereits grundlegend erschüttert. Schließlich gelang es den Bolschewiki um Wladimir Iljitsch Lenin im Oktober 1917, die Macht in Russland zu übernehmen. Nach zahlreichen Misserfolgen auf dem Schlachtfeld und einer sich zuspitzenden Notlage der russischen Bevölkerung war bereits im Februar 1917 der Zar abgesetzt worden. Die demokratische Regierung von Alexander Kerenski setzte den Krieg aber erfolglos fort. Die Bolschewisten trafen mit ihrer Forderung nach »Brot und Frieden« die Stimmung in der Bevölkerung. Sie stürzten die Regierung und rissen die Macht an sich. Da einige ihrer Protagonisten wie Leo Trotzki Juden waren, entstand bald die Vorstellung eines »jüdischen Bolschewismus«. Ihn erhoben sowohl russische Reaktionäre als auch die Antisemiten in anderen Ländern, um die Linksparteien zu diskreditieren.

Eine schwierige innenpolitische Lage und ein brutaler Bürgerkrieg trugen dazu bei, dass die Sowjetunion im März 1918 mit den Mittelmächten unter deutscher Führung den Vertrag von Brest-Litowsk schloss. Damit setzte sie zwar das Versprechen um, den Krieg zügig zu beenden, akzeptierte aber zugleich einen deutschen Diktatfrieden, in dem sie einen bedeutsamen Teil des Landes, der Industrie und der Rohstoffvorkommen abtrat.

Die Novemberrevolution in Deutschland

Dieser Erfolg des deutschen Kaiserreichs verbesserte seine Lage an der Westfront dennoch nicht grundlegend. Auch in Deutschland nahmen die Proteste gegen den Krieg und der Unmut in der Bevölkerung sowie unter den Soldaten zu. Weitere militärische Niederlagen der deutschen Armee ließen die Rufe nach einem Verständigungsfrieden lauter werden. Diese Forderung erhoben vor allem liberale und sozialdemokratische Politiker. Das Oberkommando des Militärs wusste um die aussichtslose Lage, wollte aber keinesfalls die Verantwortung für eine Niederlage übernehmen. Deshalb empfahl der General Erich Ludendorff, eine Forderung des amerikanischen Präsidenten Woodrow Wilson zu erfüllen und die deutsche Regierung auf eine demokratische Grundlage zu stellen. Auf diese Weise konnte er den Demokraten die Schuld an der bevorstehenden Kapitulation und einem für Deutschland ungünstigen Friedensvertrag in die Schuhe schieben. Damit legte die Militärführung die Grundlage für die spätere »Dolchstoßlegende«: Die Armee sei im Felde unbesiegt geblieben. Demokraten, Sozialisten und Juden hätten ihr das Messer in den Rücken gerammt und seien für die Niederlage verantwortlich.

Die neu eingesetzte demokratische Regierung unter Max von Baden, der auch Sozialdemokraten in sein Kabinett aufgenommen hatte, trug den Alliierten ein Waffenstillstandgesuch zu. Die Kriegsgegner Deutschlands stimmten Verhandlungen zu, verlangten vom Kaiserreich am 8. November 1918 im Waffenstillstand von Compiègne jedoch klare Bedingungen, die es dem Land unmöglich machen sollten, den Krieg weiterzuführen. Für die deutsche Reichsregierung unterzeichnete der Politiker der katholischen Zentrumspartei Matthias Erzberger den Friedensvertrag. Die völkische, nationalistische und antisemitische Rechte schob den demokratischen Parteien deshalb die Verantwortung für die Kriegsniederlage zu.

Zeitgleich zu den Waffenstillstandsverhandlungen hatten die Ereignisse in Deutschland an Dynamik gewonnen, die das Land umwälzen sollte. Trotz der desaströsen Kriegssituation und der absehbaren Niederlage des Kaiserreichs befahl die deutsche Marineführung noch am 24. Oktober 1918, die gesamte Hochseeflotte in eine letzte Schlacht gegen die britische Navy zu führen. Viele Soldaten waren nicht bereit, in den letzten Kriegstagen in einer sinnlosen Schlacht für die Ehre zu sterben. Einige Schiffsbesatzungen meuterten gegen den für den 30. Oktober geplanten Vorstoß. Schließlich solidarisierte sich in Kiel die Arbeiterschaft mit den Matrosen. Der Kieler Matrosenaufstand breitete sich schnell im gesamten Reich aus. Überall gründeten sich Arbeiter- und Soldatenräte, die unter anderem das Ende der Monarchie verlangten. Schließlich erreichte die Revolution Berlin, die deutsche Hauptstadt.

Der Reichskanzler von Baden erklärte unter dem Druck der Ereignisse die Abdankung des Kaisers Wilhelm II. Dem SPD-Vorsitzenden Friedrich Ebert übertrug er die Regierungsgeschäfte. Am 9. November 1918 rief der Sozialdemokrat Philipp Scheidemann die Republik aus. Zwei Stunden später proklamierte Karl Liebknecht die sozialistische Republik. Damit hatte ein neues Zeitalter begonnen, das deutsche Kaiserreich war Geschichte, die Monarchie abgeschafft.

Weimar
Die Judenfeindschaft in der Weimarer Republik von 1918 bis 1933

Die Ausgangsbedingungen des neuen Staates erwiesen sich als ungünstig. Die Bevölkerung hatte vier Kriegsjahre mit vielen Entbehrungen hinter sich. Die ungekannte Brutalität in der Kriegführung hinterließ ihre Spuren nicht nur bei den Soldaten, sondern in der gesamten Gesellschaft. Gewalt war deshalb auch in der Frühphase der neuen Republik allgegenwärtig.

Sie war am 9. November 1918 ausgerufen worden. Im Januar 1919 fand die erste Wahl zur Nationalversammlung statt. Die allgemeine und freie Abstimmung wurde nach dem Verhältniswahlrecht durchgeführt. Erstmals durften Frauen wählen. Mit über 37 Prozent der Stimmen wurde die SPD deutlich stärkste Partei. Sie verfehlte allerdings die absolute Mehrheit und bildete eine Koalition mit der katholischen Zentrumspartei und der linksliberalen Deutschen Demokratischen Partei. Am 11. Februar 1919 wählte die Nationalversammlung den SPD-Vorsitzenden Friedrich Ebert zum ersten Reichspräsidenten der Weimarer Republik.

Der Neuaufbau des Staates war trotz alledem mit vielen Hindernissen konfrontiert. Einerseits hatte sich bereits im Zuge des Ersten Weltkrieges und endgültig während der Novemberrevolution ein radikaler Flügel von der Mehrheitssozialdemokratie abgespalten. Die unabhängigen linken Sozialdemokraten sympathisierten mit der russischen Oktoberrevolution und gründeten zum Jahreswechsel 1918/1919 die Kommunistische Partei Deutschlands (KPD). Sie stand der parlamentarischen Demokratie ablehnend gegenüber, forderte eine Räterepublik und hielt der Mehrheitssozialdemokratie vor, eine grundlegende Umgestaltung der Gesellschaft versäumt und die Revolution verraten zu haben. Diese fundamentale Spaltung der Arbeiterbewegung erwies sich in der Folge als verheerend, da sie zu einem unversöhnlichen Bruderkampf führte und die demokratischen Abwehrkräfte der Republik schwächte. Letztere wären umso notwendiger gewesen, als große Teile des Staatsapparates, also der Beamtenschaft, der Justiz und der Verwaltung, noch aus dem Kaiserreich stammten und der Demokratie distanziert und häufig ablehnend gegenüberstanden. Sie nahmen das neue System lediglich widerwillig hin.

Die Monarchie war zwar abgeschafft, aber dennoch behielt der Adel seine gesellschaftliche Machtposition, weil er nicht enteignet wurde und weiterhin Schlüsselpositionen in Politik und Militär besetzte. Zusammen mit radikalisierten Teilen der Armee bildete er eine Bastion der antidemokratischen, republikfeindlichen und antisemitischen Bewegung, die in den Gründungsjahren der Weimarer Republik einen Aufschwung erlebte. Die politische Rechte erblickte in der Republik eine Konsequenz aus der Kriegsniederlage, für die sie die schwächlichen demokratischen Politiker verantwortlich machte. Sie verunglimpfte den neuen Staat von Beginn an als »Judenrepublik«.

Der Kampf gegen die »Judenrepublik«

Die völkische Bewegung formierte sich immer stärker in Organisationen und Verbänden. So gründete sich unmittelbar nach der Novemberrevolution 1918 die Deutschnationale Volkspartei (DNVP). Sie war monarchistisch, völkisch-nationalistisch und antisemitisch. Die Partei setzte sich gegen die »Vorherrschaft des Judentums« ein, wie es der Vorstand verkündete. Große Unterstützung fand die Partei bei führenden ehemaligen Militärs, Großgrundbesitzern und Adligen. Bei der ersten Wahl erzielte sie knapp elf Prozent der Stimmen und war mit über 40 Sitzen im Reichstag vertreten, den sie als Bühne für ihre judenfeindliche Agitation nutzte.

Gesellschaftlich noch einflussreicher wurde der Deutschvölkische Schutz- und Trutzbund (DVST) als Nebenorganisation des Alldeutschen Verbands. 1919 gegründet, entwickelte er sich rasch zur einflussreichen Massenorganisation mit 150 000 Mitgliedern. Eine der »Lebensregeln« für sie lautete: »Soweit es Deine Lage gestattet, bekämpfe das Judentum auch öffentlich und lasse keine Gelegenheit vorübergehen, Volksgenossen über seine Schädlichkeit im völkischen Leben aufzuklären.«

Neben diesen Organisationen florierte die judenfeindliche Literatur. Ebenfalls 1919 erschien die erste deutsche Übersetzung der »Protokolle der Weisen von Zion«, herausgegeben von Ludwig Müller von Hausen, Mitglied des Verbands gegen die Überhebung des Judentums, der im DVST aufging. Bereits 1917 hatte Artur Dinter den antisemitischen Roman »Die Sünde wider das Blut. Ein Zeitroman« veröffentlicht. Von judenfeindlichen Stereotypen durchsetzt, beschreibt Dinter darin, wie ein Jude mit abnormaler Sexualität gezielt blonde Jungfrauen schwängert und die germanische »Rasse« zersetzt. Der Autor konstruierte einen unüberbrückbaren, »rassischen« Gegensatz zwischen den Juden und den sie umgebenden Völkern. Dieser Antagonismus habe seit Urzeiten bestanden. Deshalb könne Jesus kein Jude sein: »Dieser unausgleichbare seelische Gegensatz zwischen Jesus und den Juden kann nur aus dem Gegensatz ihrer Rasse erklärt und begriffen werden, denn die Art unseres Empfindens und Denkens steht nun einmal in innigster Beziehung und Wechselwirkung zu der Art unseres Blutes und Nervenstoffs.« Diese »rassische« Argumentation Dinters hatte sich mittlerweile zum Kernbestandteil des Antisemitismus entwickelt. Der Houston Stewart Chamberlain gewidmete Roman erzielte eine Massenauflage mit zahlreichen Neuauflagen. Er bestärkte die Ängste in der deutschen Bevölkerung vor einer »Überfremdung« und »Bastardisierung«. Der Verfasser wurde ebenfalls Mitglied des DVST.

Der Verband gab 1919 die judenfeindliche Kampfschrift »Judas Schulbuch. Eine deutsche Abrechnung« heraus. Verfasst hatte es der völkische Ideologe und spätere DNVP-Reichstagsabgeordnete Paul Bang unter dem Pseudonym Wilhelm Meister. Der Verfasser beschrieb eine Verfallsgeschichte von den »Judenwahlen 1912«, als die Sozialdemokraten mit

110 Abgeordneten in den Reichstag einzogen, über den von Juden gewollten und begonnenen Ersten Weltkrieg bis zu seiner Gegenwart, die jüdisch dominiert sei: »Wie der Judenkrieg im Dienste der Ausrichtung der Weltrepublik unter jüdischer Leitung gestanden hat, ist bereits dargetan. Der Judenfrieden, der uns – mit oder ohne jüdischen Bolschewismus – beschert werden wird, wird auch dem letzten deutschen Michel die Augen öffnen.«

Der Verfasser machte die Juden für alle Verwerfungen der Gegenwart haftbar, die über Deutschland hereingebrochen seien. Ferner bediente er die Angst vor einem jüdisch dominierten Kommunismus. Dieser Topos entwickelte sich nach der russischen Oktoberrevolution 1917 zu einer zentralen antisemitischen Argumentationsfigur. Genährt wurde dieses Ressentiment durch den sichtbaren Anteil von Juden in linken Parteien und Bewegungen. Die Mehrzahl der dort Aktiven verstand sich allerdings nicht mehr als Juden im religiösen Sinne, sondern pflegte ein säkulares Selbstverständnis. Dennoch kritisierten die Antisemiten auch die Sozialdemokratie und die Weimarer Republik als »verjudet«. Ihrem »rassischen« Antisemitismus konnte sich kein Jude entziehen. Den Sozialdemokraten und den Juden wurde die Schuld am Niedergang des Kaiserreichs und der Kriegsniederlage im Ersten Weltkrieg zugewiesen. Die deutsche Armee sei im Felde unbesiegt geblieben, aber schließlich durch illoyale, vaterlandslose Verräter an der Heimatfront von hinten in den Rücken erdolcht worden. Die »Dolchstoßlegende« fiel seinerzeit auf fruchtbaren Boden in weiten Teilen der deutschen Gesellschaft.

Der Versailler Vertrag, der Lüttwitz-Kapp-Putsch und politische Morde

Realiter trug das deutsche Kaiserreich eine große Mitverantwortung am Ersten Weltkrieg. Es hatte ihn vier Jahre lang äußerst brutal, mit wenig Rücksicht auf Zivilisten in anderen Ländern geführt und der jungen Sowjetunion selbst 1918 einen harten Diktatfrieden in Brest-Litowsk auferlegt. Nach der Niederlage konnte es von alliierter Seite folglich mit wenig Nachsicht rechnen. Der Versailler Vertrag vom Juni 1919 bestätigte in nationalistischer Perspektive die düstersten Prophezeiungen vor einer vermeintlichen alliierten Rache.

Darin musste Deutschland einige Gebiete abtreten, sein Militär sowohl quantitativ als auch qualitativ beschränken, um strukturell kriegsunfähig zu werden, und Reparationen für die von ihm verantworteten Schäden zahlen. Außerdem musste Deutschland im Artikel 231 die alleinige Kriegsschuld anerkennen. Dieser Passus bildete eine Grundlage für die völkische Rechte in ihrer Agitation gegen die Weimarer Republik. Die »Kriegsschuldfrage« wurde breit in der deutschen Öffentlichkeit diskutiert. Die politische Atmosphäre war extrem aufgeheizt.

Als die Regierung sich daranmachte, die Bestimmungen des Versailler Vertrags umzusetzen, vor allem die Begrenzung des Heeres auf 100 000 Mann, brach der Konflikt offen aus. Mehrere Freikorps sollten aufgelöst werden, darunter auch die Marinebrigade Ehrhardt. Derartige Maßnahmen frustrierten viele Soldaten und Offiziere. Sie betrachteten die demokratische Regierung als Erfüllungsgehilfen fremder Mächte. Deshalb putschten Teile der Armee im Frühjahr 1920. Soldaten der Brigade Ehrhardt besetzten Berlin. Zahlreiche Offiziere wie Walther von Lüttwitz und hohe Beamte wie der ostpreußische Generallandschaftsdirektor Wolfgang Kapp unterstützten den konterrevolutionären Putsch. Die Regierung, darunter der Staatspräsident Friedrich Ebert und der Reichskanzler Gustav Bauer, floh aus der Hauptstadt.

Die SPD rief am 13. März 1920 zum Generalstreik auf. Die Gewerkschaften und andere Verbände schlossen sich dem Aufruf an, wohingegen die DNVP und andere reaktionäre Vereinigungen sich hinter die Putschisten stellten. Viele Arbeiter traten in den Streik. Im Ruhrgebiet formierte sich eine Rote Ruhrarmee gegen die Aufständischen, die mehrere Zehntausend Bewaffnete umfasste.

Der Lüttwitz-Kapp-Putsch scheiterte nach fünf Tagen. Der Generalstreik gegen die Putschisten war erfolgreich und die Regierung nahm ihre Geschäfte wieder auf. Obwohl die Konterrevolution zunächst abgewendet war, machte das Ereignis deutlich, wie fragil die Republik war. Ihre Gegner waren bereit, sie gewalttätig zu beseitigen. Diese gewaltvolle Stimmung auf der politischen Rechten entlud sich nach dem gescheiterten Putsch in weiteren Morden an politischen Gegnern, an Linken, an Juden und an »Erfüllungspolitikern«.

Bereits im Januar 1919 waren die beiden kommunistischen Politiker, Rosa Luxemburg und Karl Liebknecht, von konterrevolutionären Soldaten der Freikorps erschossen worden. Im Februar 1919 war der erste Ministerpräsident Bayerns, Kurt Eisner, von einem Rechtsextremisten ermordet worden. Eisner hatte am 8. November 1918 den Freistaat proklamiert und den König für abgesetzt erklärt. Als jüdischer Sozialdemokrat war er zum Hassobjekt der völkischen Nationalisten geworden. Schließlich ermordeten Mitglieder der rechtsterroristischen Organisation Consul im August 1921 den Zentrumspolitiker Matthias Erzberger. Er war im November 1918 der Bevollmächtigte der Reichsregierung und der Leiter der Waffenstillstandskommission. In dieser Funktion unterzeichnete er mit anderen das Abkommen zur Beendigung des Krieges. Deshalb symbolisierte Erzberger aus Sicht der Rechten die »Novemberverbrecher«. Anfang Juni 1922 verübten Anhänger der gleichen Organisation ein Blausäureattentat auf den führenden SPD-Politiker Philipp Scheidemann. Er hatte 1918 die Republik ausgerufen und verkörperte die neue Staatsform. »Scheidemänner« galt als abwertender Begriff für die Anhänger der Republik. Das Attentat scheiterte und Scheidemann überlebte verletzt.

Nur wenige Wochen später fiel der Reichsaußenminister Walther Rathenau einem Anschlag zum Opfer. Der Industrielle und national gesinnte Jude hatte im Ersten Weltkrieg die Kriegswirtschaft mitorganisiert. Nach 1918 wurde ihm aber vorgehalten, als Politiker die Vorgaben der Alliierten zum Schaden Deutschlands umzusetzen. In einem zeitgenössischen antisemitischen Schmählied hieß es: »Knallt ab den Walther Rathenau, die gottverfluchte Judensau«. Wiederum Mitglieder der Organisation Consul ließen diesen Worten am 24. Juni 1922 Taten folgen.

Als Reaktion auf dieses Attentat verabschiedete die Regierung ein Gesetz zum Schutz der Republik. Damit konnte sie stärker gegen den Rechtsextremismus vorgehen. Nachdem die Republik bislang wenig konsequent gegen diese Bedrohung eingeschritten war, wurde nun die Organisation Consul verboten, Rathenaus Attentäter verhaftet und zusammen mit Unterstützern verurteilt. Der Staat hatte nun effektivere polizeiliche und juristische Mittel zur Hand, aber die rechte Gefahr war keineswegs gebannt. Vielmehr verschärfte sich die Lage durch den Konflikt um die alliierte Reparationspolitik. Auf Grund von Verzögerungen bei Kohlelieferungen besetzten französische und belgische Truppen Anfang 1923 das Rheinland und das Ruhrgebiet. Der von der deutschen Regierung ausgerufene passive Widerstand und ihre finanzielle Unterstützung für die dortige Bevölkerung konnte sie nur aufrechterhalten, indem sie massenhaft Geld druckte. Dieses Vorgehen ließ die Inflation ins Unermessliche steigen. Die Geldentwertung schlug sich gesamtwirtschaftlich nieder. Die Arbeitslosigkeit stieg und damit die Unsicherheit und die Not in der Bevölkerung.

Vor diesem Hintergrund wuchs der Hass gegen Juden weiter. Er richtete sich gegen die »Novemberverbrecher«, gegen die »reichen Juden«, vor allem aber auch gegen die »Ostjuden«, die in den vergangenen Jahrzehnten vor antisemitischen Ausschreitungen in Osteuropa in die deutsche Hauptstadt gekommen waren. Am 5. und 6. November 1923 zog eine Menge Arbeitsloser, von Agitatoren aufgehetzt, plündernd durch das Berliner Scheunenviertel, ein Stadtteil mit großer jüdischer Wohnbevölkerung. Sie waren überzeugt, dass die Juden aus der Notlage der Bevölkerung Profit schlügen und systematisch das Notgeld aufgekauft hätten. Personen, die der Mob als jüdisch einstufte, wurden geschlagen und ausgeraubt, Geschäfte geplündert und Menschen aus ihren Wohnungen gezerrt. Viele Juden wehrten sich gegen die Angriffe. Die Polizei hielt sich auffallend zurück. Erst am folgenden Tag brachte sie die Situation mit einem großen Aufgebot wieder unter Kontrolle. Die sozialdemokratische Parteizeitung »Vorwärts« resümierte die Vorfälle am 8. November 1923 im Leitartikel »Arme Betrogene. Judenhetze – Sozialistenhetze«: »Die antisemitische Saat ist nun auch in Berlin aufgegangen.« Nun habe die Hauptstadt ihr Judenpogrom erlebt: »Berlin ist geschändet worden. Eine Schmach für ein Volk, das sich zu den zivilisierten zählt.« Völkische Agitatoren hätten die Arbeiter mit ihren Parolen verführt, ihre Not ausgenutzt. Das Pogrom sei ein fehlgeleiteter Sozialprotest gegen ein Teilphänomen des Kapitalismus, den Warenhandel. Die eigentlichen Großkapitalisten blieben verschont und rieben sich die Hände. Ihre gut bezahlten Agenten würden die arbeitslosen Massen gegen Juden und Sozialisten aufstacheln. Dagegen müssten Sozialdemokraten angehen: »Hier hilft allein ein planmäßig geführter, organisierter Klassenkampf gegen das kapitalistische System. Ein Kampf, der nur wirksam geführt werden kann von Partei, Gewerkschaften und Genossenschaften.«

Dieser Artikel stellte ein gutes Beispiel für den Umgang der Sozialdemokratie mit Antisemitismus dar. Sie verurteilte ihn klar und prominent auf der Titelseite der parteieigenen Zeitung. Zugleich verklärte sie die Ausschreitungen zu einer Sozialrevolte, die angestachelt von Agitatoren in die falsche Richtung laufe. Ihr gelte es den wahren Klassenkampf entgegenzusetzen. Diese funktionalistische Analyse kennzeichnete den sozialdemokratischen und generell marxistischen Blick auf den Judenhass.

Der Hitlerputsch und die Anfänge der NSDAP

Am gleichen Tag wie der »Vorwärts«-Artikel zog im Süden Deutschlands eine andere Bedrohung der Republik auf. Unter Führung von Adolf Hitler und General Erich Ludendorff organisierten rechtsextreme Kräfte am 8. November 1923 einen Putsch in München. Ihr Vorbild war der Marsch auf Rom des Faschisten Benito Mussolini ein Jahr zuvor. Die Putschisten beabsichtigten den Sturz der Reichsregierung und erhofften sich die Unterstützung der rechtskonservativen bayerischen Landesregierung. Der Aufstandsversuch scheiterte allerdings nach wenigen Stunden, weil die Polizei die Aufständischen gewaltsam stoppte. Mehrere Putschisten und Polizisten kamen dabei vor der Feldherrnhalle ums Leben. Daraufhin wurden Hitler und andere Beteiligte des Hochverrats angeklagt. Der Prozess fand im Februar und März 1924 ebenfalls in der bayerischen Landeshauptstadt statt. Außerdem wurde die Nationalsozialistische Deutsche Arbeiter Partei (NSDAP) reichsweit verboten. Das Verbot galt bis Februar 1925.

Ihre Vorläuferorganisation, die Deutsche Arbeiterpartei, war kurz nach der Novemberrevolution im Januar 1919 in München gegründet worden. Sie umfasste nur eine überschaubare Mitgliederzahl, darunter jedoch bereits zentrale Ideologen wie Alfred Rosenberg, Gottfried Feder und Dietrich Eckart. Der in Österreich geborene Hitler, Gefreiter in der deutschen Armee im Ersten Weltkrieg, stieß im Herbst 1919 dazu und stieg als Redner und Agitator schnell in der Parteihierarchie auf. Am 24. Februar 1920 präsentierte Hitler im Münchner Hofbräuhaus bei einer Massenveranstaltung das 25-Punkte-Programm der Partei. Es wandte sich gegen den Versailler Vertrag, war völkisch und vor allem antisemitisch. So hieß es unter Punkt vier: »Staatsbürger kann nur sein, wer Volksgenosse ist. Volksgenosse kann nur sein, wer deutschen Blutes ist, ohne Rücksicht auf Konfession. Kein Jude kann daher Volksgenosse sein.« Das Programm forderte, dass Juden die deutsche Staatsbürgerschaft aberkannt würde. Ferner wollte es die weitere Einwanderung von Nichtdeutschen verhindern, eine Forderung, die sich primär gegen »Ostjuden« richtete. Am gleichen Abend beschloss die Versammlung die Umbenennung in Nationalsozialistische Deutsche Arbeiterpartei. Mitte 1921 wurde Hitler endgültig der Parteivorsitzende.

Bereits im August 1920 hatte er seine Ideologie in der Grundsatzrede »Warum sind wir Antisemiten?« dargelegt. Die Juden seien unfähig zur Staatlichkeit sowie zu schöpferischer, körperlicher Arbeit. Sie erstrebten die Weltherrschaft, dominierten das Pressewesen und förderten den zersetzenden Klassenkampf. Der Jude sei parasitär im Körper der Völker, denn »wogegen der Jude als Parasit sich wendet und wenden muß, ist die nationale Reinheit als Quelle der Kraft eines Volkes«. Deshalb predige er den Marxismus und die internationale Solidarität. Dieser manifeste Antisemitismus stellte die ideologische Grundlage Hitlers und der NSDAP dar. Mit dem fehlgeschlagenen Putsch im November 1923 schien er zunächst aber gescheitert.

In dem folgenden Prozess verurteilte das Gericht Hitler jedoch nur zur Mindeststrafe von fünf Jahren Festungshaft und einer geringen Geldstrafe. Entgegen den gesetzlichen Bestimmungen wurde er als straffällig gewordener Ausländer nicht des Landes verwiesen. Vielmehr verbüßte er seine Haft unter privilegierten Bedingungen in der Festung in Landsberg am Lech. Nach lediglich neun Monaten wurde er vorzeitig entlassen. Der Putschversuch und die Haft machten Hitler endgültig zum Märtyrer für die nationale Sache. Er festigte seine führende Stellung in der völkischen, antisemitischen Bewegung.

Während seiner Haftzeit verfasste er die autobiografische Hetzschrift »Mein Kampf«, die zur ideologischen Grundlage der nationalsozialistischen Bewegung wurde. Der erste Band erschien im Juli 1925, der zweite im Dezember 1926. Das Buch vertrieb der Franz-Eher-Verlag, der NSDAP-Parteiverlag. Es erreichte eine immens hohe Auflage, bis 1933 an die 250 000 Exemplare. Hitler beklagte in »Mein Kampf« die jüdische Dominanz der Presse, der Börse und des Kulturlebens, warnte vor der Bolschewisierung des Landes und dem nationalen Niedergang. Deutschland müsse sich wehren, sich im ewigen Kampf gegen die Juden behaupten. Dazu bedürfe es einer schlagkräftigen völkischen Bewegung: »Nur die gesammelte, konzentrierte einer kraftvoll sich aufbäumenden nationalen Leidenschaft vermag der internationalen Völkerversklavung zu trotzen. Ein solcher Vorgang ist und bleibt ein blutiger.« Hitler sah sich als der berufene Führer dieser nationalen Erhebung gegen die Juden.

Die Ansichten Hitlers bündelten und radikalisierten den Antisemitismus der letzten Jahrzehnte. Er propagierte einen »Antisemitismus der Vernunft«. Der gefühlsmäßige Judenhass finde seinen Ausdruck bestenfalls in Pogromen. Langfristig könne dadurch die »Judenfrage« nicht gelöst werden. So schrieb er bereits 1919 in einem Brief: »Der Antisemitismus der Vernunft jedoch muss führen zur planmäßigen gesetzlichen Bekämpfung und Beseitigung der Vorrechte des Juden, die er zum Unterschied der anderen zwischen uns lebenden Fremden besitzt (Fremdengesetzgebung). Sein letztes Ziel aber muss unverrückbar die Entfernung der Juden überhaupt sein.«

In den ersten Jahren der Weimarer Republik hatte sich die völkische Bewegung zügig neu formiert. Sie machte unmittelbar gegen die neue Staatsform mobil, gegen die »Erfüllungspolitiker« und die »Judenrepublik«. Mit politischen Morden an Repräsentanten des Staates hoffte sie, einen Bürgerkrieg zu provozieren und den Umsturz einzuleiten. Trotz schwieriger außen- und innenpolitischer Umstände gelang es den demokratischen Regierungen, die Verhältnisse zu stabilisieren. Die rechte Gefahr schien mit der Niederschlagung des Hitlerputsches 1923 vorläufig gebannt.

Stabilisierung und die »Goldenen Zwanziger«

Nach den turbulenten Anfangsjahren trat die Weimarer Republik in eine Stabilisierungsphase ein. Mehrere Abkommen mit den Alliierten regelten die Reparationszahlungen neu. Sie orientierten sich an der wirtschaftlichen Leistungsfähigkeit Deutschlands. Ferner gelang es der Regierung, die Hyperinflation in den Griff zu bekommen. Eine Währungsreform Ende 1923 stabilisierte die finanzpolitische Lage. Politisch blieb die Situation aber weiterhin fragil. Die Sozialdemokratie hatte ihre dominante Stellung eingebüßt. Koalitionsregierungen wechselten sich in kurzen Abständen ab, wobei die katholische Zentrumspartei und die beiden liberalen Parteien, die rechtsliberale Deutsche Volkspartei (DVP) und die linksliberale Deutsche Demokratische Partei (DDP), an allen Regierungen beteiligt waren.

Eine schwierige Lage trat ein, als Reichspräsident Friedrich Ebert im Februar 1925 im Alter von 54 Jahren an den Folgen eines Blinddarmdurchbruchs starb. In der folgenden Wahl setzte sich der rechtskonservative ehemalige General und Chef der Obersten Heeresleitung Paul von Hindenburg im zweiten Wahlgang gegen den Kandidaten des bürgerlichen Blocks durch. Hindenburg wurde am 12. Mai 1925 als Staatsoberhaupt vereidigt. Der parlamentarischen Demokratie stand er äußerst distanziert gegenüber. Die Weimarer Verfassung räumte dem direkt gewählten Reichspräsidenten jedoch weitgehende Befugnisse ein. Die Reichspräsidentenwahl drückte eine Verschiebung der politischen Achse nach rechts aus. Sie war ein Indiz dafür, dass sich die überzeugten Anhänger der Republik erneut in der Defensive befanden.

Unabhängig von der politischen und ökonomischen Situation erlebte die Kultur nach 1918 einen rasanten Aufschwung, besonders in den Großstädten. Die Mehrheit der Menschen lebte seinerzeit aber noch auf dem Land oder in Kleinstädten, so dass sie von diesen kulturellen Veränderungen nicht berührt wurden oder sie gar als Bedrohung aus dem fernen Berlin wahrnahmen.

Zahlreiche Künstler jedoch nutzten die Aufbruchsstimmung, experimentierten mit neuen Stilen und avantgardistischen Formen. Sie stellten soziale Missstände dar und übten Gesellschaftskritik. Viele verstanden ihre Kunst als politisch und wollten auf diese Weise in das Zeitgeschehen eingreifen. Das Theater, der Film und die Literatur blühten ebenfalls auf, genauso wie die Architektur mit der Schule des Bauhauses. Auch Cabarets und Tanzlokale eröffneten in vielen Städten. Darin wurde Jazz und andere moderne Musik gespielt. Es herrschte eine bislang ungekannte Freizügigkeit. An den »Goldenen Zwanzigern« hatten jüdische Intellektuelle und Künstler einen nicht geringen Anteil. Die Antisemiten sahen sich dadurch bestätigt, dass die Republik »verjudet« sei, jüdisch dominiert. Von den neuen Freiheiten profitierten besonders Frauen. Sie hatten in der Weimarer Republik nicht nur das Wahlrecht erhalten, sondern waren generell rechtlich gleichgestellt worden. Die Emanzipation der »neuen Frau« war ein ständiger Kritikpunkt der Rechten. Sie kritisierten außerdem die avantgardistische Kultur als Ausdruck der Dekadenz, des Verfalls Deutschlands. Diese konservative Kulturkritik mischte sich meist mit einem vehementen Antisemitismus. Kritik an Avantgarde, an der Frauenemanzipation und Judenhass bildeten eine toxische Mischung der Republikgegner. Ohnehin gehen Misogynie und Antisemitismus oft miteinander einher, die Ressentiments weisen einige Überschneidungen auf.

Mitte der 1920er-Jahre lebten gut 550 000 Juden in Deutschland, weniger als ein Prozent der Bevölkerung. Mehr als die Hälfte lebte in Großstädten, ein gutes Drittel davon in Berlin. Die Hauptstadt zog deshalb den Hass der Judenfeinde auf sich. Sie galt aus völkischer Perspektive als jüdisch und sozialdemokratisch. Etwa 80 Prozent der Juden waren alteingesessene deutsche Bürger, assimiliert und kulturell angepasst, den Rest stellten Einwanderer aus Osteuropa. Viele Juden waren im Handel, im Bankwesen sowie in freien Berufen tätig. Mit dem Wegfall der formalen beruflichen Beschränkungen gelang einigen auch eine Karriere im Staatsdienst oder in der Wissenschaft. Die Weimarer Republik hatte die letzten gesetzlichen Schranken beseitigt. Die Juden zählten deswegen in ihrer absoluten Mehrheit zu den überzeugten Unterstützern des demokratischen Staates.

Die konservative Rechte

Die rechtliche Gleichstellung beseitigte aber keineswegs den Antisemitismus und führte nicht zu einer gesellschaftlichen Gleichbehandlung der Juden. Die völkisch-antisemitische Bewegung formierte sich nach ihren Rückschlägen, dem verlorenen Krieg und den gescheiterten Putschversuchen neu. Es gründeten sich Zirkel und intellektuelle Netzwerke. Eine einflussreiche Strömung waren die Jungkonservativen. Der Antisemitismus bildete zwar nicht ihr Zentrum, war aber in hohem Maße anschlussfähig an ihre Theorien. Die Feindschaft gegen Liberalismus, Demokratie und den Gedanken der Gleichheit machten den intellektuellen Kern der konservativen Revolutionäre aus. Ferner nahm der »Volkstumsgedanke« einen wichtigen Raum ein.

Maßgeblich für diese neue Rechte war das Werk »Der Untergang des Abendlandes. Umrisse einer Morphologie der Weltgeschichte« von Oswald Spengler, dessen zwei Bände 1918 und 1922 erschienen. Gegen einen Geschichtsoptimismus, der von einem notwendigen Fortschritt in der Entwicklung der Menschheit ausging, setzte er einen Untergangsglauben. Durch den Vergleich von verschiedenen Kulturen in der Geschichte kam er zu dem Schluss, dass jede Kultur irgendwann untergehen müsse, auch die abendländische. Spengler lehnte das völkische Rassenkonzept ab. Er vertrat einen kosmischen, keinen biologistischen Rassebegriff. In den Juden sah er trotzdem einen Fremdkörper im Abendland. Sie seien ein zersetzendes Element in den jeweiligen Gesellschaften. Diese geschichtsphilosophische Argumentation Spenglers unterschied sich von dem plumpen Radau-Antisemitismus, bot aber genug Anknüpfungspunkte für antisemitische Geschichtsdeutungen.

Wenig später, 1923, erschien das Hauptwerk von Arthur Moeller van den Bruck: »Das Dritte Reich«. Es trug maßgeblich dazu bei, den Begriff zu popularisieren. Die geschichtsphilosophische Schrift wandte sich deutlich gegen die demokratische Staatsform. Nach dem Heiligen Römischen Reich und dem Kaiserreich gelte es nun, ein neues Reich zu errichten, das Dritte Reich: »Der deutsche Nationalismus ist Streiter für das Endreich. Es ist immer verheißen. Und es wird niemals erfüllt. Es ist das Vollkommene, das nur im Unvollkommenen erreicht wird. Und es ist die besondere Verheißung des deutschen Volkes, die ihm alle anderen Völker streitig machen.« Die Völker des Westens stünden konträr zu dem deutschen Bestreben, ihre Werte seien andere. Im Gegensatz dazu nähmen die Völker des Ostens die Werte auf, die aus Deutschland zu ihnen hinüberschwappten. Moeller van den Bruck war einer der führenden antiwestlichen, antiimperialistischen und antiliberalen Denker. Er wollte den Nationalismus und einen antimarxistischen Sozialismus zu einer Form des nationalen Sozialismus, des deutschen Sozialismus verbinden. In diesem neuen elitären, antidemokratischen Staat sollten Juden zwar geduldet werden, aber keinerlei Einfluss ausüben. Zugleich bediente Moeller van den Bruck, etwa in seiner Kritik an Karl Marx, klassische antisemitische Topoi.

Auch der Schriftsteller Ernst Jünger war ein Denker der »konservativen Revolution«, der in den 1920er-Jahren seine antidemokratischen, antihumanistischen Vorstellungen literarisch verarbeitete. Er forderte eine Abkehr von der bürgerlichen Vorstellung der Humanität und der Gleichheit und propagierte die Militarisierung aller Lebensbereiche. Auch für ihn stellte »Rasse« keine biologische, sondern eine Geistes- oder Schicksalsgemeinschaft dar. Jünger war ein vehementer Gegner der Weimarer Republik, er hasste den Pazifismus und hielt das soldatische Ideal hoch. Zwar wandte er sich gegen den allzu primitiven Rassenantisemitismus, aber verachtete die Juden trotz alledem.

Die Vorreiter der Jungkonservativen sammelten sich in verschiedenen Gesellschaften. Bedeutsam war der Juniklub von Moeller van den Bruck. Die Teilnehmer waren sich einig in ihrer Gegnerschaft zu den westlichen Demokratien und dem parlamentarisch-demokratischen Staat. Sie strebten eine ständische Gesellschaft ohne Parteien an. Der bereits 1919 gegründete Klub entwickelte sich zu einer zentralen Denkfabrik der politischen Rechten in den 1920er-Jahren. Seine Mitglieder gaben seit der Gründung die Wochenzeitschrift »Das Gewissen« heraus, seit 1927 »Der Ring«. Die Ring-Bewegung besaß ihren eigenen Verlag. Dessen Inhaber, der Rittergutsbesitzer Heinrich von Gleichen-Rußwurm, gründete 1924 auch den Deutschen Herrenklub, eine Vereinigung von konservativen Eliten aus dem Adel, der Industrie und dem Staat.

Die Jungkonservativen waren ideengeschichtlich die einflussreichste Strömung der neuen Rechten in der Weimarer Republik. Zahlenmäßig klein und eher großbürgerlich, versammelte sie nichtsdestotrotz einflussreiche Intellektuelle und beeinflusste den nationalistischen Diskurs maßgeblich. Das einigende Band stellte die Feindschaft gegen Demokratie, Liberalismus, Kommunismus und den Westen dar. Der

Rassenantisemitismus nahm in der Regel keine zentrale Rolle in ihrem Denken ein. Sie bewegten sich auf philosophischen Ebenen, die sich von den radau-antisemitischen Agitatoren abhoben. Dennoch waren judenfeindliche Haltungen bei jungkonservativen Denkern weitverbreitet. Die Juden gehörten aus ihrer Sicht nicht zum deutschen Volkstum, das es zu stärken gelte. Sie teilten ebenso die Kritik an der »verjudeten« Republik und an dem zersetzenden jüdischen Bolschewismus und Internationalismus.

Eine wichtige Funktion für die Verbreitung des Antisemitismus nahm Alfred Hugenberg ein, Gründungsmitglied des Alldeutschen Verbandes und der DNVP sowie der größte Medienunternehmer der Weimarer Republik. Der Hugenberg-Konzern war in allen Sparten aktiv, von Verlagen über Zeitungen und Zeitschriften bis hin zum Film. Nachdem sich die DNVP seit 1924 an demokratischen Regierungen beteiligt hatte, erlitt sie 1928 einen herben Stimmenverlust. Wenig später wählte sie Hugenberg zum Vorsitzenden. Er machte aus seiner Abneigung gegen den Parlamentarismus keinen Hehl. Innerhalb der Partei schwelte eine Auseinandersetzung zwischen dem offen antisemitischen Flügel und denjenigen, die auf eine Zusammenarbeit mit den klassischen konservativen Parteien setzten. Hugenberg stellte die Partei sukzessive auf eine Kooperation mit der NSDAP ein. Sein ideologischer Schwerpunkt lag auf dem Antimarxismus. Die Abneigung gegen den Marxismus war von antisemitischen Ressentiments durchzogen.

Die Neuformierung der völkischen Rechten in der zweiten Hälfte der 1920er-Jahre verstärkte den Judenhass mit Hilfe neuer Organisationen und Medien. Die rechte Presse kramte die altbekannten antisemitischen Vorwürfe heraus, von der »verjudeten« Republik zur jüdischen Pressemacht, von den jüdisch dominierten Börsen bis zur Ritualmordlegende. Die hetzerische Berichterstattung schlug sich in konkreten Aktionen nieder. Völkische Organisationen und die NSDAP riefen zum Boykott jüdischer Geschäfte auf. Die Partei hatte sich nach Hitlers Haftentlassung reorganisiert und im Februar 1925 nach Auslaufen des reichsweiten Verbots neu gegründet. Sie profitierte maßgeblich von der Berichterstattung der Hugenberg-Zeitungen. In den Parlamentswahlen blieb sie allerdings noch eine

Splitterpartei, die umso rabiater auf der Straße auftrat, sei es in antisemitischen Boykottaktionen, Angriffen auf Juden oder in Straßenkämpfen gegen Kommunisten oder Sozialdemokraten.

Auch die beiden großen Kirchen, die protestantische und die katholische, entwickelten sich nach rechts. Der Bezug auf »Volk« und »Volkstum« gewann bei ihnen an Bedeutung. Damit folgten sie dem vorherrschenden Zeitgeist. Sie wärmten einerseits klassische antijudaistische Klischees wieder auf, andererseits näherten sie sich ideologisch einem biologistischen Rassebegriff an.

Eine große antisemitische Kampagne zeitigte seinerzeit ebenfalls Erfolge: die Antischächtbewegung. Sie richtete sich gegen das Ausblutenlassen von Tieren, also gegen die rituelle Schlachtung im Judentum. Um Tierschutz handelte es sich dabei bestenfalls vordergründig. Antisemiten brachten in den unterschiedlichen Parlamenten entsprechende Anträge ein, die sie mit zahlreichen antisemitischen Invektiven begründeten. Sie konnten zwar nur 1930 in Bayern auf Landesebene ein gesetzliches Schächtverbot durchsetzen, hielten das Thema aber trotzdem über Jahre auf der Agenda.

Die republikfeindlichen Kräfte waren seit Mitte der 1920er-Jahre folglich immer stärker geworden, hatten sich besser vernetzt und waren in nahezu allen gesellschaftlichen Bereichen anzutreffen. Noch waren die Anhänger der Republik aber stark genug, um die schlimmsten Angriffe abzuwehren und eine Gegenwehr zu organisieren, noch trug die ökonomische Situation zu einer Stabilisierung der politischen Lage bei.

Der Abwehrkampf gegen den Antisemitismus

Der Kampf gegen den Judenhass war nahezu gleichbedeutend mit dem Kampf für die Weimarer Republik. Besonders der Verein zur Abwehr des Antisemitismus und der Centralverein deutscher Staatsbürger jüdischen Glaubens betrieben unaufhörlich Aufklärungsarbeit gegen Judenhass in ihren Publikationsorganen und auf Veranstaltungen. Häufig bemühten sie im Vertrauen auf die republikanischen Institutionen die Justiz. Zum einen waren viele Richter aber sehr zurückhaltend, die allgemeinen Bestimmungen des Republikschutzgesetzes und anderer Verordnungen im Sinne von Juden auszulegen, zum anderen standen nicht wenige Richter der Weimarer Republik selbst distanziert bis ablehnend gegenüber, besonders diejenigen, die bereits im Kaiserreich in Amt und Würden gekommen waren. Generell waren die damaligen Urteile gegen Antisemiten und völkische Nationalisten, selbst im Fall von politischem Mord, äußerst mild, wohingegen sie Linke, besonders Kommunisten, mit voller Wucht trafen. Die Weimarer Justiz war auf dem rechten Auge weitgehend blind.

Die Juden waren seit 1918 rechtlich gleichberechtigt, aber der (Alltags-)Antisemitismus grassierte weiter und nicht unbedeutende Teile der Gesellschaft erkannten sie noch immer nicht als gleichwertige Staatsbürger an. Deshalb rekurrierten viele Juden auf die eigenen Traditionen.

Angesichts dieser und weiterer Enttäuschungen blühte das jüdische Vereinswesen auf. Im Kulturleben zeichnete sich eine »jüdische Renaissance« als eigenständige Kulturrichtung ab.

Die Sozialdemokratie war seit Beginn die tragende politische Kraft der Republik gewesen. Sie stellte den ersten Staatspräsidenten und nicht wenige exponierte Sozialdemokraten waren jüdischer Herkunft. Somit mischte sich bei der Rechten der Hass auf die Demokratie mit Antisemitismus und Antisozialismus. Sie feindete die SPD als »Judenschutztruppe« an. Diese Situation brachte viele Juden dazu, sich mit der Sozialdemokratie zu solidarisieren oder sich in sozialdemokratisch dominierten Vereinigungen zu organisieren. Der 1913 in Berlin geborene Ernst Jablonski brachte seine Haltung als Schüler in den 1920er-Jahren rückblickend dergestalt zum Ausdruck: »Jude sein hieß für mich als Jungen, für die Weimarer Republik zu sein. Es war ja die ›Judenrepublik‹, und den Antisemitismus, den ich erfuhr, bezog ich eindeutig auf die deutsch-nationale chauvinistische Reaktion und nicht auf meine Qualität als Jude.« Die antisemitischen Anfeindungen führte er als einen wichtigen Grund für sein späteres antifaschistisches Engagement und seine Sympathien für den Marxismus an, die ihn zur KPD brachten. Unter anderem auf Grund der harschen Kritik der Kommunisten an der parlamentarischen Demokratie wandten sich aber weit mehr Juden der Sozialdemokratie zu.

Die sozialdemokratische Analyse des Antisemitismus orientierte sich noch immer an den von August Bebel und anderen im Kaiserreich formulierten Positionen. Zweifellos wies sie in der Rückschau Mängel auf. Den Antisemitismus interpretierte sie als unmittelbare Folge der ökonomischen Verhältnisse. Sie verstand ihn nicht als eine Eigendynamik entfaltende Ideologie, die handlungsleitend werden konnte. Als Träger judenfeindlichen Gedankenguts sah die Sozialdemokratie folgerichtig primär die dem Untergang geweihten vorbürgerlichen Schichten und vom Abstieg bedrohten Klassen an, die mit dem sozialen Fortschritt verschwänden. Damit löse sich das Problem des Antisemitismus quasi automatisch. Diese Annahme wurde durch die weitere historische Entwicklung widerlegt und konnte der entstehenden neuen Rechten nicht gerecht werden.

Trotzdessen war die Sozialdemokratie die wichtigste Kraft im Kampf gegen den Antisemitismus jenseits der jüdischen Organisationen. Darüber hinaus lieferte sie bei allen Mängeln die überzeugendsten Versuche, die Lage der Juden und die Entstehung judenfeindlicher Ressentiments aus historischen Entwicklungen, ökonomischen Ursachen und politischen Konstellationen heraus zu erklären. Im Gegensatz zu den Liberalen beispielsweise begriff sie den Judenhass nicht als bloßes Überbleibsel religiöser Vorurteile aus dem Mittelalter und als Reaktion auf eine aufstachelnde Agitation, sondern als Produkt gesellschaftlicher Verhältnisse.

Die Partei machte außerdem bei der Kandidatenaufstellung so gut wie keine Zugeständnisse an den weitverbreiteten Antisemitismus. So waren viele sozialdemokratische Reichstagsabgeordnete jüdischer Herkunft, weit über dem gesamtgesellschaftlichen Durchschnitt von Juden in Deutschland. Allerdings bestand ein Missverhältnis zwischen den Intellektuellen in der Parteiführung und den einfachen Mitgliedern, wo die Feindschaft gegen Juden stärker verbreitet war.

Die KPD pflegte einen widersprüchlicheren Umgang mit dem Antisemitismus. Sie teilte mit der Sozialdemokratie die funktionalistische Betrachtungsweise. Sie bekämpfte auf der einen Seite die Rechte und die völkische Bewegung und stellte ihren reaktionären Charakter deutlich heraus. Andererseits teilte sie mit ihnen die Frontstellung gegen die Weimarer Republik und schlug deshalb immer wieder die Brücke zu deren

Anhängern. Propagandistisch knüpfte sie dabei an die antikapitalistischen Momente der Judenfeindschaft an und rief zum Kampf gegen die jüdischen Kapitalisten auf. Sie setzte darauf, diese Position noch weiter zu einer generellen Kritik des Kapitalismus als System treiben zu können. So hielt die jüdische KPD-Politikerin Ruth Fischer 1923 vor völkischen und kommunistischen Studenten eine Rede: »Sie rufen auf gegen das Judenkapital, meine Herren?« Fischer antwortete selbst: »Wer gegen das Judenkapital aufruft, meine Herren, ist schon Klassenkämpfer, auch wenn er es nicht weiß. Sie sind gegen das Judenkapital und wollen die Börsenjobber niederkämpfen. Recht so. Tretet die Judenkapitalisten nieder, hängt sie an die Laterne, zertrampelt sie. Aber, meine Herren, wie stehen sie zu den Großkapitalisten, den Stinnes, Klöckner...?«

Generell zeigte sich das sozial-kulturelle Milieu der Arbeiterschicht weitaus resistenter gegen die Judenfeindschaft als andere gesellschaftliche Gruppen. Doch auch die Sozialdemokratie war vor vereinfachten Personifizierungen abstrakter gesellschaftlicher Verhältnisse nicht gefeit. Die Parteipresse bediente ebenso Ressentiments, wenn sie etwa Juden mit Geld assoziierte. Dennoch war die Haupttendenz der SPD eine andere: Manifester Antisemitismus fand sich äußerst selten unter aktiven Sozialdemokraten und sehr viel weniger als unter den Anhängern anderer Parteien. Außerdem widersprach die Judenfeindschaft der offiziellen Parteilinie und wurde politisch bekämpft.

Als eine der wichtigsten Organisationen zur Verteidigung der Republik entwickelte sich der sozialdemokratisch dominierte Reichsbanner Schwarz-Rot-Gold. Er wurde 1924 als parteiübergreifende Organisation von SPD, Zentrum und DDP als politischer Wehrverband zum Schutz der Republik gegründet. Mit drei Millionen Mitgliedern stellte der Reichsbanner die größte demokratische Massenorganisation in der Weimarer Republik dar.

Als großes Hindernis zur effektiven Verteidigung erwies sich die Spaltung der Arbeiterbewegung im Zuge der Novemberrevolution. Die Kommunisten warfen der Sozialdemokratie den Verrat an der Revolution von 1918 vor und machten sie für den Mord an Rosa Luxemburg und Karl Liebknecht (mit-)verantwortlich. Die KPD stand feindlich zur parlamentarischen Demokratie und orientierte sich an der Sowjetunion. In den Sozialdemokraten sah sie ihren Hauptgegner und betrachtete sie als »Sozialfaschisten«.

Die Feindschaft gründete auf Gegenseitigkeit. Die SPD betrachtete die KPD ihrerseits als eine Bedrohung für die Demokratie, die wie die radikale Rechte nach einem totalitären Staat strebe und die Weimarer Republik überwinden wolle. Die Spaltung der Arbeiterbewegung wirkte sich verheerend aus. Statt gemeinsam gegen die erstarkende Rechte vorzugehen, bekämpften sich die Sozialdemokraten und Kommunisten gegenseitig. Diese Feindschaft dauerte die ganze Weimarer Republik über an und verschärfte sich mit dem Ende der relativen Stabilität nach 1929 noch.

Die Krise der Republik

Am 24. Oktober 1929 brachen in New York City an der Wall Street die Börsenkurse stark ein. Auch andere Aktienmärkte wurden in Mitleidenschaft gezogen. Die Börsenzusammenbrüche lösten eine weltweite Krise aus. Das Bruttoinlandprodukt in Deutschland schrumpfte ebenfalls deutlich, die Zahl der Arbeitslosen stieg stark an. Die damit einhergehende Massenverarmung führte zu politischer Instabilität.

Im März 1930 zerbrach die Koalition unter dem sozialdemokratischen Reichskanzler Hermann Müller. Damit war die letzte Regierung in der Weimarer Republik mit einer parlamentarischen Mehrheit gescheitert. Danach ernannte Reichspräsident Paul von Hindenburg den Zentrumspolitiker Heinrich Brüning zum Reichskanzler. Seine Minderheitsregierung scheiterte allerdings kurz darauf.

Bei der kommenden Reichstagswahl im September 1930 wurde die NSDAP daraufhin mit über 18 Prozent von einer bisherigen Splitterpartei zur zweitstärksten Kraft. Zur Parlamentseröffnung im Oktober 1930 erschienen die 107 NSDAP-Abgeordneten geschlossen in der braunen Parteiuniform und verstießen damit bewusst gegen das Uniformverbot, das in Preußen herrschte. Am gleichen Tag veranstalteten Mitglieder der nationalsozialistischen Sturmabteilung (SA), einer paramilitärischen Kampforganisation, pogromartige Ausschreitungen in Berlin. Sie griffen Juden auf der Straße an und schmissen Schaufensterscheiben jüdischer

Kaufhäuser ein. Damit lieferten sie einen Vorgeschmack darauf, was ein Erstarken des Nationalsozialismus bedeutete.

Brüning regierte als Reichskanzler mit einer Minderheitsregierung weiter. Er verließ sich aber ohnehin nicht mehr auf eine parlamentarische Mehrheit, sondern regierte per Notverordnung. Brüning setzte eine rigide Austeritätspolitik durch, erhöhte die Steuern und kürzte die Staatsausgaben. Diese Deflationspolitik sollte die Geldwertstabilität gewährleisten, verschärfte aber die Wirtschaftskrise, erhöhte die Arbeitslosigkeit bis 1932 auf knapp sechs Millionen Menschen und führte zu massenhafter Armut.

In dieser Situation erstarkte die völkische Rechte, allen voran die NSDAP, weiter. Die Partei verschärfte ihre Agitation gegen die »verjudete« Republik, demonstrierte Militanz in Straßenkämpfen gegen den kommunistischen Rotfrontkämpferbund oder das republikanische Reichsbanner Schwarz-Rot-Gold. Im Oktober 1931 schloss sie sich mit der DNVP, dem Alldeutschen Verband, dem Stahlhelm, dem Bund der Frontsoldaten und dem Reichslandbund zur Harzburger Front zusammen. Die NSDAP entwickelte sich jedoch eindeutig zur führenden Kraft der extremen Rechten.

Die NSDAP in der Endphase der Weimarer Republik

Die Partei konnte in ihrer Agitation an den weitverbreiteten Antisemitismus anschließen. Die Judenfeindschaft zeigte sich in allen gesellschaftlichen Bereichen. Sie drückte sich in den Angriffen auf Juden in Berlin genauso aus wie gegen jüdische Viehhändler auf dem Land. Jüdische Theaterschaffende waren ebenso betroffen wie Bad- und Kurgäste. Der »Bäder-Antisemitismus« trat bereits im 19. Jahrhundert auf, radikalisierte sich aber in den 1920er-Jahren. Zahlreiche Bäder- und Kurorte und Feriendomizile wie Borkum oder Zinnowitz warben damit, »judenfrei« zu sein. Die Zeitung des Centralvereins veröffentlichte regelmäßig die Namen der Urlaubsorte, in denen Juden nicht willkommen waren. Die Liste wurde jährlich immer länger. Weitere Tourismusorganisationen wie der Deutsch-Österreichische Alpenverein hatten bereits Arierparagrafen eingeführt, Juden durften keine Mitglieder werden.

Besonders anfällig für Antisemitismus waren die Bauern und die bürgerlichen Mittelschichten. Kleine Gewerbetreibende und Selbstständige fühlten sich von einer imaginierten jüdischen Konkurrenz bedroht, gerade im Zuge der Weltwirtschaftskrise ab den späten 1920er-Jahren. Akademische Agitatoren sorgten dafür, dass sich die Judenfeindschaft unter den Studenten festsetzte. Sie stimmten in Preußen mehrheitlich für den Ausschluss von Juden aus den höheren Bildungsanstalten und forderten die Einführung eines Numerus clausus, einer antijüdischen Quote.

In diesem gesellschaftlichen Klima entwickelte sich die NSDAP zu einer Massenorganisation. Ende 1930 hatte sie an die 400 000 Mitglieder und wuchs in den kommenden zwei Jahren auf über eine Million. Der Erfolg bei der Wahl 1930 verankerte sie fest im Reichstag. Bereits seit Januar 1930 war die Partei in Thüringen in einer Regierungskoalition mit rechtsbürgerlichen Parteien. Dort stellte die NSDAP mit Wilhelm Frick den Staatsminister für Inneres und Volksbildung. Er betrieb eine nationalsozialistische Politik zur »Entjudung« des Kulturlebens, entließ kommunistische Lehrer, jüdische Akademiker und sozialdemokratische Beamte. Ab Oktober 1930 bildete die NSDAP in Zusammenarbeit mit der DNVP die Landesregierung in Braunschweig.

Mit der politischen Regierungsbeteiligung auf Länderebene stieg auch die Reputation der Partei, sie war ein fester Bestandteil der politischen Landschaft geworden. Infolgedessen wurde ihr Vorsitzender, Adolf Hitler, von gesellschaftlichen Verbänden eingeladen, die bisher die NSDAP gemieden hatten. So hielt er im Januar 1932 eine Rede vor dem Industrie-Club Düsseldorf, der Großindustrielle versammelte.

Neben offenem Antisemitismus agitierten die Nationalsozialisten seinerzeit heftig gegen den Versailler Vertrag als Knebelung Deutschlands und den Young-Plan von 1929, der die Reparationsfrage neu regelte. Sie machten die Politik der Alliierten für die Massenverarmung verantwortlich.

Doch auch auf den Straßen eskalierten die Nationalsozialisten die Gewalt bewusst. Am 12. September 1931 in Berlin, dem Abend des jüdischen Neujahrsfestes, zogen an die 1000 Angehörige der SA über den

Boulevard Kurfürstendamm. Sie riefen Parolen wie »Juda, verrecke« und »Schlagt die Juden tot« und griffen Passanten an, die sie für Juden hielten. Besucher der Synagoge in der Fasanenstraße, einer Querstraße, wurden beschimpft und tätlich angegangen. Dieser »Ku'dammkrawall« machte die gestiegene Bedrohungslage für die Juden deutlich. Die politische Lage spitzte sich noch weiter zu.

Das Ende der Weimarer Republik

Das Verhältnis zwischen dem Reichskanzler Heinrich Brüning und dem Reichspräsidenten Paul von Hindenburg verschlechterte sich zunehmend. Hindenburg, der im April 1932 gegen den Gegenkandidaten Hitler wiedergewählt worden war, geriet mit der Regierung in einen Streit um die Osthilfe, die staatliche Subventionierung von Großagrariern. Weil er nicht mehr bereit war, weitere Notverordnungen zu unterzeichnen, trat Brüning am 30. Mai 1932 zurück.

Hindenburg ernannte den Adligen Franz von Papen daraufhin zum Reichskanzler. In dieser Funktion schleifte er die größte republikanische Bastion. Mittels einer Notverordnung des Reichspräsidenten entmachtete von Papen am 20. Juli 1932 die sozialdemokratische Regierung unter Otto Braun in Preußen, dem größten und wichtigsten Teilstaat des Reiches. Die Kontrolle und die ausführende Gewalt wurden auf den Reichskanzler übertragen.

Ende des Monats fand eine weitere Reichstagswahl statt. Sie endete mit starken Zugewinnen der NSDAP, die mit über 37 Prozent klar stärkste Kraft wurde. Gestärkt von dem Ergebnis verübten Angehörige der SA Terroranschläge mit Waffen und Sprengstoff gegen Politiker und Einrichtungen der Linksparteien. Die Anschläge fanden vor allem in Oberschlesien und Ostpreußen statt. Auch Juden waren Ziele der Attentate. Die Terroraktionen führten zu mehreren Toten, zahlreichen Verletzten und großem Sachschaden. Damit erhöhten die Nationalsozialisten den Druck auf Hindenburg, die NSDAP in die Regierung zu bringen. Dieses Anliegen scheiterte vorerst noch. Hindenburg ernannte von Papen erneut zum Reichskanzler. Das neue Kabinett bestand hauptsächlich aus parteilosen Adligen und Politikern der DNVP. Die Regierung genoss keine parlamentarische Unterstützung und geriet unter Beschuss der Reichstagsmehrheit. Sie beschloss im September 1932, das Parlament aufzulösen, so dass Neuwahlen nötig wurden.

In der letzten freien Wahl der Weimarer Republik im November 1932 ging die NSDAP wieder als stärkste Partei hervor, musste aber Stimmverluste hinnehmen. Dieses Ergebnis ließ die Hoffnung ihrer politischen Gegner steigen, dass sie sich auf dem absteigenden Ast befände. Vielmehr verstärkte die NSDAP aber ihre Straßenaktionen, vor allem die Boykotte jüdischer Geschäfte. Derartige Aufrufe hatten Nationalsozialisten bereits häufiger verkündet, Schaufensterscheiben eingeschlagen, Kunden drangsaliert und Ladeninhaber bedroht. In der Vorweihnachtszeit 1932 eskalierte die Situation so stark, dass die Polizeikräfte vollkommen überfordert waren, die öffentliche Ordnung flächendeckend wiederherzustellen.

Mittlerweile war auch von Papen des Amtes enthoben worden. Seine Minister hatten ihm die Gefolgschaft verweigert. Reichspräsident Hindenburg ernannte deshalb am 3. Dezember 1932 den ehemaligen General und Reichswehrminister Kurt von Schleicher zum Reichskanzler. Der neue Regierungschef strebte eine Querfront, ein Bündnis aus rechten und linken Organisationen, an, um den Nationalismus mit dem Sozialismus zu verbinden. Er beabsichtigte eine Zusammenarbeit der Wehrmacht mit dem rechten Flügel der Sozialdemokratie und dem linken Flügel der NSDAP um die beiden Brüder Otto und Gregor Strasser. Auch die Gewerkschaften sollten einbezogen werden. Derartige Vorstellungen hatten schon die Jungkonservativen propagiert. Der lagerübergreifende autoritäre Staat werde die parlamentarische Demokratie überwinden, sich vom Westen und seinen Werten abwenden und die Kooperation mit der Sowjetunion suchen. Von Schleichers Politik scheiterte aber bald am Widerstand der Parteiführungen der SPD und der NSDAP.

Hitler strebte die alleinige Macht an und hatte deshalb bisher den Posten des Vizereichskanzlers ausgeschlagen. Er verhandelte bereits hinter den Kulissen mit von Papen. Der ehemalige Reichskanzler handelte im Auftrag von Hindenburg und einigte sich mit Hitler auf eine

Zusammenarbeit. Von Schleicher bemühte sich noch, seine Stellung zu stabilisieren, aber vergeblich. Schließlich trat er am 28. Januar 1933 nach einer Unterredung mit dem Reichspräsidenten zurück. Zwei Tage später, am 30. Januar 1933, ernannte Hindenburg den Vorsitzenden der NSDAP Hitler zum Reichskanzler.

Damit war eine Partei an die Macht gekommen, deren ideologischer Kern aus Judenhass bestand. Sie agitierte seit Jahren gegen die »verjudete« Weimarer Republik und die jüdischen »Erfüllungspolitiker«, gegen den Versailler Vertrag und die Liberalisierung der Gesellschaft. Sie hatte sich im Zuge der Weltwirtschaftskrise zu einer Massenpartei entwickelt und diese Stärke immer häufiger in judenfeindlichen Aktionen auf der Straße demonstriert. Die Republikanhänger vermochten es letztlich nicht, die parlamentarische Demokratie zu retten. Die Gegner der Nationalsozialisten waren zerstritten. Eine gemeinsame republikanische Front kam deshalb nie zustande.

Angesichts der autoritären Entwicklung in den frühen 1930er-Jahren erschien vielen Gegnern eine Kanzlerschaft Hitlers nicht als qualitative Verschärfung. So hieß es etwa am 27. Januar 1933 angesichts des bevorstehenden Rücktritts von Schleichers in einem Artikel des sozialdemokratischen »Vorwärts«: »Entweder also der Faschingskanzler Hitler oder die Wiederkehr des Herrenreiters von Papen, dessen Kurs im Volke Stürme der Entrüstung hervorgerufen hat. Das eine würde ebenso auf eine Provokation und auf ein schauerliches Fiasko hinauslaufen wie das andere.« Eine mögliche Machtübertragung auf die NSDAP erschien der sozialdemokratischen Zeitung wie eine Fortsetzung der autoritären Präsidialkabinette. Auch Hitler würde wie seine Vorgänger ein Übergangsphänomen bleiben. Wie so viele Antifaschisten unterschätzte sie die Gefahr. Diese Unterschätzung war fatal. Die Ernennung Hitlers zum Reichskanzler am 30. Januar 1933 markierte faktisch einen Bruch, sie bedeutete das Ende der Weimarer Republik. Dieser Bruch sollte sich als Katastrophe für alle Demokraten erweisen, ganz besonders aber für die Juden.

Ausgrenzung und Vernichtung
Der Nationalsozialismus
von 1933 bis 1945

Die verheerende Bedeutung des 30. Januar 1933 zeichnete sich nicht direkt ab. Die Nationalsozialisten begangen den Tag zwar mit einem triumphalen Fackelmarsch durch das Zentrum Berlins. Jedoch gehörten im ersten Kabinett des neuen Reichskanzlers Adolf Hitler von insgesamt zwölf Mitgliedern nur zwei weitere der NSDAP an, Wilhelm Frick und Hermann Göring. Neben mehreren Ministern der DNVP, darunter Alfred Hugenberg, stellten parteilose Politiker den Rest. Der Vizekanzler von Papen ging wie andere Rechtskonservative davon aus, dass Hitler und die NSDAP in dieser Konstellation eingehegt werden könnten. Diese Einschätzung erwies sich sehr schnell als Irrtum. Die neuen Machthaber machten sich unmittelbar daran, den Staat und die Gesellschaft grundlegend umzubauen.

Die Errichtung der Diktatur

Bereits am 1. Februar 1933 löste der Reichspräsident das Parlament auf Wunsch Hitlers auf. Drei Tage später erließ Paul von Hindenburg die »Verordnung des Reichspräsidenten zum Schutz des deutschen Volkes«. Sie schränkte die Presse- und Versammlungsfreiheit deutlich ein und übertrug dem nationalsozialistischen Innenminister Wilhelm Frick weitreichende Vollmachten. Am 20. Februar hielt Hitler ein Geheimtreffen mit 25 Industriellen ab, die einen Fonds für die NSDAP und das völkische Wahlbündnis Kampffront Schwarz-Weiß-Rot von drei Millionen Deutsche Mark für die anstehende Reichstagswahl bereitstellten. Vor der Wahl ereignete sich allerdings noch ein weiterer Vorfall mit gravierenden Konsequenzen.

Am 27. Februar 1933 brannte der Reichstag in Berlin. Der Niederländer Marinus van der Lubbe, ein ehemaliges Mitglied der niederländischen kommunistischen Partei, wurde wegen Brandstiftung festgenommen. Von Beginn an bestanden allerdings Zweifel an seiner Alleintäterschaft. Den nationalsozialistischen Machthabern kam der Brand äußerst gelegen. Bereits einen Tag später setzte die »Reichstagsbrandverordnung« die Grundrechte außer Kraft. Der Reichstagsbrand diente auch als Vorwand für Massenverhaftungen von Kommunisten und Sozialdemokraten. Verhaftungen, Folter und sonstiger Terror waren in den ersten Monaten des NS-Regimes nicht nur ein Hauptinstrument, um die politische Linke zu zerschlagen. Die kaum verborgene Brutalität der Nationalsozialisten signalisierte der Opposition und allen potenziell Unzufriedenen, sich besser ruhig zu verhalten.

In dieser aufgeladenen Situation fanden am 5. März 1933 Reichstagswahlen statt. Die NSDAP erhielt über 43 Prozent der Stimmen. Zusammen mit den acht Prozent der von der DNVP dominierten Kampffront Schwarz-Weiß-Rot stellte sie die parlamentarische Mehrheit. Die SPD und die KPD durften zwar formal noch antreten und erreichten gut 18 beziehungsweise 12 Prozent, aber sie waren schon der staatlichen Repression und der politischen Verfolgung ausgesetzt.

Drei Tage nach der Abstimmung wurden alle Mandate der KPD annulliert. Die kommunistischen Funktionäre mussten untertauchen oder ins Ausland fliehen. Viele wurden verhaftet. Dieses Schicksal ereilte auch Sozialdemokraten und andere politische Gegner. Die neuen Machthaber errichteten im März 1933 Konzentrationslager in Oranienburg und Dachau, wenige Wochen nach der Machtübertragung auf Adolf Hitler.

Am 24. März 1933 stimmte der Reichstag unter Anwesenheit bewaffneter Einheiten der SS und SA mit einer Zweidrittelmehrheit dem »Gesetz zur Behebung der Not von Volk und Reich«, dem »Ermächtigungsgesetz« zu. Die Reichsregierung konnte nun Gesetze ohne das Parlament erlassen. Damit war die Verfassung ausgehebelt und die gesetzliche Grundlage für ein autoritär-diktatorisches Regime gelegt.

Die Abgeordneten aller Parteien außer der SPD votierten für das Gesetz. Der Vorsitzende der Sozialdemokratie Otto Wels beklagte in der Parlamentsdebatte die Verfolgungen, die seine Partei erlitt, und führte aus: »Freiheit und Leben kann man uns nehmen, die Ehre nicht. [...] Wir deutschen Sozialdemokraten bekennen uns in dieser geschichtlichen Stunde feierlich zu den Grundsätzen der Menschlichkeit und Gerechtigkeit, der Freiheit und des Sozialismus. Kein Ermächtigungsgesetz gibt Ihnen die Macht, Ideen, die ewig und unzerstörbar sind, zu vernichten.« Diese Rede war mutig, änderte aber nichts an der weiteren Entwicklung. Die antifaschistischen und republikanischen Kräfte hatten es nicht geschafft, die Weimarer Republik zu retten. Unter dem Eindruck der Repression blieb ihnen nur noch die Ehrenrettung.

Die nationalsozialistischen Machthaber hatten in wenigen Wochen den Staat von Grund auf umgebaut. Die Weimarer Verfassung war faktisch durch die zahlreichen Notverordnungen beseitigt, die Demokratie zerstört, politische Gegner ausgeschaltet. Die antisemitische Ideologie der »Volksgemeinschaft« ergänzte das System der Konzentrationslager und des Terrors durch SA und SS. Zunächst trafen die Repressionsmaßnahmen vor allem Kommunisten und Sozialdemokraten, unter den ersten Opfern waren jedoch bereits zahlreiche Juden.

Antisemitische Maßnahmen und Konsolidierung des Regimes

Am 1. April 1933 riefen die Nationalsozialisten im ganzen Reich zum Boykott jüdischer Geschäfte, Kaufhäuser, Arztpraxen und Anwaltskanzleien auf. Sie blockierten die Zugänge oder positionierten sich in Parteiuniform vor den Geschäften mit Schildern wie »Deutsche wehrt Euch! Kauft nicht bei Juden!«. Damit hatten die Juden einen Vorgeschmack darauf, was ihnen in einem nationalsozialistischen Regime drohte. Bald folgten die ersten antisemitischen Gesetze, die die Juden zunehmend aus dem gesellschaftlichen Leben verdrängten.

Seinerzeit lebten gut eine halbe Million Juden im Deutschen Reich, von denen viele sich als Patrioten fest in Deutschland und der deutschen Kultur verankert wähnten. Das Judentum als Religion spielte oftmals keinerlei Rolle oder wurde als reine Privatsache betrachtet. Die Juden stellten politisch eine äußerst heterogene Minderheit dar, von Kommunisten und Sozialisten bis Deutschnationalen, von Gläubigen bis Atheisten, von Zionisten, die einen eigenen Staat anstrebten, bis zu Anhängern der diasporischen Lebensweise. Die Repression des NS-Regimes führte erstmalig zu einer gemeinsamen Organisation der unterschiedlichen Strömungen und politischen Richtungen der Juden in Deutschland. Im September 1933 gründete sich die Reichsvertretung der Deutschen Juden. Vorsitzender wurde der Rabbiner Leo Baeck, ein Vertreter des liberalen Judentums. Zunächst hofften viele Juden, dass das nationalsozialistische Regime bald vorübergehen oder sich nach einer anfänglichen Phase der Unruhe eine gewisse Normalisierung einstellen werde. Ihr Handlungsspielraum schränkte sich aber schnell ein.

Das NS-Regime hatte sich in den ersten Monaten noch weiter konsolidiert. Am 7. April 1933 wurde mit dem »Gesetz zur Wiederherstellung des Berufsbeamtentums« der Staatsdienst gesäubert. Es schuf die Grundlage, um »nicht arische«, also jüdische, und politisch unliebsame Personen zu entlassen oder in den vorzeitigen Ruhestand zu versetzen. Den 1. Mai erklärten die Nationalsozialisten zum »nationalen Tag der Arbeit«. Die freien Gewerkschaften unterstützten den Aufruf in der Erwartung, durch Anbiederung ihre Organisationen zu retten, und mobilisierten zu den nationalsozialistischen Aufmärschen. Trotzdem stürmten am Tag darauf SA-Verbände die Gewerkschaftshäuser, beschlagnahmten das Vermögen und verhafteten führende Funktionäre. Damit waren die Organisationen der Arbeiterbewegung endgültig zerschlagen. Die Deutsche Arbeitsfront (DAF) wurde an ihrer Stelle gegründet, das Streikrecht abgeschafft.

Die anderen Parteien, die DNVP und das Zentrum, lösten sich Mitte 1933 selbst auf. Ein Gesetz verankerte die NSDAP als einzige Partei und verbot Neugründungen. Der Straßenterror gegen politische Gegner setzte sich fort, etwa in der Köpenicker Blutwoche Ende Juni 1933. Die SA terrorisierte eine Woche lang politische Gegner in dem Berliner Stadtteil. Dabei verhaftete sie an die 500 Personen. Viele wurden misshandelt und ermordet.

Das NS-Regime tötete nicht nur seine Widersacher, sondern ging auch vehement gegen den »undeutschen Geist« vor. Von März bis Oktober 1933 wurden in vielen Städten die Bücher von linken, jüdischen und pazifistischen Autoren verbrannt. Den Höhepunkt fand diese Bücherverbrennung am 10. Mai auf dem Opernplatz in Berlin. Ferner beseitigte das neue Regime die föderale Struktur des Reiches und zentralisierte den Aufbau. Durch die Konkurrenz innerhalb der NS-Elite bildete sich eine parallele Herrschaft aus Partei und sonstigen Institutionen, deren Kompetenzen sich überschnitten. Diese polykratische Struktur war charakteristisch für das NS-Regime.

Trotz aller Brutalität begrüßte es ein großer Teil der deutschen Gesellschaft ausdrücklich, dass die Arbeiterbewegung entmachtet und die Demokratie abgeschafft wurde. Viele Deutsche empfanden die politischen Veränderungen als »nationale Revolution«. Die überwiegende Mehrheit der Vereine, Parteien und Institutionen löste sich selbst auf und gliederte sich freiwillig in das neue System ein.

Ein Hindernis hierbei stellten die in den 1930er-Jahren im Alltagsleben noch sehr präsenten Kirchen dar. Auch deshalb schloss das NS-Regime im Juli 1933 ein Reichskonkordat mit dem Vatikan. Dieser Staatskirchenvertrag regelte das Verhältnis der römisch-katholischen Kirche zum Deutschen Reich. Damit verschaffte der Kirchenstaat dem neuen Regime eine internationale Anerkennung. Deutschland trat außerdem Ende 1933 nach einer Volksabstimmung aus dem Völkerbund aus. Dieses Plebiszit war verbunden mit der Reichstagswahl am 12. November 1933. Zur Wahl stand lediglich die nationalsozialistisch dominierte Einheitsliste. Sie erhielt überwältigende Zustimmung.

Innerparteiliche Konkurrenten schaltete Hitler im Juni 1934 im Röhm-Putsch aus. Ermordet wurden nicht nur der Stabschef der SA Ernst Röhm und seine engen Mitarbeiter, sondern auch alte politische Widersacher innerhalb der rechten Bewegung wie der ehemalige Reichskanzler Kurt von Schleicher. Nach dem Tod von Reichspräsident Hindenburg am 2. August 1934 legte Hitler die Ämter des Reichspräsidenten und des Reichskanzlers in seiner Person mittels einer Volksabstimmung zusammen. Nun war er der alleinige »Führer«, die Organisationen der politischen Opposition waren zerschlagen, die innerparteilichen Gegner ausgeschaltet und die Juden aus dem gesellschaftlichen Leben gedrängt. In den ersten Monaten nach der Machtübertragung 1933 war es dem NS-Regime mittels blanken Terrors gelungen, sich seiner politischen Gegner zu entledigen und den Rechtsstaat auszuhebeln. Bis Sommer 1934 verwandelte das Regime die parlamentarische Demokratie in einen diktatorischen Führerstaat und etablierte die völkische Ideologie als Staatsräson. Die deutsche Gesellschaft trug die Gleichschaltung des öffentlichen Lebens bereitwillig mit.

Gesetzlicher Antisemitismus

Von Mitte 1933 bis Ende 1934 fokussierte sich das NS-Regime auf die innenpolitische Festigung, wirkte aber von Anfang an darauf hin, die Juden auszugrenzen. In den Folgejahren ergingen unterschiedliche Maßnahmen, um sie aus der Öffentlichkeit zu verdrängen, von gesellschaftlicher Teilhabe auszuschließen und ökonomisch zu marginalisieren. So verarmte die zunehmend sozial isolierte jüdische Minderheit zusehends. Die Mehrheit wanderte jedoch trotz alledem zunächst nicht aus. 1933 flohen ungefähr 40 000 Juden aus Deutschland, oftmals aber nicht, weil sie Juden, sondern politische Gegner des Nationalsozialismus waren. Insgesamt entschieden sich zwischen 1933 und 1937 ungefähr 100 000 deutsche Juden zur Flucht. Die Mehrheit versuchte, sich weiterhin in Deutschland durchzuschlagen. Erst im Laufe der Jahre wurde klar, dass das NS-Regime keine kurzfristige Erscheinung blieb und die Hoffnungen sich als illusorisch erwiesen, es käme zu einer Normalisierung. Dennoch war die Entscheidung zu fliehen für jeden Einzelnen von großer Tragweite. Die Emigranten ließen ihre Heimat, ihre Sprache und ihr bekanntes soziales Umfeld für eine ungewisse Zukunft hinter sich. Ferner nahmen die meisten Staaten die aus Deutschland ausreisenden Juden keineswegs mit offenen Armen auf. Die Fliehenden mussten zahlreiche bürokratische Hürden überwinden und fast unlösbare Bedingungen erfüllen, um einreisen zu dürfen. Nicht selten endete die Flucht unter tragischen Umständen mit dem Tod der Geflüchteten.

Die »Judenpolitik« des Regimes war in den Anfangsjahren so uneinheitlich wie die verschiedenen Flügel innerhalb des NS-Systems. Dennoch schälte sich ein Muster heraus: Parteiorganisationen wie die SA übten brutale Gewalt aus, die Ministerialbürokratie forderte einheitliche gesetzliche Regelungen, der »Führer« Adolf Hitler inszenierte sich als Schlichter und implementierte Gesetze, die den »moderaten« Antisemiten einen ordnungs- und gesetzgemäßen Ablauf vorgaukelten, während sie faktisch äußerst radikal waren.

Nach Pogromen im Sommer 1935 wurden auf dem Nürnberger Parteitag der NSDAP das »Gesetz zum Schutze des deutschen Blutes und der deutschen Ehre« und das »Reichsbürgergesetz« angenommen. Damit waren Eheschließung und Geschlechtsverkehr zwischen »Juden und Staatsangehörigen deutschen und artverwandten Blutes« untersagt. Juden durften außerdem keine »deutschblütigen« Hausangestellten unter 45 Jahren mehr beschäftigen oder die Reichs- und Nationalfahne hissen. Weitere Erläuterungen des Gesetzes bestimmten, wer als jüdischer Mischling ersten und zweiten Grades zu gelten habe und welche Formen von Eheschließung in diesen Fällen erlaubt und verboten seien. Diese Gesetze entsprangen der Ideologie der »Volksgemeinschaft«, die eine »rassisch« homogene, harmonische Gesellschaft ohne Klassenspaltung anstrebte, sowie den Maßgaben des von Hitler propagierten »Antisemitismus der Vernunft«. Sie stellten einen wichtigen Schritt dar, die »Judenfrage« im nationalsozialistischen Sinne zu lösen.

Dieses Ziel verfolgten die Nationalsozialisten nicht nur als einen nebensächlichen Aspekt. Vielmehr konstituierte der Judenhass das Zentrum der nationalsozialistischen Weltanschauung. Folglich zog sich die »Judenpolitik« durch alle Bereiche der Politik und Gesellschaft. Die Ideologie der »arischen Volksgemeinschaft« ohne »Schädlinge« setzten die Nationalsozialisten in »rassehygienischen« Bestimmungen für die Medizin durch. Die »Rassenhygiene« richtete sich nicht nur gegen Juden, sondern auch gegen körperlich behinderte und psychisch kranke Menschen. Auch sie passten nicht in den gesunden »Volkskörper«.

Das NS-Regime gestaltete ebenso das Schulsystem nach antisemitischen Inhalten um. Alle Lehrinhalte und Schulbücher wurden dementsprechend geändert. Die meisten jüdischen Schüler und sämtliche jüdische Lehrer waren Mitte der 1930er-Jahre schon ausgeschlossen. Nach der Entlassung jüdischer Professoren, von denen viele ins Ausland emigrierten, sollte eine »deutsche«, also »judenreine« Wissenschaft aufgebaut werden. Alle Fächer wurden vom »jüdischen Geist« gereinigt. Die Volkskunde und die Geschichtswissenschaft wurden beispielsweise »germanozentrisch« ausgerichtet. Ferner wurden Institute zur »Judenforschung« gegründet, die ganz unterschiedliche Disziplinen umfassten. Diese Tendenz der »Entjudung« machte auch vor den Naturwissenschaften nicht halt. So bemühten sich nationalsozialistische Forscher, eine »deutsche Medizin«, eine »deutsche Physik« und eine »deutsche Chemie« zu etablieren. Sie richteten sich gegen die als »jüdisch« diffamierten objektiven Erkenntnisse der Naturwissenschaft.

Als zentralen Bereich erachteten die Nationalsozialisten die Kultur, die besonders stark »verjudet« sei. Bereits im September 1933 hatte der Reichsminister für Volksaufklärung und Propaganda Joseph Goebbels eine »Reichskulturkammer« gegründet. Alle Kulturschaffenden mussten ihr angehören. »Nichtariern« war die Mitgliedschaft verboten. Jüdische Schriftsteller, Musiker oder Künstler unterlagen demnach einem Berufsverbot. Nach und nach verdrängten die Nationalsozialisten moderne, als zersetzend angesehene Einflüsse in den Künsten. So eröffneten sie 1937 in München das »Haus der deutschen Kunst« im neoklassizistischen Stil, in dem die »Große Deutsche Kunstausstellung« dem Publikum die neuen Kunstideale vermittelte. Einen Tag nach der Ausstellungseröffnung wurde parallel im Hofgarten die »entartete Kunst« präsentiert. Damit wurden avantgardistische und dadaistische genauso wie marxistische und pazifistische Künstler als »undeutsch« vorgeführt, darunter Max Beckmann, Lyonel Feininger, George Grosz oder Wassily Kandinsky.

Außerdem »arisierte« das NS-Regime vor allem nach den »Nürnberger Gesetzen« Schritt für Schritt die deutsche Wirtschaft. Jüdischen Geschäftsinhabern wurde es durch zahlreiche diskriminierende Regelungen und bürokratische Gängelungen zunehmend unmöglich gemacht, ihre Geschäfte weiterzuführen. Viele Juden waren gezwungen, ihr Eigentum weit unter Wert zu verkaufen oder es wurde ihnen kurzerhand geraubt.

Das NS-Regime hatte die in Deutschland verbliebenen Juden seit 1933 entrechtet, gesellschaftlich ausgegrenzt und ihre wirtschaftliche Existenz vernichtet. Es hatte sich fest etabliert und seine politischen Gegner mit Gewalt und Terror beseitigt. Das Konzentrationslagersystem war immer weiter angewachsen. Ferner genoss die Regierung große Unterstützung in der deutschen Bevölkerung, nicht zuletzt wegen der außenpolitischen Erfolge.

Außenpolitik und der »Anschluss« Österreichs

Die Nationalsozialisten waren seit ihrem Machtantritt bestrebt, gegen die Regelungen des Versailler Vertrags zu verstoßen, die sie als Hindernis beim Griff nach der Weltmacht ansahen. So betrieben sie eine massive Aufrüstungspolitik, erhöhten die Rüstungsausgaben in wenigen Jahren deutlich und vereidigten die in Wehrmacht umbenannte Reichswehr auf Adolf Hitler persönlich. Zugleich verkündete das NS-Regime, dass es eine Luftwaffe besitze. Damit verstieß es bewusst gegen den Friedensvertrag. 1935 wurde das nach dem Ersten Weltkrieg unter internationale Kontrolle gestellte Saargebiet wieder dem Deutschen Reich angegliedert. Eine Volksabstimmung ergab über 90 Prozent Zustimmung.

Die europäischen Staaten duldeten diese Maßnahmen, weil sie hofften, Deutschland mittels einer Befriedungspolitik zu zähmen und einen neuen Krieg verhindern zu können. Das NS-Regime betonte seinen Friedenswillen nach außen. Auch die Olympischen Spiele 1936 nutzte es als Propagandaereignis, um sich als offen und friedfertig zu präsentieren. Nur wenige Monate zuvor war es allerdings ins entmilitarisierte Rheinland einmarschiert.

Wenig später unterzeichnete Deutschland mit dem kaiserlichen Japan den »Antikominternpakt«. Darin bekräftigten beide Staaten, die 1919 gegründete Kommunistische Internationale (Komintern) zu bekämpfen. Sie verpflichteten sich außerdem in einem geheimen Zusatzprotokoll im Falle eines nicht provozierten sowjetischen Angriffs zur Neutralität. Des Weiteren schloss das Deutsche Reich mit dem faschistischen Italien im Oktober 1936 einen Freundschaftspakt. Diese »Achse Berlin-Rom« schuf die Grundlage für eine enge Zusammenarbeit der beiden Staaten in den kommenden Jahren.

Mit Hilfe von Arbeitsbeschaffungsmaßnahmen senkte das NS-Regime die Arbeitslosigkeit und trieb die Kriegsvorbereitungen voran. Außerdem griff das Deutsche Reich aufseiten des späteren Diktators Francisco Franco in den spanischen Bürgerkrieg gegen die Republik ein. Der deutsche Luftwaffenverband »Legion Condor« unterstützte die franquistischen Truppen in mehreren Schlachten. Am 26. April 1937 machten deutsche Flugzeuge die baskische Stadt Guernica dem Erdboden gleich. Das NS-Regime probte auf diese Weise die Einsatzfähigkeit des eigenen Militärs.

Als großer Einschnitt sowohl innen- als auch außenpolitisch erwies sich das Jahr 1938. Die Nationalsozialisten vertraten stets eine expansionistische Außenpolitik. Die kleindeutsche Lösung bei der Gründung des Kaiserreichs, also ein Nationalstaat ohne das Habsburgerreich, hielten sie für einen historischen Fehler. Die Zugehörigkeit zum deutschen Volk definierten sie über das Blut, über die »Rasse«. Deshalb gehörten ihrer Ansicht nach Österreich und die Regionen mit mehrheitlich deutschen Siedlungsgebieten in anderen Ländern rechtmäßig zum Deutschen Reich. So marschierten am 12. März 1938 deutsche Truppen in das Nachbarland ein und stürzten das autoritär-faschistische Ständeregime. Österreich wurde in das Reichsgebiet eingegliedert. Eine übergroße Mehrheit der dortigen Bevölkerung begrüßte den »Anschluss«. Drei Tage später verkündete Hitler auf dem Heldenplatz in Wien vor einer jubelnden Menge »den Eintritt meiner Heimat in das Deutsche Reich«.

Keinen Grund zum Jubeln hatten die knapp 200 000 Juden in Österreich, von denen die überwiegende Mehrheit in der Hauptstadt lebte. Direkt mit dem Einmarsch der Wehrmacht verübten österreichische Antisemiten pogromartige Ausschreitungen, die noch brutaler als die bisherigen judenfeindlichen Wellen in Deutschland waren. In einer Gewaltorgie wurden jüdische Geschäfte und Einrichtungen geplündert. Juden wurden öffentlich gedemütigt und misshandelt. Sie wurden unter dem Geschrei und dem Applaus zahlloser Schaulustiger gezwungen, die Straßen mit Bürsten zu reinigen. Im neu angegliederten Österreich wurden die antijüdischen gesetzlichen Maßnahmen aus dem Deutschen Reich direkt eingeführt und umgesetzt. Zahlreiche Juden begingen nach dem deutschen Einmarsch Selbstmord. Über ein Drittel der österreichischen Juden floh vor den neuen Machthabern ins Ausland.

Neben den Juden terrorisierten die Nationalsozialisten auch politische Opponenten. Sie verhafteten ca. 70 000 Personen, darunter viele Intellektuelle sowie Politiker der Parteien, die sich gegen den »Anschluss« ausgesprochen hatten. Auch sie wurden häufig misshandelt und gefoltert. Viele kamen in das Konzentrationslager Mauthausen in Oberösterreich.

Den »Anschluss« legitimierte nachträglich noch eine Volksabstimmung am 10. April 1938. Die Zustimmung lag offiziell bei über 99 Prozent, wobei viele Personen bereits von der Abstimmung ausgeschlossen waren. Die Angliederung Österreichs befeuerte den »Führermythos« um Hitler. Dem »charismatischen« Diktator schien alles zu gelingen. Diesen Eindruck bestärkte ein weiterer außenpolitischer Erfolg des NS-Regimes nur wenige Monate später.

Die außenpolitische Expansion des NS-Regimes

Ende September 1938 unterzeichnete Deutschland mit Frankreich, dem Vereinigten Königreich und Italien das Münchner Abkommen. Das Diktat verfügte, dass die Tschechoslowakei das mehrheitlich deutschsprachige Sudetenland an das Deutsche Reich abtreten und binnen kurzer Zeit räumen müsse. Die tschechische Regierung war an den Verhandlungen nicht beteiligt, musste die Bedingungen aber hinnehmen, da sie im Falle eines Krieges gegen Deutschland nicht mit Beistand rechnen konnte. Am 1. Oktober marschierte die Wehrmacht in das Nachbarland ein. Die Tschechoslowakei verlor in den nächsten Monaten noch kleinere Gebiete an Polen und Ungarn. Das NS-Regime hatte eine weitere Region »heim ins Reich« geholt. Die Appeasement-Politik der Westmächte sicherte den Frieden nur kurzfristig, da Deutschland trotz des Münchner Diktats an seinem Ziel festhielt, die gesamte Tschechoslowakei zu zerschlagen. Dafür ließ Adolf Hitler unmittelbar nach dem Abkommen die militärischen Vorbereitungen treffen, behauptete aber dem Ausland gegenüber, das NS-Regime hege keine weiteren territorialen Ansprüche. Schließlich erklärte sich die Slowakei auf deutschen Druck hin am 14. März 1939 für unabhängig. Sie wurde letztlich ein

Vasallenstaat Deutschlands. Am gleichen Tag erpresste das NS-Regime eine Unterwerfungserklärung der tschechischen Regierung, indem es die massive Bombardierung der tschechischen Hauptstadt Prag androhte. Um Ruhe und Ordnung zu sichern, legte der tschechische Staatspräsident »das Schicksal des tschechischen Volkes und Landes vertrauensvoll in die Hände des Führers des Deutschen Reiches«, wie es in einer offiziellen Mitteilung hieß. Die tschechische Armee wies er an, keinen Widerstand zu leisten. Die deutschen Truppen besetzten am 15. März die »Resttschechei«.

Mit dem Einmarsch der Wehrmacht und weiterer NS-Verbände begann die Verfolgung tschechischer Kommunisten und deutscher Exilanten, die Zuflucht in dem Nachbarland gefunden hatten. So hatte etwa die SPD 1933 ihren Parteivorstand nach Prag ins Exil verlegt. Tausende NS-Gegner, darunter viele Juden, wurden nach der deutschen Invasion von der Geheimen Staatspolizei (Gestapo) inhaftiert. Das annektierte Gebiet wurde in das Protektorat Böhmen und Mähren umgewandelt und dem Deutschen Reich unterstellt. Das NS-Regime erbeutete auf diese Weise große Mengen militärischen Materials und kontrollierte die tschechischen Industriegebiete, einschließlich der Rüstungsindustrie.

Die internationale Situation spitzte sich folglich zu, die Beschwichtigungspolitik lag in Trümmern. Sie hatte den Expansionsdrang des NS-Regimes nicht gestoppt. Hitler hatte sich vielmehr als vertragsbrüchig erwiesen. Die Westmächte, die Vereinigten Staaten von Amerika und die Sowjetunion erkannten deshalb die Annexion des tschechischen Gebiets durch Deutschland nicht an. Großbritannien und Frankreich gaben in der Folge eine Garantieerklärung für Polen ab, das Land im Falle eines Angriffs zu unterstützen. Noch vor dieser außenpolitischen Zuspitzung hatte sich die Lage der Juden in Deutschland erheblich verschlechtert.

Das Novemberpogrom

Die antijüdische Stimmung in Deutschland war im Lauf des Jahres 1938 erneut schärfer geworden. Mitglieder der NSDAP griffen im Mai 1938 in Berlin jüdische Geschäfte, Praxen und Kanzleien an. Im ganzen Land wurden Juden mit fadenscheinigen Begründungen verhaftet. Die Regierung dämpfte die sich entwickelnde Pogromstimmung zunächst aber, weil sie wegen der »Sudetenkrise« die »deutschfeindliche« Berichterstattung im Ausland nicht weiter anheizen wollte.

Ende Oktober 1938 inhaftierte die NS-Regierung über 17 000 Juden, die vormals aus Polen ins Reich emigriert waren und über unterschiedliche Aufenthaltstitel verfügten. Die NS-Behörden erkannten frühere Genehmigungen nicht mehr an und deportierten die Verhafteten gewaltsam ins Nachbarland. Da die polnische Regierung die Abgeschobenen nicht als polnische Bürger akzeptierte, mussten sie im Niemandsland zwischen den beiden Staaten unter unmenschlichen Verhältnissen kampieren. Aus Rache erschoss der 17-jährige Herschel Grynszpan (Grünspan), dessen Eltern aus Deutschland abgeschoben worden waren, am 7. November 1938 einen Mitarbeiter der deutschen Botschaft in Paris. Der Legationssekretär Ernst vom Rath erlag zwei Tage später seinen Verletzungen. Das Attentat diente dem NS-Regime als Vorwand für ein ohnehin vorgesehenes antisemitisches Pogrom, um eine massenhafte Auswanderung von Juden zu erreichen, ihr Eigentum zu konfiszieren und die Notwendigkeit einer allgemeinen Lösung der »Judenfrage« zu unterstreichen.

Die ersten antijüdischen Ausschreitungen begannen bereits wenige Stunden nach dem Attentat in den NS-Gauen Kurhessen und Magdeburg-Anhalt. In Zivilkleidung auftretende SA- und SS-Angehörige demolierten jüdische Geschäfte, Wohnungen und Synagogen. Die nationalsozialistischen Zeitungen stellten den Vorfall in Paris als Angriff des »Weltjudentums« dar, mit drastischen Konsequenzen für die Juden in Deutschland. Hitler hielt sich angesichts einer Gedenkfeier für den Putschversuch am 9. November 1923 in München auf. Bei einem Treffen mit hohen SA- und Parteiführern machte der Propagandaminister Goebbels deutlich, dass die Partei zwar keine Pogrome direkt organisieren, aber dem spontanen Zorn der Bevölkerung auch nicht Einhalt gebieten solle. Die Anwesenden verstanden diese indirekte Aufforderung und übermittelten die Instruktion an ihre jeweiligen Dienststellen.

In der Nacht vom 9. auf den 10. November 1938 fand im gesamten Reich das Novemberpogrom statt. Mitglieder nationalsozialistischer

Verbände und andere Bürger plünderten und zerstörten jüdische Geschäfte, Wohnungen und Friedhöfe. Sie verwüsteten in vielen Städten die Synagogen, entwendeten oder zerstörten die rituellen Gegenstände und setzten die Gotteshäuser in Brand. Die Feuerwehr schritt nicht ein, sondern verhinderte lediglich, dass das Feuer auf andere Häuser übergriff. Juden wurden misshandelt, gedemütigt und erschlagen. Die Polizei verhaftete außerdem mehr als 30 000 Juden. Viele von ihnen wurden in Konzentrationslagern inhaftiert. Viele Inhaftierte starben, während die Überlebenden schriftlich versichern mussten, dass sie nach der Entlassung unverzüglich auswandern würden. Die genaue Anzahl der Ermordeten bei den Ausschreitungen ist nicht bekannt. Die Mehrheit der deutschen Bevölkerung verhielt sich passiv. Allerdings beteiligten sich gewöhnliche Deutsche vielerorts auch an den Plünderungen oder feuerten die Brandstifter an. Diese Reaktion signalisierte dem Regime, dass es auch bei einem derart rabiaten Vorgehen keinen entschiedenen Gegenwind zu erwarten hatte.

Im Ausland wurde das Pogrom scharf verurteilt. Die Vereinigten Staaten von Amerika zogen den Botschafter aus Berlin ab und viele Länder kündigten ihre Handelsverträge mit Deutschland. Die internationale Ablehnung des NS-Regimes nahm wahrnehmbar zu.

In den folgenden Wochen organisierte die NSDAP mehrere Konferenzen mit wichtigen Repräsentanten über die zukünftige »Judenpolitik«. Reinhard Heydrich, der Chef des Sicherheitsdienstes (SD), präsentierte eine umfassende »Lösung der Judenfrage«, die parteiintern auf große Zustimmung stieß. Er plante zunächst die erzwungene Auswanderung der Juden aus Deutschland. Seitdem spielte Heydrich eine wichtige Rolle in der nationalsozialistischen »Judenpolitik«. Zugleich wurden nach dem Novemberpogrom weitere antisemitische Maßnahmen erlassen. So wurde es Juden untersagt, Geschäfte zu betreiben, Waren und Leistungen anzubieten oder Betriebe zu leiten. Damit war ihnen faktisch die Möglichkeit entzogen, eigenständig für ihren Lebensunterhalt zu sorgen. Im Pogrom geschädigte Juden waren verpflichtet, die Schäden auf eigene Kosten zu beseitigen. Ihre Versicherungsansprüche beschlagnahmte der Staat. Ferner wurde den Juden eine kollektive

»Sühneleistung« auferlegt. Die Gesamtsumme belief sich letztlich auf über eine Milliarde Reichsmark. Die gewalttätigen Ausschreitungen und die noch zunehmenden Diskriminierungen veranlassten viele Juden zur Auswanderung. Um diese Tendenz zu forcieren, erließ das NS-Regime weitere Bestimmungen. Unter anderem verfügte ein Erlass vom Dezember 1938, dass arbeitsfähige Juden Zwangsarbeit leisten mussten. Verstärkt thematisierte die deutsche Regierung auch die selbst geschaffene »Judenfrage« auf internationaler Ebene. Vertreter des Regimes hoben bei den jeweiligen Gesprächspartnern die dringliche Notwendigkeit hervor, sie einer Lösung zuzuführen.

Dass die nationalsozialistische Regierung sich nicht unbedingt mit einer Auswanderung der Juden zufriedengeben würde, machte Hitler in einer Reichstagsrede am 30. Januar 1939 deutlich. Anlässlich des Jahrestags seines Machtantritts unterstrich er die innen- und außenpolitischen Erfolge seiner Regierung. In seinem Rundumschlag kam er immer wieder auf die Juden zu sprechen. Er prophezeite, dass sich die Völker gegen den internationalen jüdischen Komplott zusammenschließen würden: »Die Völker wollen nicht mehr auf den Schlachtfeldern sterben, damit diese wurzellose internationale Rasse an den Geschäften des Krieges verdient und ihre alt-testamentarische Rachsucht befriedigt. Über die jüdische Parole ›Proletarier aller Länder, vereinigt euch!‹ wird eine höhere Erkenntnis siegen, nämlich: ›Schaffende Angehörige aller Nationen, erkennt euren gemeinsamen Feind!‹« Hitler betonte den Friedenswillen Deutschlands und beklagte die »antideutsche Hetze der internationalen jüdischen Presse«, die gegen das NS-Regime mobil mache. Sollten die Juden erfolgreich sein, seien die Folgen für sie verheerend: »Wenn es dem internationalen Finanzjudentum in und außerhalb Europas gelingen sollte, die Völker noch einmal in einen Weltkrieg zu stürzen, dann wird das Ergebnis nicht die Bolschewisierung der Erde und damit der Sieg des Judentums sein, sondern die Vernichtung der jüdischen Rasse in Europa!«

Hitler bediente in seiner Rede klassische antisemitische Topoi. Die Juden seien eine »wurzellose Rasse« und die Feinde aller Völker. Von alttestamentarischer Rache getrieben, würden sie die Welt in Unglück stürzen. Sie kontrollierten die Presse und die Finanzwelt, seien aber zugleich für den Kommunismus verantwortlich. Den kosmopolitischen, arbeitsscheuen Juden stellte er die harte, national verankerte Arbeit entgegen. Hitler stellte Deutschland als Opfer eines Abwehrkampfes gegen einen übermächtigen Feind dar. Das NS-Regime wehre sich lediglich. Diese Täter-Opfer-Umkehr ist typisch für den Antisemitismus. Der Antisemit stilisiert sich in Verdrehung der wirklichen Verhältnisse als Getriebener, als jemand, der gar nicht anders handeln könne. Er verkörpert die verfolgende Unschuld. In projektiver Weise wirft er den Juden das vor, was er selbst macht; so auch Hitler, der den Juden unterstellte, die Welt in einen Krieg zu stürzen, während er selbst den Krieg vorbereitete, die Wehrmacht massiv aufrüstete und die Nachbarländer bedrohte und annektierte.

Forcierter Drang zur Auswanderung und der Weg in den Krieg

Das Regime erhöhte den Druck auf die Juden in Deutschland nach der Hitlerrede weiter. Eine »Reichszentrale für jüdische Auswanderung« wurde im Februar 1939 eingerichtet, um die Emigration von Juden zu forcieren. Wenige Monate später wurde die »Reichsvereinigung der Juden in Deutschland« gegründet. Alle, die nach den »Nürnberger Gesetzen« als jüdisch galten, mussten Mitglied werden und Zwangsbeiträge entrichten. Die Organisation unterstand ab September 1939 dem neu geschaffenen Reichssicherheitshauptamt (RSHA), der von Reinhard Heydrich geführten Zentrale des Terrors, die Gestapo, reguläre Polizei, SS und SD zusammenführte.

Seinerzeit lebten noch knapp über 200 000 Juden im »Altreich«. In Österreich waren nur noch 70 000 im Land, über 100 000 bereits geflohen. Außerdem befanden sich mehrere Zehntausend Personen im Deutschen Reich, die das NS-Regime als »Rassejuden« kategorisierte, also »Mischlinge ersten oder zweiten Grades«. Die im Land verbliebenen Juden waren überaltert, erzwungenermaßen arbeitslos, wirtschaftlich an den Rand gedrängt und aus dem sozialen Leben ausgeschlossen. Ihre Lage war desaströs, aber es sollte noch schlimmer kommen.

Der Zweite Weltkrieg und die Shoah

Am 1. September 1939 überfiel Deutschland das östliche Nachbarland Polen ohne formale Kriegserklärung. Das NS-Regime fingierte stattdessen Aktionen polnischer Widerstandskämpfer, um den Überfall als Verteidigungskrieg zu präsentieren. Einen Tag später stellten England und Frankreich dem Deutschen Reich ein Ultimatum. Nach Ablauf erklärten sie am 3. September ihrerseits Deutschland den Krieg, griffen aber zunächst nicht in die Kampfhandlungen ein. Die Wehrmacht besiegte die polnische Armee binnen fünf Wochen. Die letzten Verteidiger kapitulierten am 6. Oktober 1939. Das Deutsche Reich annektierte Teile Polens direkt und wandelte das restliche Gebiet in das »Generalgouvernement« um.

Bereits am 17. September 1939 war die sowjetische Rote Armee in den östlichen Teil Polens einmarschiert. Dieser Einmarsch ging auf ein geheimes Zusatzprotokoll des deutsch-sowjetischen Nichtangriffspakts vom 23. August 1939 zurück. Darin hatten die beiden Länder ihre Interessensphären in Osteuropa und dem Baltikum abgesteckt und das polnische Staatsgebiet unter sich aufgeteilt.

Der Einmarsch in Polen markierte einen qualitativen Einschnitt in der nationalsozialistischen Judenpolitik. Mit dem Überfall waren an die zwei Millionen Juden unter deutsche Herrschaft gekommen, die unmittelbar Übergriffen ausgesetzt waren. Generell erfüllte der Krieg mehrere Funktionen in der Ideologie des NS-Regimes. In Osteuropa sollte Lebensraum für das deutsche Volk gewonnen werden. Diese Ausbreitung des »Volkstums« bedeutete zugleich, »rassisch unerwünschte Elemente auszumerzen«. Deshalb wurden mit dem »Generalplan Ost« umfangreiche Konzeptionen entwickelt, um Teile Osteuropas zu »germanisieren«. Die ansässige Bevölkerung sollte umgesiedelt, vertrieben oder vernichtet werden. Die außenpolitischen militärischen Erfolge sollten außerdem die Legitimität des NS-Regimes nach innen weiter festigen. Der Krieg radikalisierte die nationalsozialistische Politik auf vielen Ebenen. Die Besatzungsregime ermöglichten ideologisch besonders gefestigten Nationalsozialisten den Aufstieg. Sie erhielten einflussreiche Posten in den dortigen Verwaltungen.

Der Krieg beförderte das Ansinnen, die »rassische Volksgemeinschaft« im Deutschen Reich zu verwirklichen. Deshalb setzten parallel unter der Bezeichnung »Aktion T 4« die Vorbereitungen für die Ermordung von Kranken und Behinderten ein. Die Nationalsozialisten ermordeten innerhalb von zwei Jahren circa 70 000 Personen mit Kohlenmonoxid in eigens dafür eingerichteten Anstalten. Nach zunehmenden Protesten der Kirche, die angesichts der antijüdischen Maßnahmen geschwiegen hatte, stellte das Regime die Tötungen von behinderten Erwachsenen im August 1941 ein. Auch in den besetzten polnischen Gebieten ermordeten die Deutschen bis zu 5000 psychisch Erkrankte und körperlich Eingeschränkte. Mit diesen beschönigend als »Gnadentod« oder »Euthanasie« (griechisch: eu = schön, thanatos = Tod) bezeichneten Morden vollzog das NS-Regime den Sprung hin zur systematischen Ausrottung einer Bevölkerungsgruppe, die es als »minderwertig« einstufte.

In Bezug auf die Juden kursierten seinerzeit im NS-Regime unterschiedliche Vorstellungen. 1938 hatte das Regime noch auf Massenvertreibungen gesetzt, sie aber selbst torpediert: Die Vorschläge an das Ausland, die Juden aus dem Reich als Kontingent gegen Devisenzahlungen aufzunehmen, waren nicht annehmbar. Die meisten Länder blieben den ausreisewilligen Juden wegen ihrer vom NS-Regime forcierten Verarmung verschlossen. Während der Kriegsbeginn die Auswanderungsmöglichkeiten weiter einschränkte, verübten die Deutschen in Polen bereits erste Massaker an Juden. Beamte aus dem RSHA verfassten deshalb Denkschriften, wie die »Judenfrage« zu lösen sei. Angesichts weiterer Eroberungen des Deutschen Reiches im Jahr 1940 gerieten immer mehr Juden unter deutsche Herrschaft. Viele Entscheidungsträger plädierten dafür, die Juden in ein festgelegtes Gebiet, ein Reservat zu deportieren und Massensterilisierungen durchzuführen. Eingeplant war, dass viele an den Lebensumständen sterben würden. Diese Pläne enthielten demnach schon genozidale Elemente, die sich in der Folge noch radikalisierten.

Nach dem erfolgreichen »Blitzkrieg« in Polen fiel die Wehrmacht am 9. April 1940 in Skandinavien ein. Dänemark kapitulierte nach wenigen Stunden. Auch Norwegen wurde von den Deutschen besetzt. Während

Dänemark formal unabhängig blieb und die Staatsstrukturen von den Besatzern intakt gelassen wurden, installierten sie in Norwegen ein Kollaborationsregime unter Vidkur Quisling.

Wenig später, am 10. Mai 1940, griff das Deutsche Reich Frankreich und die Beneluxstaaten an. Nach wenigen Wochen waren Belgien, Luxemburg und die Niederlande besetzt. Anschließend errichtete das NS-Regime Militärverwaltungen. Die Niederwerfung dieser Länder diente der Wehrmacht vor allem einem anderen Ziel, dem Angriff auf Frankreich. Das westeuropäische Land galt als starke Militärmacht und mit den Befestigungsanlagen der Maginot-Linie als schwer angreifbar. Dennoch gelang es der Wehrmacht, schnell vorzurücken, die französischen Verteidigungslinien durch die Beneluxländer zu umgehen und am 10. Juni 1940 in Paris einzumarschieren. Am 22. Juni unterzeichnete Marschall Philippe Pétain einen Waffenstillstand mit dem Deutschen Reich in Compiègne. Dort hatte Deutschland nach dem Ersten Weltkrieg seine Kapitulation unterzeichnet. Die Ortswahl stellte folglich eine Revanche für die vergangene deutsche Kriegsniederlage dar.

Nach der Niederlage wurde Frankreich geteilt. Der nördliche Teil befand sich unter deutscher Besatzung, den südlichen kontrollierte die mit Deutschland kollaborierende Vichy-Regierung. In London konstituierte sich die Exilregierung des »Freien Frankreichs« unter Charles de Gaulle. Dort residierten ebenfalls die geflohenen Regierungen Norwegens und der Niederlande. Mitte 1940 kontrollierte das Deutsche Reich und sein Verbündeter, das faschistische Italien, nahezu ganz Kontinentaleuropa.

Viele aus Deutschland und den 1938/1939 annektierten Gebieten geflohene Juden fielen dem Regime erneut in die Hände. In allen von Deutschland besiegten Ländern wurden politische Gegner, Kommunisten, Sozialdemokraten und kritische Intellektuelle verfolgt, terrorisiert und in Konzentrationslager eingesperrt. Ferner waren die Juden antisemitischen Maßnahmen ausgesetzt. Die Debatte über die »Lösung der Judenfrage« war seinerzeit noch nicht entschieden.

Ein »Madagaskarplan« etwa sah vor, alle europäischen Juden auf die Insel vor der afrikanischen Küste zu bringen. Da das NS-Regime den Krieg im Mittelmeer jedoch nicht so schnell gewann wie erwartet, zerschlugen sich diese Pläne und der Schwerpunkt der Überlegungen lag fortan auf dem besetzten Polen. Direkt nach seinem Sieg über Polen entwarf das NS-Regime Pläne für ein »Judenreservat«. Im Oktober 1939 wurden die ersten Juden aus Wien dorthin deportiert. Perspektivisch sollten alle Juden aus den zentraleuropäischen Ländern dieses Schicksal erleiden. Bis März 1940 brachten die Deutschen circa 100 000 aus den angegliederten Gebieten gewaltsam in das »Reservat Lublin« im Südosten des »Generalgouvernements«. Im Reichsinneren beflügelten die zirkulierenden Pläne lokale NS-Führer, die Juden aus ihrem Gebiet loszuwerden. Daraufhin wurden räumlich begrenzte, unsystematische Deportationen ins »Generalgouvernement« durchgeführt. Die dortigen NS-Vertreter wollten die weiteren Juden aber nicht ernähren. Bereits zu diesem Zeitpunkt planten manche von ihnen eine massenhafte Vernichtung durch Hunger und Kälte.

Bereits zu Beginn der Besatzung erließ die deutsche Verwaltung in Polen antijüdische Regelungen. Die Kategorisierungen der »Nürnberger Gesetze« fanden Anwendung. Die Juden wurden zunächst durch eine Armbinde mit Davidstern gekennzeichnet. Sie wurden aus der Wirtschaft verdrängt, mussten Zwangsarbeit leisten und waren in ihrer Freizügigkeit eingeschränkt. Bald wurden sie gettoisiert. Sie mussten in abgegrenzten, ummauerten und bewachten Vierteln einer Stadt leben. So richteten die Deutschen im Oktober 1940 das Warschauer Getto ein. Alle Juden der Stadt und weitere Deportierte mussten sich dort niederlassen. Das kleine Gebiet von knapp über drei Quadratkilometer wurde mit einer Mauer und Wachtürmen umgeben. Insgesamt waren gut 400 000 Juden gezwungen, dort zu leben. Es war überfüllt, es fehlte an allem, es herrschten Hunger und Not. Dementsprechend hoch war die Todesrate. Ferner bildeten die deutschen Besatzungsbehörden in den überfallenen Ländern »Judenräte«, die die Anweisungen der Okkupanten ausführen mussten. Besonders die polnischen Juden wurden in kurzer Zeit einem brutalen Zwangsregime unterworfen. Sie waren Razzien, Erschießungen und allgemeinen Repressalien ausgesetzt. Die bewusste Unterversorgung der Gettos mit Gütern und Nahrung führte zu rascher Verelendung.

Diese untragbare Situation bestärkte die antisemitische Propaganda. Die weitere Entwicklung der »Judenpolitik« hing eng mit dem Kriegsverlauf zusammen. Die Eroberung Polens und Westeuropas markierte noch keineswegs das Ende der imperialistischen, expansionistischen Außenpolitik Deutschlands.

Der Überfall auf die Sowjetunion

Am 22. Juni 1941 überschritten drei Millionen Soldaten der Wehrmacht die Grenze zur Sowjetunion – der deutsche Überfall hatte begonnen. Die sowjetische Führung wurde von dem Angriff überrascht. Josef Stalin hatte bis zuletzt alle Hinweise zurückgewiesen, dass Deutschland neben dem Krieg in Westeuropa noch eine zweite Front eröffnen würde. Außerdem hatten die Sowjetunion und das Deutsche Reich einen Nichtangriffspakt. Die oberste sowjetische Führung hatte deshalb alle gegenteiligen Warnungen in den Wind geschlagen.

Noch mehr als der »Auftakt zum Vernichtungskrieg« in Polen unterschied sich der deutsche Angriff auf die Sowjetunion von allen bisherigen militärischen Feldzügen. Das NS-Regime konzipierte ihn von Anfang an als ideologischen Vernichtungsfeldzug gegen den »jüdischen Bolschewismus«. Als Kriegsziel wollte Deutschland nicht nur weiteres Territorium erobern, sondern auch die kommunistische Führungsschicht eliminieren. Bereits vor dem Angriff hatte das Oberkommando der Wehrmacht den sogenannten Kommissarbefehl ausgegeben. Ihm zufolge seien alle politischen Kommissare der Roten Armee nicht als Kriegsgefangene zu behandeln, sondern unverzüglich zu erschießen. Gemäß der nationalsozialistischen Ostpolitik war die Vertreibung und Ermordung von Millionen Zivilisten geplant. In den ersten Monaten erzielte die Wehrmacht große Geländegewinne und kam erst im Dezember 1941 in der Winterschlacht um Moskau ins Stocken. Damit befanden sich weitere vier Millionen Juden unter deutscher Besatzung. Ungefähr 1,5 Millionen konnten fliehen, meist in die östliche Sowjetunion.

Außerdem stellte das RSHA vier »Einsatzgruppen« mit 500 bis 1000 Mann auf, die im Rücken der Front durch Massenerschießungen von Kommunisten, sowjetischen Funktionsträgern und potenziellen Widerstandsträgern die Sicherheit der Besatzer gewährleisten sollten. Zunehmend setzten lokale Kommandeure im Laufe des Sommers 1941 dabei auch die »Rassenideologie« um. Einsatzgruppen, Polizeibataillone, SS- und Wehrmachtseinheiten erschossen neben vermeintlichen Partisanen massenhaft Zivilisten, Juden, Sinti und Roma sowie als »lebensunwert« betrachtete Personen. Damit gestaltete das Regime die Gebiete im Sinne der nationalsozialistischen Ideologie um und schuf »Lebensraum im Osten«. Es demonstrierte, dass eine völkische »Flurbereinigung« Europas unter Ausschaltung der Juden als Massenmord in einem bisher präzedenzlosen Umfang umsetzbar war.

So ermordete die Einsatzgruppe C Ende September 1941 in zwei Tagen an die 34 000 Juden. Die Deutschen erschossen ihre Opfer in der Schlucht von Babyn Jar in der Nähe von Kiew. Nach der Einnahme der ukrainischen Hauptstadt hatten die Besatzer die Juden aufgefordert, sich an einem Bahnhof einzufinden. Sie würden evakuiert. Anschließend führten deutsche Soldaten die Juden gruppenweise in die Schlucht, um sie dort zu erschießen. Dieses Massaker stellte die größte einzelne Erschießungsaktion im Zweiten Weltkrieg dar. Daneben verübten die deutschen Aggressoren unzählige weitere Taten unbeschreiblicher Grausamkeit.

Der Krieg verlief allerdings nicht so, wie vom NS-Regime geplant. Der erwartete schnelle Sieg über die Sowjetunion trat nicht ein. Vielmehr drehte sich der Kriegsverlauf. Nachdem das mit Deutschland verbündete Japan am 7. Dezember 1941 die amerikanische Pazifikflotte in Pearl Harbor bombardiert hatte, erklärten das NS-Regime und das faschistische Italien den Vereinigten Staaten von Amerika vier Tage später ebenfalls den Krieg. Die pazifistische und isolationistische Stimmung in weiten Teilen der amerikanischen Bevölkerung kippte nach dem japanischen Angriff. Bereits einen Tag danach erklärten die Vereinigten Staaten von Amerika Japan den Krieg. Die Kriegserklärung der Achsenmächte Deutschland und Italien folgte. Zusammen mit Großbritannien und der Sowjetunion als Hauptalliierte bildeten die Vereinigten Staaten von Amerika die Anti-Hitler-Koalition.

Doch nicht nur die Ereignisse im Pazifik beeinflussten den Kriegsverlauf massiv. Auch in Kontinentaleuropa wendete sich das Blatt zugunsten der Alliierten. Der Roten Armee gelang es, Ende 1942 an die 300000 deutsche und verbündete Soldaten in Stalingrad einzukesseln. Im Januar 1943 stellte die 6. Armee der Wehrmacht schließlich ihre Kampfhandlungen ein. An die 100 000 Mann begaben sich in Kriegsgefangenschaft. Neben dem militärischen Konflikt mit der Sowjetunion focht das NS-Regime allerdings noch einen anderen Krieg aus, gewissermaßen einen Krieg im Krieg, den Krieg gegen die Juden.

Der Krieg gegen die Juden

Bereits seit Langem plante das NS-Regime den Kampf gegen den »jüdischen Bolschewismus«. Es stellte ihn als Todfeind des deutschen Volkes dar und propagierte den Krieg zweier verfeindeter Weltanschauungen. Zum einen sollte beim deutschen Überfall auf die Sowjetunion das antisemitische Potenzial in den jeweiligen Bevölkerungen mobilisiert werden, um Pogrome gegen Juden auszulösen. Dieses Vorhaben gelang den Einsatzgruppen am Anfang des Krieges stellenweise in Polen, den baltischen Staaten, Litauen, Lettland und Estland sowie in Belarus und im Westen der Ukraine. Die gewalttätigen Ausschreitungen forderten Zehntausende Opfer, hatten aber nicht den gewünschten Effekt. So entschieden sich die Nationalsozialisten für Massenerschießungen. Während die Einsatzgruppen Hunderttausende ermordeten, fiel im Herbst 1941 in Berlin in Erwartung eines baldigen Sieges über die Sowjetunion die Entscheidung, weitreichende Vorhaben zur Deportation der Juden aus dem Reichsinneren und dem Westen Europas umzusetzen.

Die NS-Führung imaginierte außerdem einen großen politischen Einfluss der Juden auf die Entscheidungen in den Vereinigten Staaten von Amerika. Die vermeintliche Macht der Juden auf das Weltgeschehen, insbesondere auf der anderen Seite des Atlantiks, durchzog traditionell die antisemitischen Weltverschwörungsphantasmen. Deshalb sollten die Juden in Europa dem NS-Regime als Geißeln dienen, um Amerika von einem möglichen Kriegseintritt abzuhalten.

Die systematischen Deportationen aus dem Reichsgebiet in die Gettos im besetzten Polen, im Baltikum und im sowjetischen Raum begannen im Oktober 1941. Über 50 000 Juden und 5000 Sinti und Roma wurden verschleppt. Zudem plante das NS-Regime bereits Deportationen aus anderen besetzten Ländern.

Die Deutschen machten erste Versuche, die bisher beim Krankenmord im Reichs- und Besatzungsgebiet verwendete Methode, Menschen mit Gas zu töten, in das Arsenal der Judenvernichtung zu integrieren. Mordspezialisten der Aktion T-4 gaben ihre Expertise weiter und suchten nach »schnelleren« Methoden zur Tötung. Gaswagen, in denen Menschen mit Abgasen erstickt wurden, kamen ebenso zum Einsatz wie das Blausäuremittel Zyklon B. Diese Tötungsart war für die Täter psychisch weniger belastend als die Massenerschießungen.

Ebenso wie die Massenerschießungen und Reservatspläne wiesen die verschiedenen Maßnahmen und Versuche mit Gas als Mordwaffe zunächst stärker einen improvisierten Charakter auf. Systematische Morde mit Motorenabgasen begannen schließlich im Dezember 1941 im Lager Chelmno, in dem die Deutschen nicht nur Juden aus Polen, sondern auch Roma aus Österreich töteten.

Zeitlich überschnitt sich diese Entwicklung mit der Kriegserklärung an die Vereinigten Staaten von Amerika, welche die Situation aus Sicht des NS-Regimes verschärfte. Die Juden konnten nun nicht mehr als Faustpfand dienen, um Amerika aus Europa fernzuhalten. Wenige Tage später wiederholte Hitler bei einem Treffen mit NS-Führern seine schon mehrfach geäußerte Drohung: »Der Weltkrieg ist da, die Vernichtung des Judentums muss die notwendige Folge sein.« Diesen Worten folgten bald konkrete Taten, denn nach dem immer radikaler ausfallenden Vorgehen fiel vermutlich Anfang Dezember 1941 die Entscheidung, alle Juden zu ermorden.

Für den 20. Januar 1942 lud Reinhard Heydrich, der mit der »Endlösung der Judenfrage« beauftragt worden war, führende Vertreter aus dem Staats- und Verwaltungsapparat zu einem Treffen in eine Villa an den Berliner Wannsee ein. Auf dieser ursprünglich schon einen Monat früher angesetzten »Wannseekonferenz« koordinierten 15 Vertreter des Regimes die Maßnahmen, um alle Juden zur Vernichtung in den Osten zu deportieren. Die Federführung dabei oblag dem von Heydrich geführten RSHA. Das überlieferte, als streng geheim deklarierte Protokoll resümierte die bisherigen antisemitischen Maßnahmen, die allerdings nicht mehr ausreichend seien: »Anstelle der Auswanderung ist nunmehr als weitere Lösungsmöglichkeit nach entsprechender vorheriger Genehmigung durch den Führer die Evakuierung der Juden nach dem Osten getreten.« Detailliert listete es die jeweilige Anzahl der Juden in allen europäischen Ländern auf: »Im Zuge dieser Endlösung der europäischen Judenfrage kommen rund 11 Millionen Juden in Betracht […].« Anschließend diskutierten die Teilnehmer, wie das geplante Vorhaben bestmöglich und effektiv umgesetzt werden sollte. Dabei drehte sich die Diskussion darum, wie in verschiedenen Ländern zu verfahren sei und wie die auf Grund der »Nürnberger Gesetze« als »rassische« Juden geltenden Personengruppen zu behandeln seien, wie also beispielsweise mit den unterschiedlichen »Mischlingsgraden« umgegangen werden sollte. Auf der Konferenz trat die für das polykratische, also die auf ineinandergreifenden Machtblöcken basierende, NS-regimetypische Konkurrenz zutage. Die Vertreter der unterschiedlichen Organe bemühten sich insbesondere, die Interessen ihrer jeweiligen Institution durchzusetzen. Deshalb erzielten die Teilnehmer keine Einigung in Detailfragen, stimmten aber im großen Ziel überein. Deshalb markierte die Wannseekonferenz einen wichtigen Schritt hin zur Vernichtung der Juden in Europa.

Die Vernichtung der Juden

Im Frühjahr 1942 führte das NS-Regime die Massenerschießungen, die Gettoisierung, die Deportationen und Mordaktionen mit Gas zu einem systematischen Vorgehen in ganz Europa zusammen, so wie es führende Vertreter auf der Wannseekonferenz besprochen hatten. Die bereits als Kriegsgefangenenlager oder Haftstätte für polnische Widerstandskämpfer bestehenden Lager Auschwitz und Majdanek bauten die deutschen Besatzer zu Vernichtungslagern um. Vor allem richteten sie aber mit Belzec, Sobibor und Treblinka zwischen März und Juli 1942 Orte ein, deren einziger Zweck die Ermordung von Menschen war. Im Zuge der »Aktion Reinhardt« töteten die Deutschen dort bis Oktober 1943 an die zwei Millionen Juden aus dem »Generalgouvernement« und 50 000 Sinti und Roma. Benannt war der Massenmord vermutlich nach dem vormaligen

Chef des RSHA, Heydrich, der im Mai 1942 von tschechoslowakischen Widerstandskämpfern in Prag getötet worden war und sich als besonders fanatischer Antisemit hervorgetan hatte.

Die Juden wurden in Eisenbahntransporten in die Todeslager gebracht. SS-Männer und nach ihrem Ausbildungslager benannte Trawniki, meist osteuropäische oder baltische Kollaborateure sowie Kriegsgefangene, trieben die Juden in die Gaskammern, die als Duschräume getarnt waren. Bis zuletzt sollte die Illusion aufrechterhalten werden, dass sich die Deportierten in einem Durchgangslager befänden, um den Widerstand gering zu halten. Schließlich ermordete das Lagerpersonal sie mit Motorenabgasen oder mit Zyklon B. Anschließend mussten »Leichenkommandos« die Ermordeten aus den Gaskammern holen und in Massengräbern verscharren. Auf dem Weg dorthin wurden den Toten noch die Goldzähne gezogen.

Viele der ermordeten Juden waren aus den geräumten Gettos deportiert worden. So lösten die Deutschen beispielsweise das Warschauer Getto seit Mitte 1942 schrittweise auf und transportierten die Bewohner in die Vernichtungslager. Am 19. April 1943 erhob sich deshalb die »Jüdische Kampforganisation«. Den mehrere Wochen andauernden Aufstand schlugen deutsche Einheiten brutal nieder. Die Aufständischen wurden ermordet, die überlebenden Bewohner in die Vernichtung geschickt und das Getto vollständig liquidiert.

Zugleich brachten die Nationalsozialisten Juden aus allen Ländern Europas in die Vernichtungslager. Es drängte außerdem die mit ihm verbündeten Staaten wie Italien, Ungarn oder Kroatien, die Juden auf ihrem Gebiet ebenfalls zu deportieren. Damit geriet der systematische Mord an den Juden gewissermaßen zum vereinigenden Massenverbrechen der Bündnispartner mit dem nationalsozialistischen Regime.

Die verbündeten Staaten zeigten sich allerdings in unterschiedlicher Weise kooperativ, während das Ustascha-Regime die kroatischen Juden deportierte, gelang es in Dänemark mit Unterstützung der Bevölkerung, nahezu alle Juden aus dem Land ins neutrale Schweden zu bringen und vor der Ermordung zu bewahren. Noch im März 1944 organisierten die Deutschen, nach der Besetzung des Landes durch die

Wehrmacht, die Deportation der ungarischen Juden nach Auschwitz. Sie töteten in kurzer Zeit fast eine halbe Million Menschen. Die deutschen Besatzer und ihre Kollaborateure ermordeten folglich die Juden von Frankreich bis Polen, von Griechenland bis Skandinavien.

Trotz oder gerade wegen der zunehmenden Kriegsniederlagen setzte das Deutsche Reich den Krieg gegen die Juden unbeirrt fort. Die Vernichtungsmaschinerie lief unaufhaltsam weiter. Wichtige Teile der Infrastruktur, vor allem der Eisenbahnen, setzte das NS-Regime zu diesem Zweck ein. Die Ermordung der Juden besaß für es demnach höchste Priorität, auch gegen die Erfordernisse des konventionellen Krieges.

Mit dem Vorrücken der Roten Armee nach Westen starteten die Deutschen die »Aktion 1005«, um Spuren der Judenvernichtung zu beseitigen. Dafür abgestellte Sonderkommandos exhumierten Leichen aus den Massengräbern und verbrannten die Überreste. Die Deutschen führten den Krieg gegen die europäischen Juden also bis in die letzte Konsequenz. In dieser Hinsicht erreichten sie eines ihrer zentralen Ziele fast vollständig.

Die Kriegsniederlage des Deutschen Reiches

Im Januar 1943 legten sich die Alliierten der Anti-Hitler-Koalition auf der Konferenz von Casablanca auf die »bedingungslose Kapitulation« der Achsenmächte als Kriegsziel fest. Ferner beschlossen sie den koordinierten Bombenkrieg gegen Deutschland.

Der von Goebbels im Februar 1943 ausgerufene »totale Krieg« nach der Niederlage der Wehrmacht in Stalingrad zeitigte bestenfalls eine begrenzte propagandistische Wirkung. Wenige Monate später kapitulierte das deutsche Afrikakorps unter dem als »Wüstenfuchs« gefeierten Generalfeldmarschall Erwin Rommel in Tunesien. Außerdem gab die deutsche Marine die Schlacht im Atlantik auf. Militärische Gegenoffensiven der Wehrmacht wie die »Operation Zitadelle« im Juli 1943 scheiterten. Der Versuch, gegnerische Truppen einzukesseln, misslang. Die sowjetischen Verbände entschieden diese größte Panzerschlacht des Zweiten Weltkrieges am Kursker Bogen für sich. Wenig später startete die Rote Armee eine Sommeroffensive. Ferner trafen schwere Luftangriffe erstmals deutsche Großstädte. Der Krieg war damit endgültig im

Deutschen Reich angekommen. Die nicht jüdische deutsche Bevölkerung bekam seine Auswirkungen deutlich zu spüren.

Außerdem landeten britische und amerikanische Truppen auf Sizilien. Der faschistische »Duce« Benito Mussolini wurde abgesetzt. Italien unterzeichnete einen Waffenstillstand mit den Westalliierten. Die deutsche Wehrmacht besetzte daraufhin Norditalien und die Hauptstadt Rom sowie die bis dahin vom faschistischen Verbündeten okkupierten Gebiete in Albanien, Jugoslawien und Griechenland.

Die Rote Armee durchbrach im Juni 1944 schließlich in der »Operation Bagration« die »Heeresgruppe Mitte«. Die Wehrmacht verlor über 350 000 Soldaten, an die 200 000 gerieten in Kriegsgefangenschaft. Damit war die Ostfront gespalten. Die deutsche Armee erholte sich von diesen Verlusten nicht mehr. Sowjetische Truppen standen bald vor Warschau und an den deutschen Reichsgrenzen. Zur selben Zeit landeten alliierte Verbände in einer umfangreichen Operation in der französischen Normandie. Damit waren sie im westlichen Kontinentaleuropa und konnten den Zweifrontenkrieg gegen das Deutsche Reich forcieren. Die deutsche Kriegsführung wurde im Zuge dieser Rückschläge noch brutaler. Im Rahmen der sogenannten Endphaseverbrechen häuften sich Massaker an der Zivilbevölkerung wie im französischen Oradour-sur-Glane. Die SS tötete am 10. Juni 1944 nahezu die gesamte Bevölkerung des Dorfes und machte es dem Erdboden gleich.

Wenig später scheiterte am 20. Juli 1944 das Attentat von Claus Schenk Graf von Stauffenberg auf Hitler. Der Attentäter und viele seiner Mitwisser wurden unmittelbar hingerichtet. Äußerst spät hatte sich Widerstand in einem kleinen Teil der Wehrmachtsführung formiert. Dieser Widerstand richtete sich aber nicht gegen die Vernichtung der Juden, sondern gegen die absehbare militärische Niederlage. Drei Tage später befreite die Rote Armee im Zuge ihrer Offensive mit Majdanek das erste Vernichtungslager. Informationen über Details der Judenvernichtung wurden bekannt. Anfang August 1944 erhob sich die polnische Heimatarmee in Warschau gegen die Besatzer. Unklar war, ob die sowjetischen Truppen jenseits der Weichsel aus Nachschubproblemen oder aus politischen Gründen keine durchschlagenden Entlastungsangriffe vornahmen. Auch auf Grund dieser ausbleibenden Hilfe mussten die polnischen Aufständischen im Oktober 1944 kapitulieren. Während und nach den Kampfhandlungen ermordeten die Deutschen Zehntausende Zivilisten und zerstörten weite Teile der polnischen Hauptstadt. Im Gegensatz dazu gelang es alliierten Truppen am 25. August, Paris zu befreien.

Im Oktober 1944 eroberten die westlichen Alliierten mit Aachen die erste Großstadt auf dem Gebiet des Deutschen Reiches. Nach dem Scheitern der letzten deutschen Offensive in den Ardennen war die Niederlage der Wehrmacht nur noch eine Frage der Zeit. In Osteuropa befreite die Rote Armee weitere Städte und vertrieb die deutsche Armee aus dem Baltikum. Am 27. Januar 1945 erreichten sowjetische Verbände das Konzentrations- und Vernichtungslager Auschwitz. Von Westen rückten alliierte Truppen ebenfalls auf dem Gebiet des Deutschen Reiches vor.

Am 30. April 1945 drang die Rote Armee nach heftigen Gefechten in das Zentrum Berlins ein. Soldaten hissten die sowjetische Flagge auf dem Reichstag. Die deutsche Hauptstadt befand sich unter Kontrolle der Sowjets. Am selben Tag nahm sich Hitler in seinem Bunker das Leben. Wenige Tage später, am 8. Mai 1945, kapitulierte das Deutsche Reich bedingungslos. Der Krieg im Pazifik endete Anfang September 1945 nach den amerikanischen Atombombenabwürfen auf Hiroshima und Nagasaki ebenso mit der bedingungslosen Kapitulation Japans.

Deutschland hatte Europa in fünfeinhalb Jahren Krieg in ein Trümmerfeld verwandelt und ins Elend gestürzt. Nur die gemeinsamen Anstrengungen der Sowjetunion und der westlichen Alliierten, allen voran Großbritanniens und der Vereinigten Staaten von Amerika, konnten die expansionistische, imperialistische Politik des NS-Regimes aufhalten und verhindern, dass Europa unwiederbringlich gemäß der völkischen Ideologie umgestaltet würde. Allerdings führten die Alliierten den Krieg nicht primär wegen des deutschen Judenmords. Obwohl sie schon frühzeitig Kenntnis von der Vernichtungspolitik des NS-Regimes hatten, öffneten sie ihre Grenzen nicht bereitwillig für die verfolgten Juden. Dennoch beendete nur der militärische Erfolg der Anti-Hitler-Koalition die Judenvernichtung.

Der nahezu vollständige »Sieg« im Krieg gegen die Juden

Im Gegensatz zur totalen Niederlage auf dem Schlachtfeld errang das NS-Regime einen weitgehenden »Sieg« im Krieg gegen die europäischen Juden. Am Ende der NS-Herrschaft hatten die Deutschen und ihre Verbündeten an die sechs Millionen Juden erschossen, vergast sowie durch Hunger, Kälte oder sonstige Umstände zu Tode gebracht, etwa zwei Drittel der Juden Europas. Dieser präzedenzlose Massenmord war total, alle von der NS-Ideologie als Juden definierten Personen fielen ihm zum Opfer, vom Kleinkind bis zum Greis.

Die Vernichtung der Juden ging selbst dann noch weiter, als die militärische Niederlage Deutschlands bereits absehbar war. Die Öfen in den Vernichtungslagern brannten bis zum letztmöglichen Moment. Konnte die Vernichtungsmaschinerie in den Lagern auf Grund der heranrückenden alliierten Truppen nicht mehr fortgesetzt werden, zwang die SS die Häftlinge dazu, unter unerträglichen Bedingungen weiter ins Reichsinnere zu marschieren. Diese »Todesmärsche« kosteten unzähligen Häftlingen das Leben. Diejenigen, die körperlich nicht mehr in der Lage waren, einen langen, beschwerlichen Marsch anzutreten, wurden sofort erschossen. Andere starben an der Misshandlung durch die Bewacher. Einerseits wussten die Deutschen um die grausamen Verbrechen, die sie an den Juden verübt hatten, und versuchten, ihre Spuren weitgehend zu beseitigen. Andererseits setzten sie diese Verbrechen bis zum letzten Augenblick fort. Beispielsweise ließ die Lagerverwaltung noch Mitte April 1945 die mehrheitlich nicht jüdischen Häftlinge aus dem KZ Neuengamme bei Hamburg vor der nahenden britischen Armee räumen. Durch diese »Evakuierungsaktion« starben Tausende Häftlinge, teils unter tragischen Umständen. Unzählige verhungerten auf dem Gewaltmarsch oder wurden von den Deutschen erschlagen. Viele Gefangene wurden schließlich von der SS auf den Luxusdampfer »Cap Arcona« gebracht, den die britische Royal Air Force weniger als eine Woche vor der bedingungslosen Kapitulation der deutschen Wehrmacht bombardierte, ohne Wissen, wer sich an Bord befand.

Bis zum Untergang war für das NS-Regime die antisemitische, völkische Ideologie handlungsleitend, selbst wenn sie einer rationalen Kriegslogik entgegenstand. Die politischen Gegner und die »Schädlinge der Volksgemeinschaft« konnten bis zuletzt nicht mit Milde rechnen. Diese Härte traf neben den Juden psychisch und physisch Kranke und besonders Sinti und Roma. Letztere wurden ebenfalls gettoisiert, in Lagern, teils eigenen »Zigeunerlagern«, inhaftiert und systematisch ermordet. Im »Porajmos«, dem Völkermord an den Sinti und Roma, kamen bis zu 500 000 Menschen ums Leben. Die rassistische Feindschaft des NS-Regimes gegen die Bevölkerungsgruppe wies unbestreitbar einen Vernichtungscharakter auf, unterschied sich ideologisch aber dennoch von dem eliminatorischen Antisemitismus. Die Nationalsozialisten hassten die Sinti und Roma als »minderwertige Rasse«, sie verachteten sie als »arbeitsscheu« und schlossen sie aus der »Volksgemeinschaft« aus, mit allen mörderischen Konsequenzen. Der Hass auf sie war jedoch nicht von Verschwörungsmythen durchzogen. Den »Zigeunern« unterstellten die Nationalsozialisten nicht, dass sie die Strippen hinter dem Weltgeschehen zögen, die Börse und die Presse kontrollierten, den Kommunismus und den Liberalismus erfunden hätten und großen Einfluss in den Vereinigten Staaten von Amerika oder der Sowjetunion ausübten. Derartige Wahnvorstellungen sind allerdings zentral im antisemitischen Weltbild. Es vereinigt widersprüchliche Vorstellungen, da es die Juden als minderwertig und überlegen zugleich imaginiert. Sie seien »rassisch« und körperlich minderwertig, aber überlegen in ihrer Machtfülle und ihrem rationalen Geist. Damit bestätigen die »Ostjuden« genauso wie die jüdischen Intellektuellen die antisemitischen Phantasmen. Sie verkörperten beide die »jüdische Gegenrasse«, die sich in einem unaufhebbaren Gegensatz zu den »Ariern«, zur deutschen »Volksgemeinschaft« befinde. Die Juden profitierten von der Moderne, dem Kapitalismus und dem Liberalismus, genauso wie sie dessen Gegensatz, den Kommunismus, erdacht hätten. Deshalb stellte der Kampf des NS-Regimes gegen die Westmächte, vor allem aber gegen die Sowjetunion nicht nur einen imperialistischen, expansionistischen Krieg dar, sondern einen ideologischen, einen Weltanschauungskonflikt gegen die Juden. Die Deutschen führten ihn deshalb mit aller Härte, bis zur Vernichtung des Gegners.

Die Bestrebung, diesen totalen Krieg gegen die Juden bis zur letzten Konsequenz zu führen, widersprach oftmals den Erfordernissen militärischer Logik oder der Nachfrage nach Zwangsarbeitern. Die Vernichtung der Juden entsprang keiner instrumentellen Rationalität, keiner realen Bedrohung der nationalsozialistischen Herrschaft. Im Gegenteil, die Opfer wurden ermordet, einfach weil sie Juden waren, aus keinem anderen Grund. Dieser grundlose Massenmord markierte einen Zivilisationsbruch. Er erschütterte das auf Vernunftannahmen basierende Handeln als Grundlage moderner Gesellschaften grundlegend und nachhaltig.

Der Holocaust und die deutsche Gesellschaft
Die »Endlösung der Judenfrage« lief nicht im Geheimen ab. Zwar stuften die Nationalsozialisten den Massenmord als geheime Reichssache ein, aber Massenerschießungen sowie ein sich über alle europäischen Länder erstreckendes Deportationsregime und Lagersystem ließ sich gar nicht geheim halten. Allein am direkten Tötungsprozess waren Hunderttausende Deutsche und Kollaborateure beteiligt, vom SS-Lageraufseher über den Reichsbahnmitarbeiter bis zum Angehörigen eines Polizeibataillons. Die Wehrmacht war ebenfalls eingebunden, die Erschießungen zogen massenhaft schaulustige Soldaten an. Damit wurde der Judenmord in gewissem Maße in der gesamten deutschen Gesellschaft bekannt. Die NS-Medien thematisierten die Morde nicht direkt, flankierten sie aber propagandistisch. Zu jeder Hochphase des Holocaust schäumte die antisemitische Propaganda auf. NS-Politiker selbst griffen immer wieder auf Hitlers »Prophezeiung« von 1939 zurück, dass der Krieg in der »Vernichtung der jüdischen Rasse in Europa« enden würde. Der Holocaust war ein offenes Geheimnis.

Spätestens mit den »Judendeportationen« aus dem Reich ab Herbst 1941 konnte dort jeder das Massenverbrechen wahrnehmen. Die jüdischen Nachbarn wurden deportiert. Unzählige Deutsche ersteigerten das Mobiliar oder sonstiges Eigentum der Deportierten und bezogen arisierte Wohnungen. Diese (indirekte) Teilnahme am Holocaust schweißte die »Volksgemeinschaft« zusammen. Alle Deutschen waren Zeugen, Profiteure oder direkte Mittäter. Deshalb fürchteten sie auch die Rache der Alliierten, welche die NS-Propaganda als jüdisch dominiert darstellte. Sie unterstellten der Anti-Hitler-Koalition, sie wolle Deutschland langfristig vernichten und ihm die Lebensgrundlage rauben. Der nie ernsthaft in Erwägung gezogene

»Morgenthau-Plan« des amerikanischen Finanzministers, Deutschland in einen Agrarstaat umzuwandeln, bot dem NS-Regime propagandistisches Futter und wurde maßlos übertrieben. Derartige Propagandamärchen sollten weit über das Kriegsende hinaus in der deutschen Bevölkerung auf fruchtbaren Boden fallen.

Ferner waren die Juden seit 1933 Schritt für Schritt aus dem gesellschaftlichen Leben ausgeschlossen und zahlreichen Gewaltmaßnahmen ausgesetzt worden. Plötzlich fehlten die jüdischen Schüler in den Klassen, jüdische Ärzte oder Rechtsanwälte durften nicht mehr praktizieren. Juden waren mit einem gelben Stern äußerlich gekennzeichnet und mussten zusätzlich die Namen »Israel« oder »Sara« annehmen. Derartige Maßnahmen liefen nicht ohne Kenntnisnahme der normalen Bevölkerung ab.

Der Massenmord an den Juden stieß sicherlich nicht auf ungeteilte Zustimmung. Die Mehrheit der Deutschen verhielt sich aber gleichgültig, nur Einzelne unterstützten auf verschiedene Weise die Opfer. Eine breite Unterstützung für die diskriminierten und verfolgten Juden blieb aus. Ebenso entwickelte sich in der deutschen Gesellschaft kein massenhafter Widerstand gegen das NS-Regime. Die organisierten politischen Gegner, die Parteien der Arbeiterbewegung und die Gewerkschaften, hatte es in den ersten Monaten seiner Herrschaft gewalttätig zerschlagen. Andere gesellschaftliche Institutionen und Verbände passten sich widerstandslos den nationalsozialistischen Vorgaben an, allen voran die beiden großen christlichen Kirchen. Seine radikalantisemitische und völkische Politik konnte das NS-Regime angesichts dieser Verhältnisse ohne großen politischen Widerspruch umsetzen.

Hunderttausende fanatische Antisemiten, Millionen autoritätshörige Empfänger von Befehlen, zahllose Profiteure der antijüdischen Maßnahmen und eine indifferente Masse in der deutschen Gesellschaft schufen die Voraussetzung für einen beispiellosen Zivilisationsbruch: den systematischen Massenmord an circa sechs Millionen Juden. Die mit deutscher Gründlichkeit durchgeführte fabrikmäßige Vernichtung, diesen Krieg gegen die europäischen Juden hätte das NS-Regime fast gewonnen. Nur die vollständige militärische Niederlage, die bedingungslose Kapitulation angesichts der alliierten Übermacht beendete das Töten.

Die beiden Deutschlands
Die Judenfeindschaft
von der frühen Nachkriegszeit
bis zur Wiedervereinigung 1990

Das NS-Regime hatte Europa mit Terror überzogen und auf dem ganzen Kontinent Not und Verwüstung verursacht. Der Zweite Weltkrieg hatte über 60 Millionen Tote gefordert. Die Deutschen hatten die Juden in Europa nahezu vollständig vernichtet. Nach dem Ende des Nationalsozialismus lag Deutschland selbst in Trümmern. Viele Städte waren stark bombardiert worden, es fehlte an Wohnungen und Gütern des alltäglichen Bedarfs für die Bevölkerung. Die Flucht von 12 bis 14 Millionen Deutschen aus den Ostgebieten des Reiches als Folge der Kriegsniederlage verschärfte das soziale Elend. Das politische System war zusammengebrochen und das Land militärisch vollständig besiegt. Die Wehrmacht hatte am 8. Mai 1945 bedingungslos kapituliert. Die weitere Entwicklung bestimmten nun die alliierten Siegermächte.

Das Potsdamer Abkommen
Auf der Potsdamer Konferenz vom 17. Juli bis 2. August 1945 beschlossen der britische Premierminister Winston Churchill, der amerikanische Präsident Harry Truman und der sowjetische Diktator Josef Stalin die Grundprinzipien einer Neuordnung Deutschlands. Im »Potsdamer Abkommen«

regelten sie unter anderem die Reparationsansprüche. Ferner sollte Deutschland gemäß der vier »Ds« umgestaltet werden: Die deutsche Gesellschaft sei zu denazifizieren, der Einfluss des Nationalsozialismus aus allen Bereichen zu entfernen. Außerdem müsse das Land demilitarisiert werden, seine Armee auflösen, damit es nie wieder Krieg führen könne. Deutschland sollte ferner demokratisiert, die Nachkriegsordnung auf einer demokratischen Grundlage errichtet werden. Deshalb seien politische Parteien, Gewerkschaften und eine freie Presse aufzubauen. Außerdem sollten die Entscheidungsstrukturen dezentralisiert werden. Die erneute Konzentration politischer und wirtschaftlicher Macht sei zu unterbinden.

Darüber hinaus legten die Alliierten gesamteuropäische territoriale Veränderungen fest. Die sowjetische Grenze wurde weiter nach Westen verschoben. Die Sowjetunion erhielt ehemals polnische Gebiete. Im Gegenzug wurden die deutschen Ostprovinzen Polen zugeschlagen. Deutschland verlor dadurch einen Teil seines bisherigen Staatsgebiets. Das verbliebene Gebiet wurde in Besatzungszonen aufgeteilt, welche die Siegermächte Amerika, Großbritannien, die Sowjetunion und Frankreich verwalteten. Die deutsche Hauptstadt, Berlin, teilten die Alliierten ebenfalls in vier Zonen auf. Differenzen zwischen den Verbündeten der Anti-Hitler-Koalition brachen bald auf. Sie verfolgten unterschiedliche Vorstellungen hinsichtlich der Nachkriegsordnung in Europa. Zunächst setzten sie aber noch auf die gemeinsamen Grundsätze des »Potsdamer Abkommens«.

So begann der erste Kriegsverbrecherprozess gegen führende NS-Funktionäre im November 1945 in Nürnberg, der Stadt der NSDAP-Reichsparteitage. Angeklagt wegen »Verbrechen gegen die Menschlichkeit« (*crimes against humanity*), der Führung eines Angriffskrieges und Kriegsverbrechen waren unter anderem der Reichsluftfahrtminister Hermann Göring, Rudolf Heß, der Stellvertreter Hitlers, und der Herausgeber des pornografisch-antisemitischen Hetzblattes »Der Stürmer« Julius Streicher. Von den 24 Angeklagten erhielt die Hälfte die Todesstrafe, sieben Personen eine langjährige Freiheitsstrafe, drei wurden freigesprochen und zwei Verfahren eingestellt. Weitere Prozesse gegen hohe Repräsentanten des NS-Regimes folgten, beispielsweise gegen Ärzte, Juristen, militärische Führer und Mitglieder von SS und Polizei. Die Alliierten urteilten jedoch lediglich die oberste Elite des Nationalsozialismus ab. Auch deshalb behaupteten viele Deutsche nach dem Untergang des NS-Regimes, sie hätten von den Verbrechen nichts gewusst, und warfen den Alliierten »Siegerjustiz« vor. Sie stilisierten sich zu den eigentlichen Opfern des Krieges und des Nationalsozialismus. Die NS-Ideologie und die zwölfjährige Herrschaft hatten ihre Spuren in allen Sphären der deutschen Gesellschaft hinterlassen. Die Millionen Anhänger des Regimes änderten nach 1945 nicht sofort ihre Ansichten. Der jahrelang propagierte und tief verwurzelte Antisemitismus verschwand nicht mit der Kriegsniederlage. Allerdings durfte er nicht mehr offen artikuliert werden. Deshalb sank der Judenhass in die Latenz. Er wandelte daraufhin seine Ausdrucksweise und suchte sich neue Formen. In ersten sozialwissenschaftlichen Untersuchungen der Militärbehörden in Deutschland nach 1945 äußerte sich eine große Minderheit dezidiert judenfeindlich. Viele Befragte schwiegen zu dem Thema, weil sie es für zu heikel hielten. Ein häufig geäußerter Vorwurf an die Juden lautete, dass sie das Ausmaß der Verbrechen übertreiben und daraus Profit schlagen würden.

Juden im Nachkriegsdeutschland

Zum Zeitpunkt der Befreiung waren fast alle deutschen Juden ermordet worden oder geflohen. Lediglich 12 000 hatten in »Mischehen« überlebt, circa 3000 versteckt in der Illegalität die NS-Herrschaft überstanden, ungefähr 8000 waren aus Lagern befreit worden. Ferner retteten alliierte Soldaten schätzungsweise 50 000, meist osteuropäische Juden aus Konzentrations- und Vernichtungslagern. Im Zuge antisemitischer Pogrome in Osteuropa 1946/1947 flohen nochmals an die 300 000 Juden Richtung Westen, hauptsächlich in die amerikanische Besatzungszone. Nach der Rückkehr von jüdischen Überlebenden in ihre ehemaligen Wohnorte brach sich in vielen osteuropäischen Ländern der tief verwurzelte Judenhass der lokalen Bevölkerung bahn. So ermordeten die Bewohner im polnischen Kielce unter Beteiligung von Polizisten und Soldaten 42 zurückgekehrte Juden und verletzten 80 weitere. Derartige Ereignisse führten zur Massenauswanderung von Juden aus Osteuropa.

In dieser Zeit befanden sich außerdem an die 6,5 Millionen »displaced persons« (DPs), vornehmlich ehemalige Zwangsarbeiter und Kriegsgefangene in Deutschland. Die alliierten Mächte errichteten DP-Lager, um die Menschen zu versorgen. Die jüdischen Überlebenden wurden ebenfalls in derartigen Einrichtungen untergebracht. Die Not unter ihnen war groß. Sie erhielten Unterstützung von international tätigen jüdischen Organisationen wie dem American Jewish Joint Distribution Committee (JDC), waren aber weiterhin Anfeindungen der örtlichen Bevölkerung ausgesetzt. Diese betrachtete die Lager als Brutstätten der Kriminalität, warf den Überlebenden vor, den Schwarzhandel zu kontrollieren. Das Ressentiment des »Wucherjuden« lebte fort.

Die deutsche Bevölkerung machte ihren Unmut mit unzähligen Eingaben an die Behörden geltend. Razzien und Kontrollen in DP-Lagern durch die Polizei waren keine Seltenheit. Erst nachdem 1946 in Stuttgart ein Polizist bei einer Razzia einen Auschwitzüberlebenden erschossen hatte, untersagte die amerikanische Militärverwaltung der deutschen Polizei den Zutritt zu jüdischen DP-Lagern. In Zeitungen und Zeitschriften erschienen seinerzeit zahllose antisemitische Artikel und Leserbriefe. Als in der kurz nach der Befreiung zugelassenen »Süddeutschen Zeitung« 1949 ein antisemitischer Leserbrief unter dem hämischen Pseudonym »Adolf Bleibtreu« gedruckt wurde, demonstrierten am Folgetag an die 1000 jüdische DPs vor der Chefredaktion in München. Sie forderten die amerikanischen Behörden auf, der Zeitung die Lizenz zu entziehen. Als deutsche Polizisten die Demonstranten auseinandertrieben, entstand ein Tumult. Die Polizei schoss und verwundete drei Personen. Nur die amerikanische Militärpolizei verhinderte Schlimmeres. Etwas südlich von München wendeten DPs mit Blockaden im Lager Föhrenwald eine Razzia ab. Die beteiligten Polizisten riefen daraufhin Sprüche wie »Die Krematorien gibt es noch« oder »Die Gaskammern warten auf euch«. Derartige Vorfälle wiederholen sich bis zur Auflösung der Lager in den späten 1950er-Jahren.

Außerdem waren auch die verbliebenen Spuren jüdischen Lebens in Deutschland nicht sicher vor dem weitverbreiteten Antisemitismus. Bereits wenige Monate nach dem Kriegsende schändeten Antisemiten den jüdischen Friedhof im bayerischen Diespeck. Jüdische Friedhöfe fielen bald in ganz Deutschland dem Vandalismus zum Opfer.

Während also jüdisches Leben im postnationalsozialistischen Deutschland weiterhin antisemitischen Angriffen ausgesetzt war und die Deutschen die überlebenden Juden von Opfern zu Tätern machten, blieb die gesellschaftliche Ächtung und juristische Ahndung von NS-Verbrechern weitgehend aus.

Mittlerweile hatte sich der Konflikt zwischen den ehemaligen Verbündeten der Anti-Hitler-Koalition weiter verschärft. Alle Einigungsversuche über die Nachkriegsordnung im besiegten Deutschland waren gescheitert. Die ideologischen und politischen Unterschiede zwischen der sozialistischen Sowjetunion und den kapitalistischen Westmächten wuchsen sich in eine globale Konfrontation aus. In diesem Kalten Krieg war Deutschland Frontstaat, wo sich die nun verfeindeten Mächte direkt gegenüberstanden. Diese Konstellation resultierte in der Gründung zweier deutscher Separatstaaten. Am 23. Mai 1949 wurde die Bundesrepublik Deutschland gegründet. Ihr Staatsgebiet umfasste die drei Besatzungszonen der Westmächte. Ein knappes halbes Jahr später, am 7. Oktober, wurde die Deutsche Demokratische Republik als sozialistischer Staat in der ehemaligen sowjetischen Zone ins Leben gerufen.

Die Situation in der frühen Bundesrepublik

Die Politik der Bundesrepublik zielte in erster Linie darauf ab, die NS-Täter und NSDAP-Mitglieder in die Demokratie zu integrieren. Viele von ihnen hatten den Untergang des Nationalsozialismus als gravierenden Verlust und als massive Kränkung erlebt und standen dem demokratischen Staat ablehnend gegenüber. Diese Haltung von Millionen stellte ein großes Gefahrenpotenzial für die Bundesrepublik dar. Ehemalige Anhänger des NS-Regimes formierten sich bald auch politisch neu. Bereits im Oktober 1949 war die antisemitische Sozialistische Reichspartei als Nachfolgeorganisation der NSDAP gegründet worden. Nach ihrem Verbot 1952 als verfassungswidrig eingestuft, versuchten ehemalige Nationalsozialisten, andere Parteien gezielt zu unterwandern, vor allem einige Landesverbände der liberalen Freien Demokratischen Partei (FDP). Dagegen schritt die britische Besatzungsbehörde ein.

Neben dem Verbot von NS-Nachfolgeorganisationen und alliierten Interventionen gegen nationalsozialistische Aktivitäten schuf der erste demokratisch gewählte Bundestag allerdings zugleich die juristische Grundlage, um NS-Täter in die Gesellschaft zu integrieren. Das Parlament verabschiedete mehrere Amnestiegesetze. Diese Gesetze begnadigten auch verurteilte Nationalsozialisten. Außerdem regelte das 1951 beschlossene »131er-Gesetz« die erneute Einstellung von Beamten, die nach dem Zweiten Weltkrieg von den Alliierten aus politischen Gründen aus dem Staatsdienst entlassen worden waren, und von ehemaligen Wehrmachtssoldaten. Derartige Regelungen ermöglichten es selbst schwer belasteten Personen, in hohe Stellungen in der Justiz, der Verwaltung und auch der Politik in der frühen Bundesrepublik aufzusteigen. So rückte der Mitverfasser und Kommentator der »Nürnberger Rassegesetze« Hans Globke zum Chef des Bundeskanzleramts unter Konrad Adenauer auf, dem ersten Bundeskanzler. Der ehemals überzeugte Nationalsozialist, Beteiligter an Judenmassakern und Pionier der vom NS-Regime geförderten Ostforschung über die Geschichte und Tradition des Deutschtums in Ostmitteleuropa, Theodor Oberländer, wurde 1953 zum Bundesminister für Angelegenheiten der Vertriebenen ernannt. Globke und Oberländer stellten nur die prominentesten Beispiele jener Zeit dar.

Der sich verschärfende Kalte Krieg begünstigte die Integrationspolitik gegenüber früheren Nationalsozialisten. Einerseits wurden die Stimmen in der Bundesrepublik immer lauter, die ein generelles Ende der Entnazifizierung forderten. Dieser Stimmung nachgebend, untersagten das Bundesjustizministerium und der Bundesgerichtshof, das Kontrollratsgesetz Nr. 10 anzuwenden, das die Grundlage für die Nürnberger Kriegsverbrecherprozesse gewesen war. Andererseits zeigte sich auch die amerikanische Militärverwaltung zu Zugeständnissen bereit. Sie ließ viele verurteilte NS-Täter frei. Diese Entwicklung vollzog sich auch vor dem Hintergrund der Debatte über eine Wiederbewaffnung Deutschlands: Deutsche Militärs waren erneut gefragt.

Während ehemalige Nationalsozialisten also verhältnismäßig reibungslos und schnell in die Gesellschaft (re-)integriert wurden, tat sich die Bundesrepublik umso schwerer mit der Entschädigung von NS-Opfern. Zwar galten die von den Alliierten erlassenen Entschädigungsgesetze auch nach der Staatsgründung weiter, allerdings legte die Bundesregierung den Fokus auf Ausgleichszahlungen für deutsche Heimatvertriebene und Kriegsversehrte. Nur mit den Stimmen der oppositionellen SPD und gegen Teile seiner eigenen Regierungskoalition setzte der christdemokratische Bundeskanzler Adenauer 1952 das Luxemburger Abkommen mit Israel und der Jewish Claims Conference durch. Es sah Zahlungen, Dienstleistungen und Exportgüter in Höhe von 3,5 Milliarden Deutsche Mark an den 1948 neu gegründeten jüdischen Staat Israel vor. Sie sollten vor allem dazu dienen, jüdische Flüchtlinge aus Europa bei der Eingliederung dort zu unterstützen.

Zeitgleich verhandelte die Bundesrepublik mit den Westmächten in der britischen Hauptstadt über die Reparationen. Im Londoner Schuldenabkommen von 1953 erließen die Alliierten dem westdeutschen Staat einen großen Teil der Vorkriegsschulden. Die Bundesrepublik musste ferner die Wirtschaftshilfen nicht mehr zurückzahlen. Die Reparationsverpflichtungen sollten zukünftig in einem Friedensvertrag geregelt werden. Das Hauptinteresse der westlichen Staaten lag nun nicht mehr auf der Entnazifizierung oder der Entschädigung von NS-Opfern, sondern auf der Westintegration der Bundesrepublik. Sie benötigten das Land im Kalten Krieg als Partner an ihrer Seite. Die Abkommen bildeten für die Bundesrepublik auch die Grundlage, um 1955 in den Pariser Verträgen weitgehende Souveränität zurückzuerhalten.

Ein Jahr später verabschiedete der Bundestag ein »Bundesentschädigungsgesetz« für NS-Opfer, das rückwirkend zum 1. Oktober 1953 in Kraft trat. Anträge darauf konnten alle gegenwärtigen und früheren Bewohner des Gebiets der Bundesrepublik und Westberlins stellen. Damit waren nicht nur alle ausländischen NS-Opfer von einer Entschädigung ausgenommen. Das Gesetz versagte sie auch unliebsamen Gruppen. So waren Kommunisten ebenso ausgeschlossen wie vormals als »asozial« Inhaftierte. Homosexuelle erhielten genauso wenig eine Wiedergutmachung wie Zwangssterilisierte. Auch ein Großteil der Sinti und Roma war nicht antragsberechtigt.

Trotz der Monstrosität deutscher Verbrechen im Zweiten Weltkrieg hatte sich die Bundesrepublik in zehn Jahren zu einem international weitgehend anerkannten Staat entwickelt und war ein wichtiger Verbündeter der westlichen Mächte im Kalten Krieg geworden. Sie hatte ihre Souveränität zurückerlangt. Die geleisteten Entschädigungen bewegten sich auf einem überschaubaren Niveau, zumal die wirtschaftliche Substanz Deutschlands den Krieg erstaunlich gut überstanden hatte. Dieser Umstand war nicht zuletzt den Millionen Zwangs- und Sklavenarbeitern im Nationalsozialismus geschuldet. Die Bundesrepublik profitierte darüber hinaus von einem durch den Koreakrieg 1950 ausgelösten Wirtschaftsaufschwung. Während sich die westdeutsche Bevölkerung in den neuen Verhältnissen einrichtete, saßen die überlebenden Juden weiter in DP-Lagern oder waren ausgewandert. Jüdisches Leben formierte sich nur langsam und gegen viele Widerstände. Juden waren noch immer zahlreichen antisemitischen Anfeindungen ausgesetzt und sie konnten beobachten, wie NS-Täter nach und nach aus dem Gefängnis entlassen wurden. Die in Deutschland verbliebenen Juden mussten sich mit einer »Nach-Holocaust-Gesellschaft« arrangieren, in der sie jederzeit ihren alten Peinigern über den Weg laufen konnten. Deshalb waren sich die Juden im Nachkriegsdeutschland lange unsicher, wie lange ihr Aufenthalt in dem postnationalsozialistischen Staat sein würde.

Die Situation in der DDR

Die Entwicklungen in der Bundesrepublik lassen sich nicht losgelöst von der DDR verstehen – auch wenn sich deren Gründungsbedingungen gänzlich anders gestalteten. Lange Zeit hatte die Sowjetunion aus außenpolitischen Interessen darauf hingearbeitet, dass es zu einem vereinigten, aber neutralen Deutschland kommen würde. Doch von Beginn an setzte sie zugleich ihre gesellschaftspolitischen Vorstellungen in der Besatzungszone durch. Dominiert wurde das politische System, die Verwaltungsstruktur und die Sicherheitskräfte von ehemaligen KPD-Kadern um Walter Ulbricht, die während des Nationalsozialismus in Moskau im Exil gewesen waren. Neben der KPD wurden auch andere Parteien zugelassen, allerdings gründete die Besatzungsmacht bald die Einheitsfront der demokratisch-antifaschistischen Parteien, dominiert von den Kommunisten. 1946 vereinigten sich auf ihren Druck hin die KPD und die SPD zur Sozialistischen Einheitspartei Deutschlands (SED). Sie nahm für sich in

Anspruch, die historisch verheerende Spaltung der Arbeiterbewegung zu überwinden. Fortan avancierte sie zur führenden Partei und richtete den gesamten Staat auf sich aus. Sie vertrat eine marxistisch-leninistische Ideologie und gestaltete die Gesellschaft im sozialistischen Sinne um. Sie enteignete in einer Bodenreform Ackerland und kollektivierte die Industrie. Kommunistische Massenorganisationen wie die Freie Deutsche Jugend (FDJ) und bewaffnete Organe wie das Ministerium für Staatssicherheit (MfS) sicherten ihre Macht.

Im Zuge der sich abzeichnenden Blockkonfrontation wurde der Sowjetunion deutlich, dass die Wiedervereinigung eines neutralen Deutschlands illusorisch war. Nach der Gründung der Bundesrepublik rief sie deshalb am 7. Oktober 1949 die Deutsche Demokratische Republik ins Leben. Sie proklamierte, der bessere der beiden deutschen Staaten zu sein, der Staat, der die richtigen Lehren aus der NS-Vergangenheit gezogen habe. Die DDR pflegte ein antifaschistisches Selbstverständnis und begriff sich als »Friedensstaat«. Sie habe die Ursachen des Faschismus, als dessen deutsche Spielart der Nationalsozialismus interpretiert wurde, mitsamt den Wurzeln ausgerottet. Diese Auffassung gründete auf einem spezifischen Faschismusverständnis, das vor allem auf die sozioökonomischen Verhältnisse abzielte. Die kommunistische Faschismusanalyse basierte auf einer Doktrin des Komintern-Funktionärs Georgi Dimitroff. Im Dezember 1933 hatte er den Faschismus folgendermaßen definiert: »Der Faschismus an der Macht […] ist […] die offene, terroristische Diktatur der reaktionärsten, chauvinistischsten, am meisten imperialistischen Elemente des Finanzkapitals.« Bei aller unterschiedlichen Ausprägung in den verschiedenen Ländern lasse sich allgemein formulieren: »Der Faschismus ist die wütendste Offensive des Kapitals gegen die werktätigen Massen. Der Faschismus ist zügellosester Chauvinismus und Raubkrieg. Der Faschismus ist wütende Reaktion und Konterrevolution. Der Faschismus ist der schlimmste Feind der Arbeiterklasse und aller Werktätigen.« Diese Bestimmungen zielten vor allem auf den Klassencharakter des Faschismus ab. Er diene den Interessen bestimmter Kapitalfraktionen und richte sich in erster Linie gegen das Proletariat. Die Definition verkannte die Wirkmächtigkeit von Ideologie und begriff den Faschismus ausschließlich durch die Linse marxistisch-leninistischer Kategorien. Sie blieb auch nach dem Zweiten Weltkrieg und dem Holocaust dominant im kommunistischen Faschismusverständnis und war für die Politik gegenüber den NS-Opfern handlungsleitend.

Viele führende DDR-Funktionäre waren selbst Opfer des NS-Regimes geworden. Kommunisten hatten in der Illegalität den Widerstand organisiert, waren verhaftet und gefoltert worden, waren jahrelang in Konzentrationslagern inhaftiert gewesen und hatten Zwangsarbeit geleistet. Daraus leiteten sie für sich eine besondere Stellung in der Nachkriegszeit ab. Den heldenhaften, aber meist vergeblichen und opferreichen kommunistischen Widerstand erhob die DDR zum Maßstab. Nach 1945 wurden in der sowjetischen Besatzungszone erste Bestimmungen über Fürsorgeleistungen für NS-Opfer erlassen. Bereits unmittelbar nach der Befreiung hatten sich viele politische Häftlinge in Verbänden der »Opfer des Faschismus« zusammengetan, um ihre Interessen zu vertreten. Zunächst schlossen diese Organisationen Juden und andere Gruppen wie die Zeugen Jehovas oder »Asoziale« aus. Sie hätten zwar auch unter dem NS-Regime gelitten, aber nicht aktiv dagegen gekämpft und damit auch keinen Anspruch auf Entschädigungsleistungen. Wenig später wurden die Juden nach heftigen Auseinandersetzungen innerhalb der Opferverbände doch noch als »Opfer des Faschismus« staatlicherseits anerkannt, aber blieben Opfer zweiter Klasse. Die DDR-Regierung unterschied zwischen »Opfern des Faschismus« und »Kämpfern gegen den Faschismus«. Damit war eine klare Hierarchie gesetzt. Diese Hierarchisierung entsprach dem kommunistischen Faschismusverständnis, das den Antikommunismus als zentrales Element begriff. Die antisemitische Ideologie sei hingegen vor allem Ablenkung gewesen. Deshalb seien die Juden als »rassisch« Verfolgte lediglich passive Opfer gewesen, wohingegen die Kommunisten dezidiert Widerstand geleistet hätten. Der Unterschied zwischen ihrer eigenen Verfolgung und der Ermordung der Juden, die antisemitische Vernichtungsmaschinerie des NS-Regimes, war den meisten politischen Häftlingen nicht präsent. Die Faschismusauffassung der DDR erlaubte es nicht, den Antisemitismus als Kernelement des Nationalsozialismus anzuerkennen und Auschwitz als Zivilisationsbruch zu verstehen. Die deutsche »Volksgemeinschaft« wurde als reine Propaganda abgetan und die Verbrechen den Interessen bestimmter Kapitalfraktionen zugeschrieben. Die deutsche Bevölkerung, die Millionen einfachen NS-Täter wurden dadurch entlastet. Diese Haltung zeigte sich deutlich in der Politik der DDR gegenüber den Juden.

Die Zahl der Juden in der sowjetischen Besatzungszone und der späteren DDR war ohnehin gering. Befanden sich kurz nach der Befreiung noch an die 2400 Juden auf dem Gebiet, halbierte sich ihre Anzahl bis zur Staatsgründung 1949. Die Juden wurden auf Grund ihrer sozialen Herkunft als »bourgeoise Elemente« betrachtet und damit als politisch unzuverlässig. Das den Juden vom NS-Regime geraubte Eigentum wurde nicht entschädigt, sondern in Volkseigentum überführt. Die DDR leistete dafür keine Wiedergutmachung. Die Unterstützung überlebender Juden durch jüdische Organisationen wurde hingegen mit Argwohn beäugt. In ihrer Agitation gegen Entschädigungszahlungen setzte die DDR Juden mit Kapitalisten gleich und betrachtete sie demzufolge als Klassengegner. Damit reproduzierte sie klassische antisemitische Muster.

Die Haltung zur Gründung eines jüdischen Staates stand hierzu zunächst in einem Gegensatz. Die DDR folgte der Politik der Sowjetunion, die den UN-Teilungsplan für Palästina befürwortete. So führte der sowjetische Vertreter im Sicherheitsrat der Vereinten Nationen, Andrei Gromyko, am 14. Mai 1947 vor der Vollversammlung aus: »Die Tatsache, dass sich kein westlicher europäischer Staat in der Lage sah, die Verteidigung der elementaren Rechte des jüdischen Volkes sicherzustellen und es vor der Gewalt der faschistischen Vollstrecker zu schützen, erklärt das Bestreben der Juden, einen eigenen Staat zu gründen. Es wäre ungerecht, dies alles nicht zu berücksichtigen, und dem jüdischen Volk das Recht, dieses Ziel zu erreichen, zu verwehren.« Die UdSSR befürwortete die Gründung Israels, anders als das Zitat vermuten lässt, jedoch vor allem aus der Hoffnung heraus, dass sich der neue Staat dem sozialistischen Block anschließen werde. Auch die DDR betrachtete Israel als fortschrittlichen Staat gegen den arabischen Feudalismus und die imperialistischen Ölinteressen der westlichen Mächte. Die Sowjetunion unterstützte Israel sogar mit Waffenlieferungen über die Tschechoslowakei im Unabhängigkeitskrieg, nachdem mehrere arabische

Staaten den am 14. Mai 1948 neu ausgerufenen Staat überfallen hatten. Diese proisraelische Haltung der sozialistischen Länder kippte allerdings schnell, als klar wurde, dass Israel nicht dem Sowjetblock beitreten werde.

Schauprozesse und offener Antisemitismus

Neben dem strukturellen Antisemitismus, der sich in der marxistisch-leninistischen Ideologie manifestierte, etwa in der heftigen Kritik am (jüdischen) Finanzkapital oder der Gleichsetzung von Kapitalismus und Juden, zeigte sich Anfang der 1950er-Jahre auch eine offene Judenfeindschaft in den Ostblockstaaten. Die sowjetischen Machthaber hatten immer wieder Verschwörungen gewittert. Feindliche Elemente würden versuchen, den Sozialismus zu untergraben. Derartiges Verschwörungsdenken ließ sich bereits bei den Säuberungen in den Moskauer Schauprozessen ab 1936 beobachten, als vermeintliche Trotzkisten, Staatsfeinde und vermutete Terroristen zum Tode verurteilt wurden. Der sowjetische Diktator Josef Stalin war besessen von einer Verschwörung jüdischer Ärzte, die ihn töten wollten. Diese Obsession führte Ende 1952 zu einer antisemitischen Kampagne und zahlreichen Verhaftungen. Er hielt Juden generell vor, »wurzellose Kosmopoliten« oder »jüdische Nationalisten«, also Zionisten, zu sein, die mit dem amerikanischen Imperialismus im Bunde seien. Zionismus war in der sowjetischen Presse mittlerweile zu einem oft gebrauchten Kampfbegriff geworden.

Zeitgleich zur angeblichen »Ärzteverschwörung« fanden in osteuropäischen Ländern weitere Schauprozesse gegen kommunistische Funktionäre statt, die beschuldigt wurden, Teil einer zionistischen Verschwörung zu sein. Viele der Beschuldigten waren Juden. So wurde in der Tschechoslowakei der Generalsekretär der kommunistischen Partei, Rudolf Slánský, mit 13 weiteren Personen angeklagt. Elf der Angeklagten wurden zum Tode verurteilt, drei erhielten eine lebenslange Gefängnisstrafe. Auch in Ungarn hatte bereits 1949 ein Prozess gegen eine Gruppe kommunistischer Politiker um László Rajk stattgefunden, der ebenfalls mit der Todesstrafe für die meisten Angeklagten endete. Die Zusammenarbeit mit westlichen Geheimdiensten, vor allem dem amerikanischen, stellte einen der Hauptvorwürfe dar. Nach dem Prozess wurden unzählige weitere Personen verhaftet. Auch in der DDR spitzte sich die Situation in dieser Hinsicht zu. Mit dem aufziehenden Kalten Krieg, der Blockkonfrontation West gegen Ost, verschärfte sich die Ideologie der SED. In einer dichotomen Zwei-Lager-Theorie setzte sie dem Lager des Imperialismus das Friedenslager entgegen, dem sie sich selbst zurechnete. Der »US-Imperialismus« sei der »Hauptfeind des deutschen Volkes« und Amerika würde von einer kleinen Clique Kapitalisten beherrscht. Die DDR-Propaganda bezeichnete die »Dollarkönige« als die »wahren Herren Amerikas« und sagte ihnen nach, auf einen Dritten Weltkrieg hinzuarbeiten, um die Völker zu versklaven. Sie stellte die »parasitären Wall-Street-Kapitalisten«, die »ruchlosen Spekulanten« den guten, schaffenden Völkern gegenüber. Zunehmend ersetzte die SED die Terminologie der Klasse durch den positiven Bezug auf das Volk. Diese manichäische Weltsicht reproduzierte strukturell antisemitische Muster, die Aufteilung der Welt in Gut und Böse, eine klare Frontlinie, ein vereinfachendes Schema und eine oberflächliche Kapitalismuskritik, die sich auf die Börse und das »vaterlandslose« Finanzkapital fokussierte.

In diesem politischen Klima geriet Paul Merker ins Kreuzfeuer der Propaganda. Dem altgedienten KPD- und SED-Funktionär wurde vorgeworfen, in Kontakt mit dem Amerikaner Noel Field gestanden zu haben. Der amerikanische Kommunist hatte als Informant für die Sowjetunion gearbeitet und im Zweiten Weltkrieg Flüchtlinge in Europa unterstützt. Danach geriet er allerdings ins Visier des sowjetischen Geheimdienstes, wurde in Prag verhaftet und zu einem der Hauptangeklagten in den folgenden Schauprozessen. Field wurde als amerikanischer Agent hingestellt, eine Zusammenarbeit oder der bloße Kontakt mit ihm galten als anrüchig, als Kooperation mit westlichen Geheimdiensten.

Diese Anschuldigungen waren auch der Vorwand, um das Mitglied des SED-Politbüros Merker zusammen mit anderen Kommunisten 1950 zu verhaften und aus der Partei auszuschließen. Nach der Entlassung wurde er 1952 erneut inhaftiert. Die DDR-Staatsführung bereitete einen Schauprozess vor mit dem Verhafteten als Kopf einer Verschwörung, wie sie schon im Prager Slánský-Prozess entlarvt worden sei. Die SED-Zeitung »Neues Deutschland« beschuldigte Merker, ein Agentennetz innerhalb der

Partei aufgebaut zu haben und im Dienste des Imperialismus und Zionismus zu stehen. Bezeichnenderweise wurde ihm ebenfalls vorgehalten, die »Ausplünderung des schaffenden deutschen Volkes« zu betreiben, weil er die Rückgabe »arisierten« Eigentums an die jüdischen Opfer gefordert hatte. Bereits im mexikanischen Exil hatte Merker als einer der wenigen Kommunisten eine Entschädigung für Juden gefordert und sich später für die Gründung Israels ausgesprochen. Die SED-Führung warf ihm deshalb Kooperation mit dem »zionistischen Feind« vor. Auf Grund der Entschädigungsforderungen hielt sie ihm die »Verschiebung deutschen Volksvermögens« vor. In einer Stellungnahme resümierte sie: »Es unterliegt keinem Zweifel mehr, dass Merker ein Subjekt der USA-Finanzoligarchie ist, der die Entschädigung der jüdischen Vermögen nur forderte, um dem USA-Finanzkapital das Eindringen in Deutschland zu ermöglichen. Das ist die wahre Ursache seines Zionismus.« In diesem Vorwurf gegen Merker verschwimmen Amerika, die Juden, das Finanzkapital und der Zionismus zu einer verschwörungserzählerischen Mischung.

In dieser aufgeladenen Situation gerieten auch die kleinen jüdischen Gemeinden in der DDR unter Druck. Ihnen wurden Kontakte in den Westen und Unterstützung aus Israel vorgehalten. Viele jüdische SED-Mitglieder gerieten ebenfalls unter Loyalitätsverdacht.

Wahrscheinlich verhinderte lediglich der Tod Stalins im April 1953, dass auch in der DDR ein großer Schauprozess durchgeführt wurde. Nach dem Ableben des Diktators dementierte die UdSSR-Führung die »Ärzteverschwörung« öffentlich. Die SED änderte ihren Kurs jedoch nicht grundlegend. Vielmehr wuchs sich der Antizionismus sowohl zu einem wichtigen Bestandteil der Staatsideologie als auch zu einer außenpolitischen Handlungsmaxime aus. Der antisemitische Antizionismus entwickelte sich zu einer Form des Antisemitismus nach Auschwitz in allen postnationalsozialistischen Staaten. In der DDR nahm er aber eine spezifische Gestalt an, die in marxistisch-leninistisches, antiimperialistisches Vokabular gehüllt wurde. Viele Juden, vor allem wenn sie Mitglieder oder Funktionäre der jüdischen Gemeinden waren, verließen deshalb die DDR.

Die Feindschaft gegen Israel und der antizionistische Antisemitismus

Die DDR betrachtete Israel bald als einen außenpolitischen Hauptfeind. Sie näherte sich im Zuge des Kalten Krieges den arabischen Staaten und der palästinensischen Befreiungsorganisation PLO an. Der jüdische Staat galt ab den 1950er-Jahren als »imperialistischer Außenposten« im Nahen Osten, der zu bekämpfen sei. Dieser Maxime folgte die DDR tatkräftig: Sie lieferte Waffen an die arabischen Länder, die Israel vernichten wollten, bildete Terroristen aus und gewährte palästinensischen Attentätern Unterschlupf. Die DDR-Propaganda setzte seit dem Sechstagekrieg 1967 das Handeln der israelischen Armee mit den NS-Gräueln und den Zionismus mit der NS-Ideologie gleich. Dabei befand sich die DDR in Übereinstimmung mit der UdSSR und anderen realsozialistischen Staaten. Diese Relativierung des Holocaust, diese Reproduktion antisemitischer Stereotype war aber in einem Staat, in dem noch viele NS-Täter lebten, von einem besonderen Gewicht. Das proklamierte Selbstverständnis der DDR als antifaschistisch, als Land, das die richtigen Lehren aus dem Nationalsozialismus gezogen habe, wirkt vor dem Hintergrund der herrschenden Ideologie und der Politik gegenüber Israel wie eine Farce.

Das Ende der DDR

Erst Mitte der 1980er-Jahre änderte die DDR zaghaft ihre Haltung. Der damalige SED-Generalsekretär Erich Honecker wollte sein Land international aufwerten und setzte dabei auf amerikanische Finanzmittel. Außerdem hoffte er auf eine Einladung nach Amerika. Honecker nahm an, dass die Juden in der westlichen Führungsmacht großen Einfluss ausübten, eine Annahme, die selbst antisemitisch grundiert war. Deshalb förderte die DDR nun das jüdische Leben und die Erinnerungskultur. So wurde 1986 der jüdische Friedhof Weißensee in Ostberlin wiederhergestellt. Ein Jahr später wurde mit der Restaurierung der Ostberliner Synagoge in der Oranienburger Straße begonnen. 1988, anlässlich des 50. Jahrestags des Novemberpogroms organisierte die DDR zahlreiche Veranstaltungen zu jüdischem Leben und zur Geschichte. Beispielsweise wurde in Zusammenarbeit mit dem Verband der jüdischen Gemeinden im Berliner Ephraim-Palais die große Ausstellung »... und lehrt sie: Gedächtnis!« eröffnet. Außerdem wurde die Stiftung »Neue Synagoge Berlin – Centrum Judaicum« ins Leben gerufen.

Damals befand sich die DDR bereits im Niedergang. Die ökonomische Situation war schwierig und die politische Unruhe im Land wuchs. Nur ein Jahr später, 1989, ging sie unter. Die Machthaber hatten bis zuletzt kein Schuldbekenntnis gegenüber den Juden oder dem jüdischen Staat abgelegt. Diese Geste blieb der ersten freigewählten Volkskammer vorbehalten. Im April 1990 erklärten die Parlamentarier aller Fraktionen: »Wir, die ersten frei gewählten Parlamentarier der DDR, bekennen uns zur Verantwortung der Deutschen in der DDR für ihre Geschichte und ihre Zukunft und erklären einmütig vor der Weltöffentlichkeit: Durch Deutsche ist während der Zeit des Nationalsozialismus den Völkern der Welt unermessliches Leid zugefügt worden. Nationalismus und Rassenwahn führten zum Völkermord, insbesondere an den Juden aus allen europäischen Ländern, an den Völkern der Sowjetunion, am polnischen Volk und am Volk der Sinti und Roma. Diese Schuld darf niemals vergessen werden. Aus ihr wollen wir unsere Verantwortung für die Zukunft ableiten. [...] Wir bitten die Juden in aller Welt um Verzeihung. Wir bitten das Volk in Israel um Verzeihung für Heuchelei und Feindseligkeit der offiziellen DDR-Politik gegenüber dem Staat Israel und für die Verfolgung und Entwürdigung jüdischer Mitbürger auch nach 1945 in unserem Lande.«

Bezeichnenderweise wurde diese Erklärung erst kurz vor dem endgültigen Ende der DDR abgegeben, vom ersten frei gewählten Parlament. Den antizionistischen Antisemitismus, die Schauprozesse der frühen 1950er-Jahre, die repressive Politik gegen die jüdischen Gemeinden und die Feindschaft gegenüber Israel arbeitete die kommunistische DDR-Führung nie selbst auf. In der Bundesrepublik gestaltete sich die Situation komplizierter.

Die juristische Aufarbeitung der NS-Vergangenheit in der frühen Bundesrepublik

In der unmittelbaren Nachkriegszeit wurden die NS-Verbrechen weitgehend verdrängt, die meisten Täter entlastet und in die Gesellschaft integriert. Sie konnten in der Bundesrepublik ihre Karrieren bis in höchste Posten fortsetzen, so auch Veit Harlan, der Regisseur des berüchtigten antisemitischen Propagandafilms »Jud Süß« von 1940. Zunächst 1949 als »Entlasteter« in einem Entnazifizierungsverfahren eingestuft, wurde wenig später doch ein Prozess gegen ihn eröffnet. Das Landgericht Hamburg sprach den Angeklagten erneut frei. Den Vorsitz führte Walter Tyrolf, der als Staatsanwalt am NS-Sondergericht Hamburg mehrfach selbst bei geringfügigen Delikten die Todesstrafe gefordert hatte, die auch vollstreckt worden war.

Nach dem Freispruch rief der Hamburger Senatsdirektor, Erich Lüth, 1951 die Öffentlichkeit zum Boykott des ersten Nachkriegsfilms von Harlan auf. Dagegen prozessierten die Produktions- und die Filmverleihgesellschaft. Zwei Gerichte stuften den Boykottaufruf Lüths als »sittenwidrig« ein. Er wandte sich daraufhin mit einer Verfassungsbeschwerde an das Bundesverfassungsgericht. Der Kläger sah sich in seinem Recht auf Meinungsfreiheit beschränkt. Erst einige Jahre später, im Januar 1958, gab das Verfassungsgericht Lüth recht. Das Gericht stärkte damit in einem grundlegenden Urteil das Grundrecht der Meinungsfreiheit. Der Richterspruch unterstrich ferner die Bedeutung der Justiz in der bundesrepublikanischen Vergangenheitsbewältigung.

Nur wenige Monate später wurde der »Ulmer Einsatzgruppenprozess« eröffnet. Angeklagt wegen Mordes an Tausenden jüdischen Kindern waren zehn Angehörige der NS-Sicherheitsorgane. Die Angeklagten erhielten Haftstrafen zwischen drei und fünfzehn Jahren Zuchthaus. Allerdings verurteilte das Gericht sie nur als »Gehilfen«, nicht als Haupttäter. Als hauptverantwortlich für den Massenmord galt seinerzeit noch ausschließlich die oberste Riege des NS-Regimes.

Die Medien berichteten ausführlich über den Prozess. Er machte deutlich, dass die Massenverbrechen bislang weder ausreichend untersucht noch geahndet worden waren. Deshalb stellte er eine gewichtige

Zäsur in der bundesdeutschen Justizgeschichte dar. Als unmittelbare Folge wurde im November 1958 die »Zentrale Stelle der Landesjustizverwaltungen zur Aufklärung nationalsozialistischer Verbrechen« im baden-württembergischen Ludwigsburg eingerichtet. Sie hatte die Aufgabe, NS-Verbrechen zu untersuchen, Beweise zusammenzutragen und schließlich die Anklagepunkte an die zuständigen örtlichen Staatsanwaltschaften weiterzuleiten. Sie selbst hatte keine Ermittlungsbefugnisse. Wie umstritten die Einrichtung dieser Institution und damit die Aufarbeitung der NS-Verbrechen damals noch waren, zeigte sich wenige Jahre später. Bei der Beerdigung von Sepp Dietrich, einem der ranghöchsten Offiziere der Waffen-SS, kamen 1966 an die 5000 Veteranen zusammen. Auch die Bundeswehr schickte eine inoffizielle Abordnung zur Beerdigung. Der Staatsanwalt Dietrich Kuhlbrodt, der seinerzeit an der Zentralen Stelle arbeitete, erinnerte sich: »Vor unseren Fenstern zog dann an irgendeinem Tag mit klingendem Spiel wieder die Bundeswehr vorbei, denn der SS-General Sepp Dietrich wurde zu Grabe getragen und dann reckten sich Fäuste und wir hörten die Rufe: Wir kriegen euch noch! Das war Ludwigsburg 1966.« Das war nicht nur Ludwigsburg Mitte der 1960er-Jahre, das war die ganze Bundesrepublik. Das Ludwigsburger Begräbnis stand in extremer Weise für die damalige gesellschaftliche Stimmung, die sich durch Verdrängen, Beschweigen und Beschwichtigen von NS-Verbrechen auszeichnete.

Ferner ereigneten sich regelmäßig antisemitische Vorfälle. So wurde an Heiligabend 1959 die gerade erst wieder eröffnete Synagoge in Köln geschändet. Zwei Mitglieder der antisemitischen Deutschen Reichspartei hatten sie mit Hakenkreuzen und dem Spruch »Deutsche fordern: Juden raus« beschmiert. Die Tat rief im Ausland und bei den Juden in Deutschland großes Entsetzen hervor, weil sie die Erinnerung an die Reichspogromnacht 1938 wachrief. Auch in Teilen der kritischen Öffentlichkeit in der Bundesrepublik evozierte die Schändung großes Entsetzen. Sie machte unbestreitbar klar, wie verbreitet und lebendig der Antisemitismus war. Vor allem um der Kritik im Ausland zu begegnen, bezeichnete Bundeskanzler Konrad Adenauer am 16. Januar 1960 in einer Fernsehansprache die antisemitischen Schmierereien infolge der Synagogenschändung als

»Flegeleien ohne politische Grundlage. [...]. Unseren Gegnern im Ausland und den Zweiflern im Ausland sage ich, die Einmütigkeit des gesamten deutschen Volkes in der Verurteilung des Antisemitismus und des Nationalsozialismus hat sich in der denkbar geschlossensten und stärksten Weise gezeigt. Das deutsche Volk hat gezeigt, dass diese Gedanken und Tendenzen bei ihm keinen Boden haben.«

Bis Mitte Februar 1960 ereigneten sich im gesamten Bundesgebiet über 800 antisemitische Vorfälle. Vor diesem Hintergrund wirkte Adenauers Versicherung gegenüber den Juden in Deutschland wenig beruhigend: »An meine deutschen jüdischen Mitbürger wende ich mich heute und sage ihnen, sie können völlig unbesorgt sein. Dieser Staat steht mit seiner ganzen Macht hinter ihnen. [...] Meinen deutschen Mitbürgern insgesamt sage ich: Wenn ihr irgendwo einen Lümmel erwischt, vollzieht die Strafe auf der Stelle und gebt ihm eine Tracht Prügel.« Die Bundesrepublik tat sich schwer, jüdisches Leben zu garantieren und angemessen zu schützen.

Der Eichmann-Prozess in Jerusalem und die Frankfurter Auschwitzprozesse

Ein Jahr später trug sich ein gewichtiger Einschnitt zu, der den Holocaust ins internationale Bewusstsein rückte. Es war dem israelischen Geheimdienst gelungen, den Organisator des Massenmords an den Juden, Adolf Eichmann, in Argentinien ausfindig zu machen. Dorthin war er nach dem Zweiten Weltkrieg über die »Rattenlinie« geflohen und lebte unter falschem Namen in dem südamerikanischen Land. Der Mossad brachte Eichmann nach Israel und im April 1961 begann der Prozess gegen ihn wegen millionenfachen Mordes. Das Gericht verurteilte ihn schließlich zum Tode durch Erhängen. Das Urteil wurde am 1. Juni 1962 vollstreckt.

Der Prozess erregte international große Aufmerksamkeit, auch in der deutschen Öffentlichkeit. Zahlreiche Zeitungen und Fernsehsender berichteten ausführlich darüber. Das Verfahren hatte den lange Zeit verdrängten Judenmord, das Ausmaß der Verbrechen wieder ins Bewusstsein gerufen. Intellektuelle diskutierten kontrovers, nicht zuletzt angeregt durch das umstrittene Buch der deutsch-jüdischen Philosophin Hannah

Arendt »Eichmann in Jerusalem«, die als Prozessbeobachterin nach Jerusalem gereist war.

Den Hinweis für den Aufenthaltsort Eichmanns hatte der hessische Generalstaatsanwalt Fritz Bauer Israel zukommen lassen. Der Jude und Sozialdemokrat hegte wenig Vertrauen in die deutschen Justizbehörden. Er befürchtete, dass sie den Massenmörder warnen und ihm zur Flucht verhelfen würden. Deshalb wandte er sich mit seinen Informationen an die »Israel-Mission«, eine Einrichtung des jüdischen Staates für Entschädigungsangelegenheiten.

Bauer war ebenfalls eine treibende Kraft für die juristische Ahndung von NS-Massenverbrechen in der Bundesrepublik. Auf seine Initiative hin wurde in Frankfurt am Main im Dezember 1963 der erste »Auschwitzprozess« eröffnet. Die Angeklagten waren in Konzentrations- und Vernichtungslager an den Verbrechen beteiligt gewesen. Das umfangreiche Verfahren dauerte fast zwei Jahre. Es wurden Hunderte Zeugen vernommen und der Massenmord im Lager dabei ausführlich rekonstruiert. Im August 1965 verurteilte das Gericht 16 der 20 Angeklagten zu Zuchthausstrafen, drei davon lebenslänglich. Es folgten noch zwei weitere Prozesse in den folgenden Jahren.

Vor allem der erste Auschwitzprozess rüttelte die bundesrepublikanische Öffentlichkeit auf. Die verschiedenen Prozesse in den 1960er-Jahren markierten einen Meilenstein in der juristischen Aufarbeitung und Ahndung von NS-Verbrechen. Sie konfrontierten die deutsche Gesellschaft mit dem Holocaust, mit dem Massenmord an den Juden. Diese Entwicklung war keineswegs vorgezeichnet angesichts des Umgangs mit der NS-Vergangenheit in der Frühphase der Bundesrepublik.

Die Verjährungsdebatten

Vielmehr drohten Ende der 1950er-Jahre die ersten vor dem 8. Mai 1945 begangenen Verbrechen zu verjähren. Ausgenommen von dieser Verjährung waren lediglich Mord und Totschlag. Vor allem in der jüngeren Generation regte sich dagegen Widerstand. Studenten der Freien Universität in Berlin konzipierten 1959 die Ausstellung »Ungesühnte Nazijustiz – Dokumente zur NS-Justiz«. Sie dokumentierte NS-Justizverbrechen und die Nachkriegskarrieren beteiligter Staatsanwälte und Richter. Die privat finanzierte Wanderausstellung wurde bis 1962 in mehreren deutschen und ausländischen Universitätsstädten gezeigt, oftmals auf Initiative von Mitgliedern des Sozialistischen Deutschen Studentenverbands (SDS). Die Initiatoren stellten ebenso Strafanzeigen gegen einige Juristen. Von staatlicher Seite wurde die Ausstellung heftig angefeindet. Den Studenten wurde vorgeworfen, »DDR-Propaganda« zu betreiben. Sie würden Landesverrat begehen. Nur wenige bundesdeutsche Politiker wie der Sozialdemokrat Adolf Arndt und Juristen wie Fritz Bauer und der christdemokratische Generalbundesanwalt Max Güde, bezogen sich positiv darauf. Trotz dieses weitgehend negativen gesellschaftlichen Echos entfaltete die Ausstellung eine Wirkung. Zwar führte sie nicht zu Anklagen gegen Beteiligte an Justizverbrechen, aber sie regte weitere Forschung zur Kontinuität der NS-Justiz an. Ferner manifestierte sich in der Ausstellung ein generationeller Bruch in der Bundesrepublik. Die jüngere Generation war nicht mehr bereit, über die NS-Verbrechen der Väter- und Großvätergeneration zu schweigen, die nationalsozialistischen Kontinuitäten in der bundesrepublikanischen Gesellschaft widerspruchslos hinzunehmen.

Wenig später stand im Bundestag die nächste »Verjährungsdebatte« an. 1965, zwei Jahrzehnte nach Kriegsende, würden die bislang ungesühnten NS-Massenverbrechen verjähren. Nach einer kontroversen Diskussion im Parlament stimmte die Mehrheit der Abgeordneten einem Kompromiss zu. Die Verjährung solle erst von Gründung der Bundesrepublik an berechnet werden. Damit konnten die Verbrechen bis 1969 verfolgt werden. In diesem Jahr beschloss der Bundestag dann, die Verjährung von Mord auf 30 Jahre zu erhöhen und für Völkermord gänzlich aufzuheben. 1979 beschlossen die bundesrepublikanischen Parlamentarier schließlich, die Verjährung von Mord ebenfalls aufzuheben. Damit waren die NS-Verbrechen weiter strafbar und mussten verfolgt werden. Bis zu diesem Beschluss war es jedoch ein harter Weg voller Widerstände.

Einen gewichtigen außenpolitischen Schritt im Umgang mit den Überlebenden des Holocaust und ihrer Nachkommen vollzog die Bundesrepublik im Jahr der ersten großen Verjährungsdebatte. Am 12. Mai 1965 nahm sie offiziell diplomatische Beziehungen zu Israel auf. Dieser

Schritt hatte nach dem Luxemburger Abkommen 1952 so lange gedauert, weil die Bundesrepublik befürchtete, dass sich im Falle der Anerkennung Israels die arabischen Staaten von ihr abwenden würden. Diese Befürchtung bewahrheitete sich: Zehn arabische Länder brachen ihre diplomatischen Beziehungen zur Bundesrepublik ab und näherten sich der DDR an. Nach der Anerkennung entwickelten sich auf unterschiedlichen Ebenen enge Verbindungen zwischen der Bundesrepublik und Israel. Ein Jahr später wurde etwa die zivilgesellschaftliche Deutsch-Israelische Gesellschaft gegründet.

Die staatliche Annäherung an Israel wurde aber nicht in allen Teilen der bundesdeutschen Gesellschaft positiv aufgenommen. Es bildete sich eine starke Gegnerschaft zu diesem Schritt heraus. Gerade in der politischen Linken entwickelte sich ein spezifischer, israelbezogener Antisemitismus. Diese Entwicklung mag auf den ersten Blick verwundern, da die Linke sich für die Aufarbeitung der NS-Vergangenheit engagierte. Dieses Engagement bewahrte sie aber nicht vor antisemitischen Stereotypen, die sich auch bei der Studentenbewegung von 1968 fanden.

Der Antisemitismus von links

Während die westdeutsche Linke nach der Staatsgründung Israels mehrheitlich solidarisch mit dem jüdischen Staat war, den sie als notwendige Konsequenz aus dem Holocaust begriff, änderte sich die Situation im Jahre 1967 mit dem Sechstagekrieg.

Nachdem Ägypten die Straße von Tiran für die israelische Schifffahrt im Mai 1967 gesperrt und Zehntausende Truppen und Panzer an der Grenze zu Israel zusammengezogen hatte, griff die israelische Luftwaffe in einem Präventivschlag am 5. Juni 1967 das Nachbarland an. Im folgenden Krieg mit Ägypten, Jordanien und Syrien, die von weiteren arabischen Ländern und der Sowjetunion unterstützt wurden, eroberte Israel trotz militärischer Unterlegenheit große Gebiete und erlangte die Kontrolle über Ostjerusalem. Damit war dem jüdischen Staat in wenigen Tagen ein unerwarteter Erfolg gegen eine große Übermacht gelungen. Dieser schnelle Sieg der Israelis veränderte die Wahrnehmung in der westdeutschen Öffentlichkeit. Die wehrhaften israelischen Soldaten widerlegten das klischeebehaftete Bild der Juden, die sich wie die Lämmer zur Schlachtbank führen ließen. Dadurch stiegen die Sympathiewerte für Israel in der Bundesrepublik. Die konservative deutsche Presse zog Vergleiche zwischen dem schnellen israelischen Vorrücken und der Kampagne der Wehrmacht im Zweiten Weltkrieg in Nordafrika. Die Boulevardblätter des Springer-Konzerns feierten den israelischen Befehlshaber Mosche Dajan als neuen »Wüstenfuchs« und verglichen ihn mit dem Generalfeldmarschall Erwin Rommel.

Derartige Vergleiche kritisierte eine einflussreiche Stimme der neuen Linken, die Journalistin und spätere RAF-Terroristin Ulrike Meinhof heftig: »›Bild‹ gewann in Sinai endlich, nach 25 Jahren, doch noch die Schlacht von Stalingrad. Nicht die Erkenntnis der Menschlichkeit der Israelis, sondern die Härte ihrer Kriegsführung, nicht die Einsicht in die eigenen Verbrechen, sondern der israelische Blitzkrieg führte zu fragwürdiger Versöhnung.« Während rechte Medien in der Bundesrepublik Israel feierten, reagierte die neue Linke gänzlich anders. Sie nahm Israel nun nicht mehr als Refugium der Holocaustüberlebenden wahr, der sich in einer feindseligen Umgebung seiner Existenz erwehren musste, sondern als kriegerischen, kolonialen Staat. Israel sei ein Brückenkopf des westlichen Imperialismus im Nahen Osten. Während Anhänger der traditionellen Linken, also der Organisationen der Arbeiterbewegung, allen voran die Gewerkschaften, sich dem jüdischen Staat moralisch verpflichtet fühlten, verspürten die nach dem Zweiten Weltkrieg geborenen Anhänger der neuen Linken diese Verpflichtung nicht. Kein anderer Konflikt weltweit genoss eine solche Aufmerksamkeit in der neuen Linken wie der Nahostkonflikt, den sie ausschließlich durch die Linse des Antiimperialismus betrachtete. Sie fokussierte obsessiv diese regionale Auseinandersetzung und solidarisierte sich insbesondere mit der palästinensischen Befreiungsbewegung Fatah. Ihren Anführer Jassir Arafat erkor sie zur Symbolfigur des antiimperialistischen Kampfes. Diese veränderte Einschätzung Israels schlug sich auch in ihren Aktionen nieder.

So störten Mitglieder des SDS zusammen mit arabischen Kommilitonen eine Veranstaltung des Bundes Jüdischer Studenten in Deutschland (BJSD) mit dem ersten israelischen Botschafter Asher Ben-Natan am 9. Juni 1969 an der Frankfurter Universität. Der Vortrag fand im Rahmen der Woche für den Frieden im Nahen Osten statt. Die Protestierenden, darunter der ehemalige SDS-Vorsitzende Karl Dietrich Wolff, schrien den Botschafter nieder und bezeichneten ihn als »Faschisten«. Die Veranstaltung endete in einem handgreiflichen Tumult. Auch in anderen Universitätsstädten störten linke Gruppierungen die Auftritte des israelischen Diplomaten. Doch es blieb nicht bei Störungen von Vorträgen.

Antisemitischer Linksterrorismus

Am Jahrestag des Novemberpogroms, am 9. November 1969, beschmierten Unbekannte jüdische Erinnerungsorte in Westberlin mit »El Fath« und »Shalom und Napalm«. Darüber hinaus entdeckte eine Putzfrau am Morgen des 10. November im jüdischen Gemeindehaus ein seltsames Paket mit einem Wecker. Es entpuppte sich als Bombe. Sie hätte am Vortag während der zentralen Gedenkveranstaltung explodieren sollen. Lediglich wegen eines korrodierten Drahtes ging sie nicht in die Luft. Auf der Veranstaltung waren etwa 250 Personen, darunter der Westberliner Bürgermeister Klaus Schütz und viele Holocaustüberlebende. Ein Bekennerschreiben der Tupamaros Westberlin, eine linksterroristische Gruppe, die sich nach einer lateinamerikanischen Stadtguerilla benannt hatte, postulierte, sich nicht länger durch ein deutsches Schuldbewusstsein vom Kampf gegen den Zionismus abhalten lassen zu wollen: »Jede Feierstunde in Westberlin und in der BRD unterschlägt, dass die Kristallnacht von 1938 heute täglich von den Zionisten in den besetzten Gebieten, in den Flüchtlingslagern und in den israelischen Gefängnissen wiederholt wird. Aus den vom Faschismus vertriebenen Juden sind selbst Faschisten geworden, die in Kollaboration mit dem amerikanischen Kapital das palästinensische Volk ausradieren wollen.«

Einen derartigen Vergleich zwischen Israel und dem NS-Regime zogen linke Gruppierungen häufig. Bereits darin zeigte sich eine neue Form der Judenfeindschaft nach Auschwitz. Dieser sekundäre oder Schuldabwehrantisemitismus vertauschte Täter und Opfer. Die Annahme, dass Juden das Gleiche mit den Palästinensern machen wie die Nationalsozialisten damals mit ihnen, relativierte die deutsche Schuld. Die NS-Verbrechen wurden gewissermaßen nach außen verlagert. Mit der Behauptung, dass die Israelis derselben Gräueltaten schuldig seien, hofften die Deutschen, sich von ihrer Vergangenheit reinzuwaschen. Der jüdische Staat und jeder lebendige Jude mahnte sie an die von ihnen, ihren Eltern oder Großeltern begangenen Verbrechen. Polemisch ließe sich diese Form des Antisemitismus mit dem in Wien geborenen israelischen Psychoanalytiker Zvi Rix folgenermaßen formulieren: »Auschwitz werden uns die Deutschen niemals verzeihen.« Doch die im jüdischen Gemeindehaus platzierte Bombe ging über diesen sekundären Antisemitismus weit hinaus.

Dass bundesrepublikanische Linke bereit waren, einen Bombenanschlag auf eine Gedenkveranstaltung zu verüben und damit Juden gezielt zu töten, stellte eine neue Qualität des linken Antisemitismus dar. Er hatte terroristische und bereits potenziell mörderische Züge angenommen.

Wenige Wochen nach dem gescheiterten Attentat rief Dieter Kunzelmann, ein Aktivist der Kommune 1 und der vermutete Kopf der Tupamaros Westberlin, im Szeneblatt »Agit 883« in einem »Brief aus Amman« die deutsche Linke zur Solidarität mit den Palästinensern und dem Kampf gegen den Zionismus auf. Die Bedeutung dessen habe sie noch nicht erkannt: »Warum? Der Judenknax. [...] Wenn wir endlich gelernt haben, die faschistische Ideologie ›Zionismus‹ zu begreifen, werden wir nicht mehr zögern, unseren simplen Philosemitismus zu ersetzen durch eindeutige Solidarität mit Al Fatah die im Nahen Osten den Kampf gegen das Dritte Reich von Gestern und Heute und seine Folgen aufgenommen hat.« Die deutsche Linke solle endlich den »Kampf gegen die heilige Kuh Israel« aufnehmen. Anschläge auf jüdische Einrichtungen wie Friedhofsschändungen fanden im gesamten Bundesgebiet statt, aber München war seinerzeit das Zentrum der terroristischen Aktionen.

So verübten Unbekannte am 13. Februar 1970 einen Brandanschlag auf das Altenheim der Israelitischen Kultusgemeinde in der bayerischen Hauptstadt. Sieben Bewohner verbrannten. Sie hatten alle den Nationalsozialismus überlebt, zwei sogar die Vernichtungslager. Der Mord konnte nie aufgeklärt werden, aber es ist keineswegs ausgeschlossen, dass Linke dafür verantwortlich waren. In dieser Zeit erlebte auch der internationale Terrorismus gegen Israel und jüdische Einrichtungen eine Hochkonjunktur.

Vor allem die Fatah, unterstützt von arabischen Ländern, verübte Angriffe auf israelische Ziele. Nur wenige Tage vor dem Mord im jüdischen Altenheim, am 10. Februar 1970, versuchten arabische Terroristen am Flughafen München-Riem, eine israelische El-Al-Maschine bei einer Zwischenlandung zu entführen. Die Entführung scheiterte, aber die Attentäter töteten einen Passagier und verletzten weitere Personen. Am 21. Februar detonierte eine Bombe in einer Swiss-Air-Maschine auf dem Weg von Zürich nach Israel. Alle 47 Menschen an Bord starben.

Deutsche Linksterroristen ließen sich damals in palästinensischen Ausbildungslagern im Nahen Osten im Umgang mit Waffen schulen, so etwa die Mitglieder der Roten-Armee-Fraktion (RAF).

Bezeichnenderweise hielten sich nicht nur deutsche Linke in arabischen Ländern auf, um sich in Terrorismus unterrichten zu lassen, sondern auch Neonazis wie die Wehrsportgruppe Hoffmann. Linke und Neonazis einte der Hass auf Israel und ein antiwestliches, antiimperialistisches Weltbild.

Wiederum in München verübte die palästinensische Terrororganisation Schwarzer September während der Olympischen Spiele 1972 ein Attentat auf die israelische Mannschaft. Die Organisation hatte sich ihren Namen in Gedenken an die Ermordung von mehreren Zehntausend Palästinensern durch die jordanische Armee im Bürgerkrieg ab September 1970 gegeben. Die Olympiade wollte die Bundesrepublik nutzen, um sich der Weltöffentlichkeit als weltoffenes, liberales Land zu präsentieren, vor allem auch im Gegensatz zu den letzten olympischen Spielen in Deutschland 1936. Dementsprechend lax waren die Sicherheitsmaßnahmen. Am 5. September 1972 drangen palästinensische Terroristen in das olympische Dorf ein, töteten zwei Israelis und nahmen neun israelische Sportler als Geiseln. Die Palästinenser wollten inhaftierte Personen freipressen, darunter auch die RAF-Mitglieder Ulrike Meinhof und Andreas Baader. Bei der missglückten Befreiungsaktion am Flugplatz Fürstenfeldbruck durch die deutsche Polizei wurden alle Geiseln, ein Polizist und fünf der acht Attentäter getötet. Die Leichname der fünf toten Terroristen wurden nach Libyen überführt, wo sie mit militärischen Ehren beigesetzt wurden. Die drei überlebenden Palästinenser sollten in Deutschland vor Gericht gestellt werden. Dieser Prozess fand nie statt, weil ein weiteres palästinensisches Kommando im Oktober 1972 eine Lufthansa-Maschine entführte und die Inhaftierten freipresste. Die Bundesregierung war erstaunlich schnell und gegen den Protest Israels eingeknickt, wahrscheinlich auch, weil sie hoffte, sich damit des palästinensischen Terrorismus auf dem eigenen Staatsgebiet entledigen zu können.

Die RAF kommentierte im November 1972 die Geiselnahme in München folgendermaßen: »Die Aktion des Schwarzen September in München hat das Wesen imperialistischer Herrschaft und des antiimperialistischen Kampfes auf eine Weise durchschaubar und erkennbar gemacht wie noch keine revolutionäre Aktion in Westdeutschland und Westberlin. [...] Die westdeutsche Linke könnte an ihr ihre politische Identität wiederfinden – Antifaschismus – antiautoritäres Lager – antiimperialistische Aktion – wenn sie noch nicht ganz der Springerpresse und dem Opportunismus verfallen ist, wenn Auschwitz, Vietnam und Abstumpfung der Massen hier durch das System sie noch was angeht. Die Strategie des Schwarzen September ist die revolutionäre Strategie des antiimperialistischen Kampfes in der Dritten Welt und in den Metropolen unter den Bedingungen des entfalteten Imperialismus der multinationalen Konzerne.« Die Linksterroristen feierten die Ermordung von Juden als vorbildhafte Aktion. Den palästinensischen Terrorismus propagierten sie als Maßstab für revolutionäres Bewusstsein.

Der Hass auf Israel beschränkte sich in dieser Zeit allerdings nicht auf die deutsche Linke. Die Palästinenser erhielten vor allem in Ländern des globalen Südens und des Ostblocks viel Unterstützung. So stimmte die UN-Generalversammlung am 10. November 1975 mit überwältigender Mehrheit einer Resolution zu, die den Zionismus als eine Form des Rassismus und als eine Bedrohung für den Weltfrieden verurteilte.

Diese weltweit feindliche Stimmung schlug sich immer wieder in Angriffen auf Juden nieder, die kollektiv für die Handlungen des israelischen Staates verantwortlich gemacht wurden. Einen Einschnitt für die deutsche Linke stellte die Flugzeugentführung einer Air-France-Maschine auf dem Weg von Tel Aviv nach Paris am 27. Juni 1976 dar. Ein palästinensisch-deutsches Terrorkommando brachte das Flugzeug mit über 100 Personen in seine Gewalt und zwang es in der ugandischen Hauptstadt Entebbe zur Landung. Beteiligt waren die beiden Gründungsmitglieder der Revolutionären Zellen (RZ) Wilfried Böse und Brigitte Kuhlmann. In der Transithalle des Flughafens trennten die Entführer die jüdischen von den nicht jüdischen Passagieren. Dabei zeigte ein Holocaustüberlebender dem Entführer Wilfried Böse seine eintätowierte Häftlingsnummer und erinnerte damit an die Selektion in den nationalsozialistischen Konzentrationslagern. Die Terroristen forderten die Freilassung von Gesinnungsgenossen. Ein israelisches Spezialkommando beendete die Geiselnahme. Dabei wurden die Entführer getötet.

Diese Selektion zwischen Juden und Nichtjuden rief in der deutschen Linken zunächst keinen Aufschrei hervor, führte jedoch langfristig zu einer Debatte über ihr Verhältnis zu Israel. So bezeichnete der spätere deutsche Außenminister Joschka Fischer Entebbe als einen Grund für seine Abkehr von Militanz und Gewalt. Auch das ehemalige RZ-Mitglied Hans-Joachim Klein, der an einer Geiselnahme bei der OPEC-Konferenz 1975 in Wien beteiligt war, distanzierte sich von der Organisation und warnte, dass die RZ Anschläge gegen prominente jüdische Repräsentanten in der Bundesrepublik plane, namentlich gegen den Vorsitzenden der jüdischen Gemeinde zu Berlin, Heinz Galinski, und den Leiter der Jüdischen Gemeinde Frankfurt am Main, Ignaz Lipinski.

Einen weiteren Höhepunkt erlebte der antisemitische Antizionismus während des libanesischen Bürgerkrieges ab 1975. Die PLO war mittlerweile im Libanon ansässig. Unterstützt von Syrien und anderen Milizen griff sie von dort aus immer wieder Ziele in Israel an, das mit konkurrierenden Kräften im Nachbarland kooperierte. Nach einem weiteren verheerenden Anschlag von PLO-Attentätern auf einen zivilen Bus, der 37 Tote forderte, darunter zehn Kinder, beschloss Israel, stärker im Libanon einzugreifen. Es besetzte den Süden Libanons militärisch, zog sich aber auf Druck der Vereinigten Staaten von Amerika wieder zurück. Ein geschlossenes Waffenstillstandsabkommen hielt aber nicht lange.

Der Mord an einem israelischen Diplomaten in Paris, ein Anschlagsversuch auf den Botschafter Israels in London, für die palästinensische Gruppierungen jeweils die Verantwortung übernommen hatten, und der Beschuss Israels mit Katjuscha-Raketenwerfern führten dazu, dass Israel erneut seine Truppen am 6. Juni 1982 in den Libanon schickte. Es beabsichtigte, die PLO endgültig aus dem Land zu vertreiben. Unter der israelischen Besatzung verübten christliche Milizionäre ein Massaker in den palästinensischen Flüchtlingslagern Sabra und Schatila, das weltweit Entsetzen hervorrief. Empörung rief vor allem hervor, dass die nicht weit davon entfernte israelische Armee nicht einschritt.

Die deutsche Linke sah sich dadurch in ihrem Hass auf den jüdischen Staat bestätigt und schob die Schuld an dem Massaker Israel zu. Im »Grünen Kalender« für das Jahr 1983, einem jährlich erscheinenden Ratgeber mit Texten zur Natur, Astrologie und Politik, hieß es: »Angesichts der zionistischen Gräueltaten verblassen jedoch die Nazi-Gräuel und die neonazistischen Schmierereien und nicht nur ich frage mich, wann den Juden ein Denkzettel verpasst wird, der sie aufhören lässt, ihre Mitmenschen zu ermorden.« Die darin mitschwingenden Bestrafungsfantasien stellten die in der Linken übliche Täter-Opfer-Umkehr auf eine neue Stufe. NS-Terminologie verwendete auch der Aufruf zu einer Demonstration in Frankfurt am Main gegen die israelische Intervention im August 1982. Dort war vom »mörderischen Vernichtungskrieg«, »willkürlichen Selektionen« und »großen Konzentrationslagern« für Palästinenser die Rede. Die linke Tageszeitung »taz« bezeichnete das israelische Vorgehen als »umgekehrten Holocaust« und »Endlösung«.

Im Gegensatz zu ihrem Selbstverständnis war die deutsche Linke keineswegs gefeit vor Judenfeindschaft. Vielmehr war auch sie von Schuldabwehrantisemitismus getrieben, relativierte den Holocaust und brachte gerade die deutsche Geschichte in Anschlag, um Israel als faschistisch zu brandmarken und sich bedingungslos mit den Palästinensern zu solidarisieren. Dafür nahm sie Tote in Kauf, verübte terroristische Anschläge, wähnte sich aber zugleich auf der richtigen Seite der Geschichte. Dieser

Antisemitismus des guten Gewissens war spezifisch für die bundesrepublikanische und Westberliner Linke in der Nachkriegszeit. Die beständige Verdammung Israels überstieg das Maß einer politischen Kritik an bestimmten Aktionen der israelischen Regierung bei Weitem. Die Linke delegitimierte den jüdischen Staat in seiner Existenz, dämonisierte ihn, indem sie ihn als neuen Nationalsozialismus denunzierte, und legte doppelte Standards an. So verdammte sie Maßnahmen Israels, die sie bei anderen Staaten, vor allem im Ostblock, ignorierte. Damit überschritt sie die Grenze zum israelbezogenen Antisemitismus. Diese 3-D-Regel, also Delegitimierung, Dämonisierung und doppelte Standards, ermöglicht eine Unterscheidung zwischen gerechtfertigter Kritik an Israel und Antisemitismus.

Judenfeindschaft in der Mitte der Gesellschaft und Antisemitismus von rechts

Der Antisemitismus manifestierte sich in den 1970er-Jahren deutlicher an den politischen Rändern. Nichtsdestotrotz bestand die Judenfeindschaft in der Mitte der Gesellschaft fort. Auch in diesem Jahrzehnt schändeten Randalierer zahlreiche jüdische Friedhöfe. Diese Schändungen erzeugten keine großen gesellschaftlichen Debatten mehr. Sie waren eine profane Angelegenheit der Sicherheitsbehörden und der Justiz.

Eine umfangreiche empirische Untersuchung des deutsch-jüdischen Soziologen Alphons Silbermann kam in dieser Zeit zum Ergebnis, dass nicht geringe Teile der deutschen Bevölkerung judenfeindliche Einstellungen hegten. Die Studie »Sind wir Antisemiten? Ausmaß und Wirkung eines sozialen Vorurteils in der Bundesrepublik Deutschland« wurde 1982 veröffentlicht. Der Autor schätzte den Anteil der »rassischen« Antisemiten auf ein gutes Drittel. Damit war die Judenfeindschaft in der Bundesrepublik zwar weniger verbreitet als in den Jahrzehnten nach ihrer Gründung. Allerdings belegte die nach wie vor hohe Zustimmungsrate zu antisemitischen Vorstellungen, wie tief der nationalsozialistische Judenhass in die deutsche Gesellschaft eingedrungen war und die Haltung der Bevölkerung nachhaltig prägte. Darin zeigte sich das Missverhältnis zwischen dem gesellschaftlich weitverbreiteten, fortwirkenden Antisemitismus und seiner verbalen Verurteilung in der Politik und den Medien.

Besonders bedenklich war, dass es auch in der deutschen Armee immer wieder zu antisemitischen Vorfällen kam. So beunruhigte die kritische Öffentlichkeit ein Ereignis im Februar 1977 an der Bundeswehrhochschule in München. Junge Soldaten, darunter Offiziere, waren zu einem Kameradschaftsabend zusammengekommen. Ein Anwesender berichtete vom weiteren Verlauf: »Als das Feuer ausging, da schrie jemand: nachlegen. Und dann sagte jemand: dann lasst uns doch Juden verbrennen.« Daraufhin schrieben Teilnehmer das Wort »Juden« auf Papierreste und warfen sie ins Feuer. Andere riefen »Sieg Heil« und stimmten das nationalsozialistische Horst-Wessel-Lied an. Einige Offiziere griffen ein und beendeten das antisemitische Spektakel. Die Konsequenzen waren gering, obwohl die Vorfälle den Vorgesetzten gemeldet wurden. Die Hochschulleitung bemühte sich ebenfalls, sie herunterzuspielen. Viele Zeitungen berichteten darüber. Die Befürchtung wuchs, dass die Bundeswehr sich nach rechts entwickle.

Einen Einschnitt im Umgang mit der Vernichtung der Juden Ende der 1970er-Jahre markierte die vierteilige amerikanische Serie »Holocaust – Die Geschichte der Familie Weiss«. Sie erzählte das Schicksal einer fiktiven jüdischen Familie aus Berlin im Nationalsozialismus. Die vier Folgen umfassten zeitlich die Situation in Deutschland von 1935 bis zur Befreiung und dem Kriegsende 1945. Sie thematisierten die »Nürnberger Rassegesetze«, die Verfolgung politischer Gegner durch das NS-Regime, die Reichspogromnacht ebenso wie das Warschauer Getto, das Massaker in Babyn Jar, jüdische Partisanen und die nationalsozialistischen Konzentrations- und Vernichtungslager.

Ausgestrahlt in der Bundesrepublik Anfang 1979, löste sie eine breite Diskussion über die nationalsozialistischen Verbrechen aus. Bereits im Vorfeld war es zu Kontroversen gekommen. Der Westdeutsche Rundfunk hatte die Serie angekauft, aber andere Sendeanstalten der ARD wandten sich dagegen, sie zur Hauptsendezeit auszustrahlen. Als Kompromiss zeigten sie alle dritten Programme der Länderanstalten innerhalb von fünf Tagen. Eingeführt werden sollte die Serie von einer

Dokumentation über die Judenvernichtung. Um die Ausstrahlung zu verhindern, sprengten Mitglieder einer rechtsextremen Organisation eine Fernsehsendeanlage bei Koblenz und eine bei Münster in die Luft. Einer der Täter war ein Funktionär der neonazistischen Nationaldemokratischen Partei Deutschlands (NPD). Die Anschläge gehörten mit zu den ersten rechtsterroristischen Aktionen in der Bundesrepublik.

Trotz oder wegen der Debatten im Vorfeld schalteten viele Millionen Fernsehzuschauer die Serie ein. Schätzungsweise schaute die Hälfte der Erwachsenen mindestens eine Folge davon. Im Anschluss an die einzelnen Teile fanden im Fernsehen noch Diskussionen mit Zeitzeugen statt. Das Publikum konnte sich ebenfalls beteiligen. Die Teilnahme war groß. Die Bundeszentrale für politische Bildung druckte im Nachgang Hunderttausende Broschüren zum Nationalsozialismus und Antisemitismus. Erstmals hatte eine Fernsehserie ein Millionenpublikum mit der Judenvernichtung konfrontiert. Ferner etablierte sie den Begriff »Holocaust« als Synonym für den nationalsozialistischen Massenmord an den Juden.

Die Anschläge auf die Sendemasten zum Auftakt der Serie stellten hingegen den Beginn einer rechtsterroristischen Welle zu Beginn der 1980er-Jahre dar. Der verheerendste Anschlag vollzog sich am 26. September 1980. Ein Rechtsextremer hatte am Eingang des Münchner Oktoberfests eine Bombe in einem Papierkorb platziert. Ihre Detonation tötete zwölf Menschen und verletzte über 200. Der Attentäter, der ebenfalls bei der Explosion starb, war Mitglied der neonazistischen Wikingjugend sowie der Wehrsportgruppe Hoffmann (WSG), der seinerzeit größten militanten, rechtsextremen Gruppierung. Die bayerischen Behörden blendeten den politischen Hintergrund lange Zeit aus und stellten den Bombenleger als psychisch labilen Einzeltäter dar. Das »Oktoberfestattentat« war der bislang schwerste Terroranschlag in der Geschichte der Bundesrepublik.

Nur wenige Monate später, am 19. Dezember 1980, tötete der Vizechef der WSG in Erlangen den Rabbiner Shlomo Lewin und seine Lebensgefährtin Frida Poeschke, eine evangelische Christin, in ihrem Haus. Lewin war Verleger, ehemaliger Vorsitzender der Israelitischen Kultusgemeinde in Nürnberg und ein bekennender Antifaschist. Jahrelang war er auch in der Gesellschaft für christlich-jüdische Zusammenarbeit aktiv. Vor allem engagierte er sich gegen die WSG, die in Ermreuth, in der Nähe von Erlangen, ihren Hauptsitz hatte. Das Attentat auf ihn war der erste antisemitische Mord an einem Vertreter der jüdischen Gemeinde in der Bundesrepublik. Statt den Täter aber im rechtsextremen Milieu zu suchen, ermittelte die Polizei im persönlichen und beruflichen Umfeld Lewins. Über ihn kursierten zahlreiche Gerüchte um Auseinandersetzungen in der jüdischen Gemeinde und mögliche Verbindungen zum israelischen Auslandsgeheimdienst Mossad. Die katastrophalen Fehler der Ermittlungsbehörden ermöglichten es dem Attentäter zu fliehen. Er verließ die Bundesrepublik und flog über die syrische Hauptstadt Damaskus in den Libanon. Dort begab er sich in ein Ausbildungslager der PLO.

Bereits nach ihrem Verbot als verfassungsfeindlich im Januar 1980 hatte die Gruppe Kontakte zur palästinensischen Organisation aufgenommen und mit ihr ein Abkommen geschlossen. Über die PLO nahm sie auch Verbindungen zur DDR auf. Insofern bestanden damals Kontakte von Neonazis und von Linksterroristen zu den ostdeutschen Sicherheitsbehörden. Bezeichnenderweise ließen sich sowohl radikale Linke als auch extreme Rechte von der PLO militärisch ausbilden. Die ideologisch verbindenden Elemente dieser scheinbar entgegengesetzten politischen Strömungen waren der Hass auf Israel und den Zionismus, Antisemitismus und Antiamerikanismus sowie eine antiimperialistische Weltsicht.

Während die Bundesrepublik allerdings gegen den linken Terrorismus der RAF und der Revolutionären Zellen hart vorging, herrschte in Bezug auf rechtsextremen Terrorismus die Tendenz vor, ihn zu verharmlosen und zu entpolitisieren.

Folglich stellte sich die Situation Anfang der 1980er-Jahre zwiespältig dar. Einerseits verfolgte die bundesrepublikanische Justiz mittlerweile die NS-Verbrechen konsequenter, das Parlament hatte die Verjährung von Mord aufgehoben und eine breitere Öffentlichkeit befasste sich mit dem Holocaust. Andererseits hatte eine rechtsextreme Terrorserie begonnen, Juden wurden ermordet, und der Antisemitismus war noch immer tief in der bundesrepublikanischen Gesellschaft verankert. Der Umgang mit Antisemitismus und der NS-Vergangenheit blieb auch im neuen Jahrzehnt ein bestimmendes Thema für das Selbstverständnis der Bundesrepublik.

Die Vergangenheitspolitik der 1980er-Jahre

Auf globaler Ebene waren die 1980er-Jahre stark von dem sich zuspitzenden Kalten Krieg zwischen Amerika und der Sowjetunion geprägt. Innenpolitisch markierte das konstruktive Misstrauensvotum gegen den sozialdemokratischen Bundeskanzler Helmut Schmidt eine einschneidende Zäsur. Damit gingen dreizehn Jahre SPD-geführte Regierung zu Ende. Die FDP hatte sich von den Sozialdemokraten abgewandt und unterstützte nun Helmut Kohl, den Vorsitzenden der oppositionellen CDU. Die Mehrheit der Parlamentsabgeordneten wählte ihn zum neuen Kanzler. Kohl rief eine »geistig-moralische Wende« aus. Sie schloss auch einen anderen Umgang mit der NS-Vergangenheit ein. Beispielhaft herfür stand der von ihm mehrfach verwendete Ausdruck von der »Gnade der späten Geburt«. Die Formulierung nahm Bezug auf sein Geburtsjahr 1930 und spielte darauf an, dass seine Generation im Nationalsozialismus nicht mehr direkt zu Tätern werden, der Vergangenheit folglich mit mehr Distanz begegnen konnte. Sie entwickelte sich zu einem politischen Schlagwort.

Kohl verwendete den Terminus im Vorfeld einer 1984 geplanten Reise nach Israel. Bereits bei seiner Ankunft in Tel Aviv sprach er davon, dass er als »erster Bundeskanzler aus der Nachkriegsgeneration« komme und deshalb einen unbefangeneren Umgang zwischen Deutschen und Israelis zu pflegen gedenke. Dieser Auftritt war kein gelungener Beginn für den Besuch eines deutschen Regierungschefs im Staat der Holocaustüberlebenden. Vor der Knesset, dem israelischen Parlament, sagte er schließlich: »Ich rede vor Ihnen als einer, der in der Nazizeit nicht in Schuld geraten konnte, weil er die Gnade der späten Geburt und das Glück eines besonderen Elternhauses gehabt hat.« Seine Rede war ohnehin schon umstritten gewesen, zum einen, weil ein deutscher Bundeskanzler vor dem israelischen Parlament immer ein Politikum darstellte, zum anderen, weil die Bundesrepublik seinerzeit Panzer an Saudi-Arabien lieferte – ein Staat, der es zum Ziel erhoben hatte, Israel von der Landkarte zu löschen. Deshalb konnte Kohl nur unter dem Protest von israelischen Abgeordneten reden. Auch über diese Rede hinaus zeugte die Reise Kohls und seiner Begleiter nicht von historischem Feingefühl.

Diese fehlende Sensibilität zeigte sich ebenfalls beim Besuch des amerikanischen Präsidenten Ronald Reagan 1985. Helmut Kohl besuchte zusammen mit ihm den Soldatenfriedhof in Bitburg und legte einen Kranz nieder. Neben Angehörigen der Wehrmacht waren auf dem Friedhof ebenfalls Mitglieder der Waffen-SS begraben. Anlässlich des 40. Jahrestages der bedingungslosen Kapitulation der Wehrmacht am 8. Mai 1945 war dieser Besuch als Versöhnungsgeste zwischen den ehemaligen Kriegsgegnern gedacht.

Doch bereits im Vorfeld war er international auf Kritik gestoßen. Selbst das amerikanische Repräsentantenhaus hatte in einem nicht bindenden Beschluss den Präsidenten aufgefordert, davon abzusehen. In der Bundesrepublik wurde ebenfalls Unmut darüber laut. Während der Bundeskanzler von konservativen Zeitungen Zuspruch erhielt, kritisierten linksliberale Medien, Intellektuelle und Schriftsteller die Kohl'sche Wende in der Vergangenheitspolitik. Der Philosoph Jürgen Habermas prangerte die »Entsorgung« der NS-Vergangenheit und eine neue Unbekümmertheit an. Der Schriftsteller Günter Grass monierte eine drohende Geschichtsklitterung.

Das Bedürfnis, aus dem Schatten der NS-Verbrechen herauszutreten und die Bundesrepublik unbefangen als »normale Nation« zu präsentieren, verspürte nicht nur die konservative Regierung. Auch bei Linken zeigten sich ähnliche Regungen.

Die Fassbinder-Kontroverse

Rainer Werner Fassbinder hatte bereits 1975 das Theaterstück »Der Müll, die Stadt und der Tod« geschrieben. Das Stück entstand vor dem Hintergrund des Frankfurter Häuserkampfs. Die linke Spontiszene machte gegen Immobilienspekulationen und die Aufwertung im Viertel Westend mobil. Außerdem besetzten Aktivisten erstmals in der Geschichte der Bundesrepublik leer stehende Häuser, um sie vor dem Abriss zu bewahren und als Wohnraum zu erhalten. Die Figur des »reichen Juden« im Fassbinder-Stück, der mit Immobilien spekulierte, evozierten Kritik. Die Kritiker erkannten darin Ignatz Bubis, das langjährige Vorstandsmitglied der örtlichen jüdischen Gemeinde, der ebenfalls im Immobiliengeschäft tätig war. Sie warfen Fassbinder Antisemitismus vor. Die Linke reagierte weitgehend abwehrend auf den Vorwurf und verteidigte das Theaterstück. Besonders der Schriftsteller und Freund Fassbinders, Gerhard Zwerenz, der die Vorlage zu dem Stück geliefert hatte, wies die Kritik empört von sich. Er verfasste 1976 einen Artikel in der Wochenzeitung »Zeit«, um darauf zu antworten. Seine Überschrift lautete: »Linker Antisemitismus ist unmöglich«. Diese Haltung zeugte von erstaunlicher Ignoranz gegenüber den Positionen der Linken zu Israel und zu Juden. Der Artikel erschien nur wenige Monate, bevor zwei deutsche Linksterroristen bei der Flugzeugentführung in Entebbe jüdische von nicht jüdischen Passagieren separieren sollten. Daraus sprachen beispielhaft der Unwillen der Linken zur Selbstreflexion und -kritik und ihr Unverständnis gegenüber dem Antisemitismus als wirkmächtiger Ideologie, die in unterschiedlichen Formen auftreten konnte. Auch sie wollte losgelöst von der NS-Vergangenheit agieren, sich nicht weiter von der »deutschen Schuld« einschränken lassen.

Das Fassbinder-Stück wurde jahrelang nicht aufgeführt. Erst 1979 wurde es an der Bochumer Ruhr-Universität in einer Amateuraufführung gezeigt. Eine geplante Aufführung im Frankfurter Kammerspiel am 31. Oktober 1985 führte erneut zu einer heftigen Kontroverse. Bereits im Vorfeld wurde der »subventionierte Antisemitismus« kritisiert. Am Tag selbst demonstrierten an die 1000 Personen, hauptsächlich Juden, gegen die Aufführung. Ignatz Bubis besetzte zusammen mit gut zwei Dutzend Mitgliedern der jüdischen Gemeinde die Bühne, darunter Michel Friedman und Salomon Korn. Daraufhin entzündete sich eine kontroverse Diskussion zwischen den Bühnenbesetzern und den Verteidigern des Stücks.

Zu den Befürwortern zählte auch Daniel Cohn-Bendit, ehemaliger Sponti, Politiker der Grünen und selbst Jude. Insofern drehte sich die Kontroverse nicht nur um den linken Antisemitismus, sondern zeigte auch die unterschiedlichen Positionen von Juden in der Bundesrepublik. Die Proteste gegen das Fassbinder-Stück stellten einen wichtigen Einschnitt für die jüdischen Gemeinden dar. Vier Jahrzehnte nach dem Holocaust bestimmten sie ihre gesellschaftliche Rolle neu. Sie verließen sich nicht mehr auf erwartete Intervention der Politik und ihre offizielle Verurteilung des Antisemitismus, sie brachten ihren Protest nicht mehr auf diplomatischen Kanälen zum Ausdruck, sondern traten mit ihren Forderungen in die Öffentlichkeit. Die jüdischen Gemeinden entwickelten sich zu einem gesellschaftspolitischen Akteur in der Bundesrepublik.

Antisemitismus im konservativen Spektrum

Die befürchteten negativen Auswirkungen der vergangenheitspolitischen Wende für Juden in der Bundesrepublik bewahrheiteten sich nicht direkt. Durch den Generationenwechsel gingen antisemitische Haltungen in der Bevölkerung in den 1980er-Jahren eher zurück. Dennoch hielt in Umfragen ein gutes Drittel den globalen Einfluss von Juden für zu hoch. Viele gaben an, dass sie bei Äußerungen über Juden Vorsicht walten ließen und annähmen, dass die meisten sich nicht trauten, ihre wahre Meinung zu sagen. In dieser Vermutung manifestierte sich wiederum die Diskrepanz zwischen der offiziellen Politik, den inhaltlichen Tabus und der Volksmeinung. Offener Antisemitismus war tabuisiert, äußerte sich aber häufig am Stammtisch und hinter vorgehaltener Hand. Dass die ausgerufene Wende der Regierung trotzdem die Schwelle zum Antisemitismus bei Konservativen gesenkt hatte, bewiesen die Äußerungen zweier Politiker wenige Monate nach der Fassbinder-Kontroverse.

Als die Deutsche Bank 1985 den Flick-Konzern kaufte, stellte sich die Frage der Entschädigung von Zwangsarbeitern wieder. Der Konzern hatte im Zweiten Weltkrieg Zehntausende KZ-Häftlinge und Kriegsgefangene in seinen Werken ausgebeutet. Der innenpolitische Sprecher der CSU-Bundestagsfraktion, Hermann Fellner, sah für Entschädigungszahlungen jedoch keinerlei Grundlage, weder rechtlich noch moralisch. Den antisemitischen Topos bedienend, dass die Juden Profit aus dem Holocaust schlagen würden, merkte er an, »dass die Juden sich schnell zu Wort melden, wenn irgendwo in deutschen Kassen Geld klimpert«. Die Juden sollten aufhören, solche Forderungen zu stellen und die Deutschen unter Druck zu setzen: »Irgendwann müssen wir Ruhe haben.« Nach heftiger öffentlicher Kritik entschuldigte er sich im Januar 1986 im Bundestag, nannte die Forderungen an den Flick-Konzern allerdings nach wie vor »nahezu unmoralisch«.

Im selben Jahr erklärte der CDU-Bürgermeister der nordrhein-westfälischen Kleinstadt Korschenbroich Degenhardt Wilderich Graf von Spee-Mirbach in einer Ratssitzung, um den Haushalt zu sanieren, solle man »einige reiche Juden erschlagen«. Nach der Berichterstattung darüber in bundesweiten Medien erklärte er seinen Rücktritt.

Der Historikerstreit

In diesen Jahren eskalierte auch der Streit um die Einordnung der nationalsozialistischen Vergangenheit und ihre Rolle im Selbstbild der Bundesrepublik. Bereits am 8. Mai 1985 anlässlich des 40. Jahrestages der Kapitulation der Wehrmacht hatte der damalige Bundespräsident Richard von Weizsäcker den Tag als »Tag der Befreiung vom menschenverachtenden System der nationalsozialistischen Gewaltherrschaft« bezeichnet.

Die Rede stieß auf große Resonanz und Zustimmung, besonders im Ausland. Von konservativer Seite war aber deutliche Kritik zu vernehmen, so etwa von dem CSU-Politiker Franz Josef Strauß. Er forderte, mit der Vergangenheit abzuschließen, denn »die ewige Vergangenheitsbewältigung als gesellschaftliche Dauerbüßeraufgabe lähmt ein Volk!«.

In der Geschichtswissenschaft trafen ebenfalls unterschiedliche Interpretationen aufeinander. Konservative Historiker wie Andreas Hillgruber, Michael Stürmer und Klaus Hildebrand fokussierten auf die Führungspersönlichkeiten des NS-Regimes und ihre Ideologie, während sozialhistorisch ausgerichtete Kollegen wie Hans Mommsen und Hans-Ulrich Wehler auf die gesellschaftlichen und politischen Strukturen des nationalsozialistischen Systems abhoben.

Ebenfalls 1985 plädierte der Direktor des Instituts für Zeitgeschichte in München, Martin Broszat, für eine »Historisierung des Nationalsozialismus«. Dafür kritisierten ihn jüdische Wissenschaftler. Mit Saul Friedländer trat er in einen Briefwechsel, in dem sie unter anderem über die Frage der Objektivität in der Geschichtsschreibung stritten. Diese Auseinandersetzungen rezipierte vor allem die historische Zunft. Die Debatte über den Nationalsozialismus blieb aber nicht auf den akademischen Raum beschränkt.

So fungierte der Historiker Michael Stürmer auch als außenpolitischer Berater von Bundeskanzler Helmut Kohl und begleitete die Gründung eines Deutschen Historischen Museums in Westberlin. Die Geschichte sollte demnach als Orientierung in der Gegenwart und zur Festigung der nationalen Identität dienen.

Im Juni 1986 veröffentlichte der Faschismusforscher Ernst Nolte in der »FAZ« den Aufsatz »Vergangenheit, die nicht vergehen will«. Darin untersuchte er die historische Entwicklung hin zum Holocaust. Führende Nationalsozialisten hätten den Genozid an den Armeniern 1915 im Verlauf des Ersten Weltkrieges beobachtet und sich diese »asiatische Tat« zum Vorbild genommen. Ferner habe der Bolschewismus vor dem Massenmord an den Juden die Gulags, das Lagersystem in der Sowjetunion, aufgebaut und Millionen Menschen ermordet. Nolte fragte deshalb: »Vollbrachten die Nationalsozialisten, vollbrachte Hitler eine ›asiatische‹ Tat vielleicht nur deshalb, weil sie sich und ihresgleichen als potentielle oder wirkliche Opfer einer ›asiatischen‹ Tat betrachteten? War nicht der ›Archipel Gulag‹ ursprünglicher als Auschwitz? War nicht der ›Klassenmord‹ der Bolschewiki das logische und faktische Prius des ›Rassenmords‹ der Nationalsozialisten? […] Rührte Auschwitz vielleicht in seinen Ursprüngen aus einer Vergangenheit her, die nicht vergehen wollte?«

Darauf antwortete der Philosoph Jürgen Habermas in der »Zeit« mit dem Artikel »Eine Art Schadensabwicklung. Die apologetischen Tendenzen in der deutschen Zeitgeschichtsschreibung«. Er kritisierte die rechtskonservativen Positionen von Historikern, die »eine revisionistische Historie in Dienst nehmen für die nationalgeschichtliche Aufmöbelung einer konventionellen Identität«. Stattdessen plädierte er für eine »reflexive Erinnerung« und einen Verfassungspatriotismus. Nur die Zerschlagung des Nationalsozialismus habe es ermöglicht, dass die Bundesrepublik sich der »politischen Kultur des Westens« und einer an universalistischen Vorstellungen orientierten »postkonventionellen Identität« zuwenden konnte. Eine Rückkehr zu einer patriotisch-nationalen Identität der Deutschen zerstöre diese Errungenschaften. Habermas endete wie folgt: »Der einzige Patriotismus, der uns dem Westen nicht entfremdet, ist ein Verfassungspatriotismus. Eine in Überzeugungen verankerte Bindung an universalistische Verfassungsprinzipien hat sich leider in der Kulturnation der Deutschen erst nach – und durch – Auschwitz bilden können. Wer uns mit einer Floskel wie ›Schuldbesessenheit‹ (Stürmer und Oppenheimer) die Schamröte über dieses Faktum austreiben will, wer die Deutschen zu einer konventionellen Form ihrer nationalen Identität zurückrufen will, zerstört die einzige verlässliche Basis unserer Bindung an den Westen.« Nach der Intervention von Habermas entwickelte sich eine mehrmonatige Debatte in den deutschen Medien. An dem Streit beteiligten sich zahlreiche Historiker.

Die Debatte zeigte die umstrittene Bedeutung der NS-Vergangenheit für das Selbstverständnis der Bundesrepublik. Ihre Rolle war zentral und wurde immer wieder neu ausgetragen. Konservative trafen auf (links-)liberale Interpretationen. Über 40 Jahre nach dem Zusammenbruch des NS-Regimes fochten vor allem Historiker diesen Streit aus. Die geschichtspolitische Relevanz dieser Auseinandersetzung in der zweiten Hälfte der 1980er-Jahre war immens.

Die Jenninger-Rede

Einen weiteren Skandal provozierte der Präsident des Deutschen Bundestages, Philipp Jenninger, mit einer Rede am 50. Jahrestag des Novemberpogroms. Am 10. November 1988 hielt der CDU-Politiker die Gedenkansprache vor dem Parlament. In einer Passage der Ausführungen schilderte er, wie zahlreiche Deutsche seinerzeit das NS-Regime und Hitler wahrgenommen hatten: »Machte nicht Hitler wahr, was Wilhelm II. nur versprochen hatte, nämlich die Deutschen herrlichen Zeiten entgegenzuführen? War er nicht wirklich von der Vorsehung auserwählt, ein Führer, wie er einem Volk nur einmal in tausend Jahren geschenkt wird?« Jenninger fuhr fort: »Und was die Juden anging: Hatten sie sich nicht in der Vergangenheit doch eine Rolle angemaßt – so hieß es damals –, die ihnen nicht zukam? Mussten sie nicht endlich einmal Einschränkungen in Kauf nehmen? Hatten sie es nicht vielleicht sogar verdient, in ihre Schranken gewiesen zu werden? Und vor allem: Entsprach die Propaganda – abgesehen von wilden, nicht ernst zu nehmenden Übertreibungen – nicht doch in wesentlichen Punkten eigenen Mutmaßungen und Überzeugungen?«

Bereits während der Rede verließen einige Abgeordnete den Plenarsaal. Die Ausführungen Jenningers stießen in den Medien auf scharfe Kritik. Besonders kritisiert wurden die unangemessene Darstellungsweise und der

Stil. Der Inhalt rief ein geteiltes Echo hervor. Während einige ihn als taktlose Demütigung der Juden empfanden, hielten andere ihn für eine angemessene Beschreibung des Verhaltens und der Einstellung vieler Deutscher im Nationalsozialismus. Jenninger selbst fühlte sich missverstanden, auch weil er die Rede mit einer bestimmten rhetorischen Absicht auf diese Weise vorgetragen habe. Die Wellen schlugen danach trotz alledem so hoch, dass der Redner den angerichteten Schaden nicht mehr abwenden konnte. Deshalb trat Jenninger am folgenden Tag von seinem Amt zurück.

Die 1980er-Jahre waren geprägt von Debatten um die nationalsozialistische Vergangenheit und ihre Bedeutung für das Selbstverständnis der Bundesrepublik. In der jüngeren Generation hatte sich mittlerweile eine größere und kritische Distanz entwickelt, aber das Bedürfnis nach einem Schlussstrich, nach einer Post-Auschwitznormalität war noch immer verbreitet. Die westdeutsche Gesellschaft wurde weiterhin regelmäßig von antisemitischen Skandalen erschüttert und der Antisemitismus war tief verankert. Zugleich wurde der gesellschaftliche Widerspruch dagegen lauter. Nichtsdestotrotz durchzog das Jahrzehnt eine rechtsterroristische Anschlagswelle mit antisemitischen Morden. Gegen Ende der 1980er-Jahre sollte sich die Situation dann grundlegend wandeln, nicht nur für die Juden in Deutschland.

Kontroversen
Die Judenfeindschaft von der Wiedervereinigung 1990 bis heute

Die Krise der DDR hatte sich seit Jahren zugespitzt. In den späten 1980er-Jahren hatten immer mehr Bürger das Land verlassen, waren über »sozialistische Bruderländer« in die Bundesrepublik geflohen. Auch innerhalb des Landes wurde der Unmut lauter artikuliert. An Demonstrationen für eine Reform der DDR in Leipzig und anderen Städten beteiligten sich Zehntausende. Diesem Druck konnte das Regime ohne massiven Gewalteinsatz nicht dauerhaft standhalten. In der Nacht vom 9. auf den 10. November 1989 öffnete es die Grenze. Die Berliner Mauer war gefallen.

Rassistische Pogromstimmung

Die politische Stimmung in der DDR lud sich immer nationalistischer auf. Die zunächst gerufenen Parolen für eine Reform des Sozialismus (»Wir sind das Volk«) wurden durch Forderungen nach einer Wiedervereinigung abgelöst (»Wir sind ein Volk«). Die politische Entwicklung tendierte klar in die Richtung einer raschen politischen Abwicklung der DDR: Im Juli 1990 übernahm die DDR mit der Währungs-, Wirtschafts- und Sozialunion schließlich das westdeutsche Wirtschaftssystem. Am 3. Oktober 1990 trat der Einigungsvertrag in Kraft. Damit war die Wiedervereinigung der beiden deutschen Staaten vollzogen. Die

DDR war der Bundesrepublik beigetreten und ging nach 40 Jahren als eigenständiger Staat unter.

Große Teile der deutschen Gesellschaft – in Ost wie West – verloren sich in einem nationalen Taumel. Die Teilung Deutschlands als Konsequenz aus dem Nationalsozialismus war beseitigt, das Land wiedervereinigt, die außenpolitischen Beschränkungen folglich aufgehoben. Die Deutschlandfahne und die Nationalhymne waren seinerzeit allgegenwärtig. Auch viele konservative Politiker befeuerten die nationalistische Stimmung.

Dieser Nationalismus umfasste aber nicht alle Menschen, sondern schloss als nichtdeutsch angesehene Personen und politische Störenfriede aus. Auch die Juden mussten ihren Platz als Minderheit in einem wiedervereinigten Deutschland neu bestimmen. Die Frage nach der nationalen Identität war wieder auf der Tagesordnung. Die deutsche Nation hatte ein neues Selbstbewusstsein entwickelt.

Schon im Vorfeld der Feierlichkeiten zur Wiedervereinigung im Oktober 1990 überfielen Neonazis in Berlin gezielt Linke, griffen besetzte Häuser an und jagten Migranten, die als Vertragsarbeiter in die DDR gekommen waren. Um den deutschen Nationalfeiertag herum mehrten sich die rassistischen und antisemitischen Übergriffe von Jahr zu Jahr.

Bereits beim WM-Sieg der deutschen Fußballnationalmannschaft im Sommer 1990 war es zu rassistischen Ausschreitungen gekommen. Die rassistische Gewalt nahm in den frühen 1990er-Jahren ein bislang unbekanntes Ausmaß an. Ebenso stiegen die antisemitischen Schändungen von Friedhöfen und Konzentrationslager-Gedenkstätten an. So zündeten Rechtsextreme in der Nacht auf den 26. September 1992 die jüdischen Baracken in der NS-Gedenkstätte Sachsenhausen nördlich von Berlin an. Der Anschlag ereignete sich am Vorabend des jüdischen Neujahrsfestes und kurz nach einem Besuch des israelischen Ministerpräsidenten Yitzhak Rabin in der Gedenkstätte.

Durch rassistische Anschläge wurden in dieser Zeit viele Menschen ermordet. Bei einem von Rechtsextremen verübten Brandanschlag auf ein Wohnhaus im schleswig-holsteinischen Mölln am 23. November 1992 starben drei türkischstämmige Personen, neun weitere wurden schwer verletzt. Am 29. Mai 1993 töteten Neonazis in Solingen (Nordrhein-Westfalen) fünf Mitglieder einer türkischen Familie und verletzten 14 weitere Familienmitglieder zum Teil lebensgefährlich, indem sie ihr Haus anzündeten. Doch es waren in diesen Jahren nicht nur neonazistische Angriffe, die Migranten und Juden zu befürchten hatten.

Angesichts der nationalistischen Stimmung und einer politisch aufgeladenen Debatte um Asylsuchende gerieten Flüchtlingsunterkünfte ins Visier von Rassisten. So belagerte ein Mob von bis zu 500 Personen für fast eine Woche im September 1991 im sächsischen Hoyerswerda die Unterkünfte von Geflüchteten und DDR-Vertragsarbeitern. Die Menge bestand aus Neonazis und normalen Anwohnern, die die Angriffe bejubelten. Die Polizei schritt nur halbherzig ein und ließ die Angreifer weitgehend gewähren. Dieses Pogrom stimulierte zahlreiche rassistische Übergriffe im gesamten Bundesgebiet. Ein vergleichbarer Vorfall ereignete sich im Frühjahr im baden-württembergischen Mannheim-Schönau, wo ein Mob ebenfalls über Tage hinweg eine Asylunterkunft attackierte.

Rostock-Lichtenhagen

Das größte Pogrom spielte sich vom 22. bis 26. August 1992 in Rostock-Lichtenhagen ab. In diesen Tagen attackierten Hunderte Menschen, darunter viele Neonazis, die Zentrale Aufnahmestelle für Asylsuchende und ein Wohnhaus mit vietnamesischen Vertragsarbeitern. Die Polizei zog sich teilweise völlig zurück und überließ die Bewohner sich selbst. Während der Ausschreitungen herrschte eine Volksfeststimmung. Die Zuschauer beklatschten die Angriffe bei Bier und Bratwurst.

Einen Tag nach dem Pogrom besuchte Ignatz Bubis, mittlerweile der Vorsitzende des Zentralrats der Juden in Deutschland, den Tatort. Ihm war bewusst, dass diese rassistische Gewalt sich auch schnell gegen Juden richten konnte und sie als Minderheit in diesem gesellschaftlichen Klima nicht sicher waren. Während konservative Politiker und die rechte Presse mit ihrer Berichterstattung die rassistische Stimmung selbst angeheizt hatten, kritisierten sie nun den Besuch von Bubis. Seine Anwesenheit als Jude wecke die Erinnerung an die dunklen Seiten der deutschen Vergangenheit. Sie stellten den Repräsentanten der deutschen Juden folglich als Störenfried dar, wohingegen die rassistischen Angriffe relativiert wurden.

Das tief sitzende antisemitische Ressentiment gegen den Zentralratsvorsitzenden zeigte sich im November 1992 bei seinem erneuten Besuch in Rostock. Die Hansestadt hatte Bubis nach einem Eklat eingeladen, um ein liberales, weltoffenes Gesicht zu beweisen. Zwei Monate zuvor waren die französisch-deutschen »Nazi-Jäger« Serge und Beate Klarsfeld mit 50 Aktivisten der Söhne und Töchter der deportierten Juden Frankreichs (Fils et filles des déportés juifs de France) mit einem Bus nach Rostock gekommen, um zu demonstrieren und ihre Solidarität mit den angegriffenen Sinti und Roma zu zeigen. Dagegen schritt die Polizei massiv mit Pfefferspray ein und nahm die Demonstrierenden fest. Um diesen Imageschaden auszugleichen, lud die Stadt Bubis ein. Doch auch der zweite Besuch verlief für Rostock katastrophal. Ein kommunaler CDU-Politiker fragte Bubis auf einer Pressekonferenz: »Sie sind deutscher Staatsbürger jüdischen Glaubens, Ihre Heimat ist Israel. Ist das richtig so? Wie beurteilen Sie die täglichen Gewalttaten zwischen Palästinensern und Israelis?« Daraufhin entgegnete Bubis: »Sie wollen mit anderen Worten also wissen, was ich hier zu suchen habe?«

Diese Frage des CDU-Politikers beinhaltete mehrere antisemitische Facetten. Einem im damals deutschen Breslau geborenen Juden sprach sie die Zugehörigkeit zur Nation ab. Bubis brachte sie automatisch mit Israel in Verbindung, für dessen Politik er sich rechtfertigen sollte. Der deutsche Jude wurde so kollektiv für die israelische Politik in Haftung genommen. Der Bezug auf das Verhalten Israels gegenüber den Palästinensern wurde in Anschlag gebracht, um die rassistischen Gewalttaten in Deutschland zu relativieren.

In der als bedrohlich empfundenen Lage in der Bundesrepublik nach der Wiedervereinigung schrieb der in Hamburg geborene deutsch-jüdische Schriftsteller Ralph Giordano 1993 einen offenen Brief an Bundeskanzler Helmut Kohl: »[N]ie wieder werden wir Überlebende des Holocaust unseren Todfeinden wehrlos gegenüberstehen – niemals.« Angesichts der Untätigkeit der Regierung müssten die Bedrohten »bis in den bewaffneten Selbstschutz hinein« selbst tätig werden. Giordano kündigte also die Selbstbewaffnung der deutschen Juden aus Notwehr heraus an. In einem Interview mit der Tageszeitung »taz« erklärte er wenig später seine Position: »Die Voraussetzung für den Brief war die starke Beunruhigung innerhalb der jüdischen Bevölkerung; was das anbetrifft, kann ich pauschal sein. Der rassistische Flächenbrand hat doch antijüdische Bedeutung. Sehen Sie doch nur die Friedhofsschändungen, den Anschlag auf die Gedenkstätte im ehemaligen Konzentrationslager bei Oranienburg, der Tod des Wuppertalers. All das hat zur erheblichen Beunruhigung geführt. Ich kenne Leute, die fragen, müssen wir Juden wieder flüchten?« Angesichts der Bewaffnung von Rechtsextremen und der ausbleibenden Hilfe hätten die Juden in Deutschland keine andere Wahl, als sich auf sich selbst zu verlassen. Diese Zwangslage werfe ein Licht auf die deutschen Verhältnisse: »Wenn Juden sich in Deutschland bewaffnen müssen, dann ist das eine Bankrotterklärung der Gesellschaft an uns Juden. Es ist ein Wunder, dass die Ausländer sich noch nicht bewaffnet haben.«

Giordano erhielt nach dieser öffentlichen Intervention unzählige Morddrohungen. Noch Jahre später erreichten ihn Drohbriefe. In einem Brief, den der »Spiegel« in Auszügen 1995 abdruckte, hieß es: »Giordano, ich werde Dich töten müssen. [...] Dein Leben ist verwirkt. Es wird keine Rettung für Dich geben. Keine Flucht und keine Macht der Welt wird Dich vor mir schützen können. Du wirst von nun an keine Ruhe mehr haben. Du wirst niemandem mehr trauen können, denn Dein Vollstrecker ist sehr oft in Deiner Nähe Jude.«

Diese Todesdrohungen trafen einen jüdischen Intellektuellen, der sich mit seiner Position in die Öffentlichkeit wagte und den Status quo in Deutschland kritisierte. Die Antisemiten sahen in Giordano und Bubis Störenfriede, Nörgler, die sich außerhalb des nationalen Taumels stellten. Der Topos der Juden als Störenfriede in der Nation weist ebenso eine lange Tradition in der Judenfeindschaft auf wie die Diffamierung von Juden als nörgelnde, abgehobene Intellektuelle.

Die rassistische Mordwelle im wiedervereinigten Deutschland, Pogrome wie in Rostock-Lichtenhagen und der selbstbewusst zur Schau getragene neue Nationalismus stellten für Juden eine Bedrohung dar. Deutlich zum Ausdruck kommt darin auch die enge Verbindung von Rassismus und Antisemitismus. Beide Ressentiments sind eng verwandt, aber nicht deckungsgleich. Während der Rassismus die betroffenen Personen abwertet, ihnen eine triebgesteuerte Sexualität unterstellt und sie zu »Untermenschen« erklärt, funktioniert die Judenfeindschaft ambivalenter. Der Antisemitismus wertet die Juden einerseits ebenso »rassisch« ab, sagt ihnen zugleich aber in verschwörungsmythologischer Manier nach, die Börsen und die Presse zu kontrollieren, im Hintergrund die Fäden zu ziehen und großen Einfluss auf das Weltgeschehen auszuüben.

Der Golfkrieg 1991

Nicht nur die Lage in Deutschland befand sich in den frühen 1990er-Jahren im Umbruch. Der Zusammenbruch der Sowjetunion veränderte die Situation auch in allen ehemals dazugehörigen Staaten und in Osteuropa grundlegend. Ebenso nahmen die Spannungen in der arabischen Welt zu. Am 2. August 1990 überfiel der Irak seinen Nachbarstaat Kuwait. Der UN-Sicherheitsrat verurteilte die irakische Aggression. Unter Führung der Vereinigten Staaten von Amerika bildete sich eine internationale Koalition, um die kuwaitische Souveränität wiederherzustellen.

Die Bundesrepublik beteiligte sich daran finanziell und lieferte militärisches Material. Innerhalb Deutschlands formierte sich eine breite Friedensbewegung dagegen. Bundesweit fanden Demonstrationen gegen ein Eingreifen internationaler Truppen statt unter dem Motto: »Stoppt den Krieg am Golf – kein Blut für Öl!« Hunderttausende Menschen gingen auf die Straße.

Am 24. August 1990 drohte der irakische Diktator Saddam Hussein damit, dass Israel beschossen werde, sollten die Koalitionsstreitkräfte den Irak angreifen. Der jüdische Staat war an diesem Konflikt völlig unbeteiligt. Nach dem Angriff der Koalition feuerte der Irak trotzdem Scud-Raketen auf Israel. Im Verlauf des Krieges gingen insgesamt 40 Raketen auf israelischem Gebiet nieder. Israelis mussten sich mit Gasmasken in Raketenschutzbunker flüchten, da der Angriff mit Giftgas befürchtet wurde, das der Irak in früheren Konflikten massiv eingesetzt hatte.

Dieser Beschuss löste in der Bundesrepublik eine breite Diskussion aus. Einige wenige Politiker forderten, dass Deutschland Israel Luftabwehrraketen liefern möge. Eine viel breitere Allianz wandte sich dagegen, plädierte für eine friedliche Lösung des Konflikts und machte Israel selbst dafür verantwortlich. So äußerte einer der Bundessprecher der Grünen, Hans-Christian Ströbele, in einem Interview, dass die irakischen Raketenangriffe auf Israel »die logische, fast zwingende Konsequenz der israelischen Politik den Palästinensern und den arabischen Staaten gegenüber« seien. Die Äußerungen stießen in Israel auf Empörung, brachten Ströbele in der Bundesrepublik aber viel Solidarität ein. Intellektuelle erklärten sich solidarisch, offene Briefe zu seiner Unterstützung wurden verfasst, viele Leserbriefe in Zeitungen unterstützten seine Position. So erklärte etwa der Liedermacher Franz Josef Degenhardt: »Jetzt haben sie Dich im Visier, die Bellizisten, weil Deine ›Marschrichtung‹ stimmt.« Ströbele trat dennoch kurz darauf von seinem Posten als Bundessprecher der Grünen zurück.

Kritiker warfen der Friedensbewegung vor, die Diktatur Husseins und den Angriffskrieg auf Kuwait zu relativieren, den Frieden als moralischen Wert über alles zu stellen und dafür auch tote Juden in Kauf zu nehmen. Die friedensbewegte Obsession mit Israel mache das Opfer für sein Leid verantwortlich, also die israelische Politik gegenüber den Palästinensern für den irakischen Raketenbeschuss auf den jüdischen Staat. Die heftig und polemisch geführte Debatte machte deutlich, wie stark die NS-Vergangenheit präsent war. Ferner zeigten sich erneut viele Topoi des sekundären Antisemitismus, etwa die Täter-Opfer-Umkehr. Israelis mit Gasmasken in Schutzbunkern riefen bei den Friedensdemonstranten nur wenig Solidarität hervor; ihre Sorge galt vornehmlich einem abstrakten Pazifismus. Die Stimmen der Juden in Deutschland gingen in der aufgeladenen Diskussion weitgehend unter.

Juden im wiedervereinigten Deutschland

Ohnehin änderte sich die Situation für Juden in der Bundesrepublik grundlegend in den 1990er-Jahren. Vor der Wiedervereinigung lebten dort rund 30 000 Juden. In der folgenden Dekade verdreifachte sich ihre Anzahl nahezu. Aus den Staaten der ehemaligen Sowjetunion konnten Juden als Kontingentflüchtlinge in die Bundesrepublik einreisen. Diese Möglichkeit nutzten viele Menschen. Bis heute bilden sowjetische Juden die Mehrheit der Mitglieder in jüdischen Gemeinden. Die Einwanderung stellte die deutschen Juden vor ganz neue Aufgaben. Viele Einwanderer waren nicht religiös, betrachteten ihr Judentum eher als Privatangelegenheit und benötigten vielfache Hilfestellungen, um in Deutschland anzukommen. Die Integrationsanstrengungen der jüdischen Gemeinden waren enorm. Während sich also eine Welle des Rassismus und Antisemitismus durch das wiedervereinigte Deutschland ergoss, wuchs zugleich die Anzahl der Juden stark an. Mit der Wiedervereinigung erhoben jüdische Verbände Forderungen nach Rückerstattung ehemaligen jüdischen Eigentums in der DDR. Ferner kam eine Debatte um die Entschädigung ehemaliger Zwangsarbeiter des NS-Regimes auf. Millionen Menschen waren damals zur Arbeit im Deutschen Reich gezwungen worden, ohne dass sie nach 1945 dafür entschädigt worden wären. Jahrzehntelang spielte diese Ausbeutung keinerlei Rolle in der Auseinandersetzung über die NS-Vergangenheit. Erst in den späten 1990er-Jahren rückte das Thema in den Fokus. Ausschlaggebend hierfür waren Klagen in Amerika gegen deutsche Unternehmen. Vor allem jüdische Organisationen und Einzelpersonen brachten sie vor.

Diese Entwicklungen befeuerten den Antisemitismus weiter. Klassische Ressentiments gegen arme, sozial deklassierte Juden aus Osteuropa lebten erneut auf. Die Rückgabe- und Entschädigungsforderungen bestärkten das Klischee des »raffgierigen Juden«, der aus dem Holocaust Profit schlage. Dieser Annahme stimmten Mitte der 1990er-Jahre über 40 Prozent der Deutschen zu. Generell ergaben Umfragen seinerzeit, dass gut 20 Prozent der deutschen Bevölkerung antisemitische Einstellungen vertraten, mit starken Unterschieden abhängig von Alter, Geschlecht und einer großen Ost-West-Differenz. Davon wies etwa die Hälfte, also zehn Prozent der Gesamtbevölkerung, ein geschlossen antisemitisches Weltbild auf.

Die Debatten um die NS-Vergangenheit und den Massenmord an den europäischen Juden ebbten im wiedervereinigten Deutschland nicht ab. Bereits seit den späten 1980er-Jahren hatte sich die Journalistin Lea Rosh für ein Denkmal für die ermordeten Juden eingesetzt, eine Idee, die von der offiziellen Politik aufgegriffen wurde. 1994 wurde erstmals ein Wettbewerb für seine Gestaltung ausgeschrieben. Bis das Denkmal schließlich 2005 im Zentrum Berlins neben dem Brandenburger Tor eröffnet wurde, waren jahrelange, kontroverse Diskussionen geführt worden. Diese Debatten drehten sich vor allem um die Stellung des Holocaust im Selbstverständnis der Bundesrepublik nach der Wiedervereinigung.

Die Walser-Bubis-Debatte

Das Bedürfnis nach einem Schlussstrich, nach einer »normalen« Nation ohne störende Vergangenheit wurde immer wieder geäußert, von der politischen Rechten ganz offen, von konservativer Seite meistens etwas verdruckst, aber auch von links. So nannte der Schriftsteller Martin Walser Mitte der 1990er-Jahre das geplante Holocaustmahnmal einen »fußballfeldgroßen Albtraum im Herzen der Hauptstadt«. Er lamentierte ferner 1998 in seiner Rede zum Friedenspreis des Deutschen Buchhandels in der Frankfurter Paulskirche: »Kein ernst zu nehmender Mensch leugnet Auschwitz; kein noch zurechnungsfähiger Mensch deutet an der Grauenhaftigkeit von Auschwitz herum; wenn mir aber jeden Tag in den Medien diese Vergangenheit vorgehalten wird, merke ich, dass sich in mir etwas gegen diese Dauerpräsentation unserer Schande wehrt. Anstatt dankbar zu sein für die unaufhörliche Präsentation unserer Schande, fange ich an wegzuschauen. Ich möchte verstehen, warum in diesem Jahrzehnt die Vergangenheit präsentiert wird wie noch nie zuvor. Wenn ich merke, dass sich in mir etwas dagegen wehrt, versuche ich, die Vorhaltung unserer Schande auf die Motive hin abzuhören, und bin fast froh, wenn ich glaube, entdecken zu können, dass öfter nicht mehr das Gedenken, das Nichtvergessendürfen das Motiv ist, sondern die Instrumentalisierung unserer Schande zu gegenwärtigen Zwecken. Immer guten Zwecken, ehrenwerten. Aber doch Instrumentalisierung. [...] Auschwitz eignet sich nicht dafür, Drohroutine zu werden, jederzeit einsetzbares Einschüchterungsmittel oder Moralkeule oder auch nur Pflichtübung.«

Die Rede quittierte das Publikum mit stehendem Applaus. Nur drei Personen enthielten sich dieser Reaktion: Ignatz Bubis, der Vorsitzende des Zentralrats der Juden in Deutschland, seine Ehefrau Ida und der Theologe und Bürgerrechtler Friedrich Schorlemmer. Bubis warf Walser im Nachhinein vor, »geistige Brandstiftung« zu betreiben und einen Schlussstrich unter die nationalsozialistische Vergangenheit ziehen zu wollen. Bei einem von der »FAZ« organisierten Treffen hielt Walser Bubis entgegen, dass er sich schon sehr lange damit auseinandersetze, »da waren Sie noch mit ganz anderen Dingen beschäftigt«. Ferner warf er dem Zentralratsvorsitzenden vor, dass sein Erscheinen bei den rassistischen Ausschreitungen Anfang der 1990er-Jahre unmittelbar die Verbindung zum Nationalsozialismus hergestellt habe.

Walser nahm also für sich in Anspruch, sich im Gegensatz zu Bubis intensiv und über einen langen Zeitraum mit der NS-Vergangenheit beschäftigt zu haben. Bubis' Vater und seine Geschwister waren von den Nationalsozialisten ermordet worden. Er selbst musste Zwangsarbeit in einem Lager leisten, das von der Roten Armee befreit wurde.

Trotz dieser Ignoranz und den Vorhaltungen gegenüber dem führenden Repräsentanten des Judentums in Deutschland erhielt der Schriftsteller öffentlich viel Zuspruch. Er schien ein bei vielen Deutschen tief sitzendes Bedürfnis angesprochen zu haben. Mit der Bezeichnung von Auschwitz als »Moralkeule« bediente er einen typischen Topos des sekundären Antisemitismus, die Juden würden Schuldvorwürfe gezielt einsetzen, um aus der NS-Vergangenheit ihren Nutzen zu ziehen.

Bubis blieb mit seiner Kritik weitgehend isoliert, während sich Walser großen Zuspruchs erfreuen konnte. So schaltete sich auch der Herausgeber des »Spiegels«, Rudolf Augstein, in die Debatte ein. Er kritisierte ebenfalls das geplante Mahnmal in Berlin in einem Artikel im November 1998 mit drastischen Worten: »Nun soll in der Mitte der wiedergewonnenen Hauptstadt Berlin ein Mahnmal an unsere fortwährende Schande erinnern.« Dieses »Schandmal« sei gegen das sich nach der Wiedervereinigung neu formierende Deutschland gerichtet. Dennoch wage kaum jemand, seiner Errichtung zu widersprechen: »Man wird es aber nicht wagen, so sehr die Muskeln auch schwellen, mit Rücksicht auf die New Yorker Presse und die Haifische im Anwaltsgewand, die Mitte Berlins freizuhalten von solch einer Monstrosität.«

Damit bediente Augstein gleich mehrere antisemitische Stereotype, ohne den Begriff »Jude« zu verwenden. In der antisemitischen Vorstellung dominieren die Juden Amerika und ganz besonders New York City mit seiner Börse und seiner Presse. Augstein verwendete folglich die antisemitische Chiffre der jüdischen Ostküste, indem er auf die »New Yorker Presse« abzielte. Des Weiteren spielte er darauf an, dass viele amerikanische Anwälte jüdisch seien. Sie träten wie Haifische auf, also gierig, drohend und rücksichtslos. Sie würden die NS-Vergangenheit nutzen, um daraus Vorteile zu schlagen. Dieser Vorwurf markiert einen Kernbestandteil des sekundären Antisemitismus. Auch die Vorstellung des »raffgierigen Juden« weist eine lange Tradition im Antisemitismus auf.

Im Fortgang des Artikels beschrieb Augstein, wie Helmut Kohl sich nach seiner misslungenen Israelreise 1984 an Bubis gewandt habe, um sich über eine nationale Gedenkstätte in der Bundesrepublik zu verständigen. Dabei habe er nach einem Ausspruch von Konrad Adenauer aus den 1950er-Jahren gehandelt: »Das Weltjudentum ist eine große Macht.« Das geplante Mahnmal in der Mitte von Berlin laufe Gefahr, mehr Antisemitismus hervorzurufen: »Man würde untauglichen Boden mit Antisemitismus düngen, wenn den Deutschen ein steinernes Brandmal aufgezwungen wird.«

Augstein bediente damit weitere antisemitische Argumentationsfiguren, vor allem den maßlos überschätzten Einfluss der Juden, eine Vorstellung, die meist in Verschwörungserzählungen endet. Zugleich machte er die Juden selbst für den Hass auf sie verantwortlich. Der Entwurf des jüdisch-amerikanischen Architekten Peter Eisenman provoziere Ablehnung, weil er den Deutschen kontinuierlich ihre Schandtaten vor Augen führe.

In die Walser-Bubis-Debatte schalteten sich viele Intellektuelle und Politiker ein. Sie war eine der Grundsatzdebatten der Berliner Republik über die Rolle der NS-Vergangenheit im neuen deutschen Selbstverständnis. Sie machte deutlich, wie groß das Bedürfnis nach einem Schlussstrich in der deutschen Gesellschaft Ende der 1990er-Jahre, wie stark die Diskrepanz zwischen einem offiziellen Erinnern und der verbreiteten Einstellung in der Bevölkerung noch immer war. Sie zeigte außerdem, welch geringe Rolle die Perspektive der Opfer im Grundkonsens der Bundesrepublik einnahm.

In der Zeit der ersten rot-grünen Regierung ab 1998 schienen sich die geschichtspolitischen Maßgaben der von Kohl ausgerufenen »geistig-moralischen Wende« verwirklicht zu haben. So wünschte sich der Bundeskanzler Gerhard Schröder Ende 1998 ein Mahnmal, »wo die Deutschen gern hingehen«. Die Erinnerung an die NS-Verbrechen konnte die Berliner Republik nicht unterlassen, sie sollte aber nicht zu sehr wehtun, sondern Freude bereiten.

Zeitgleich zur Walser-Bubis-Debatte verübten Unbekannte im Dezember 1998 einen Bombenanschlag auf das Grab von Heinz Galinski in Berlin, den ehemaligen Vorsitzenden des Zentralrats der Juden in Deutschland. Der Grabstein wurde nahezu vollständig zerstört. Dieser Anschlag war der Grund, warum Galinskis Nachfolger, Ignatz Bubis, nicht in Deutschland, sondern in Israel beerdigt werden wollte. Er hegte die Befürchtung, dass sein Grab ebenfalls geschändet würde.

Selbstverständlich trägt Walser keine direkte Schuld an dem Bombenanschlag auf Galinskis Grab. Allerdings bestärkte er ein antisemitisches Rauschen in der Bundesrepublik. Die Auseinandersetzung mit Bubis stellte auch keineswegs den einzigen Streit dar, den Walser über die NS-Vergangenheit führte.

Bereits vor der Paulskirchenrede war er in einen Disput mit dem Literaturkritiker Marcel Reich-Ranicki getreten. Der polnisch-deutsche Jude hatte das Warschauer Getto sowie später im Untergrund die NS-Besatzung überlebt und war in der bundesdeutschen Nachkriegszeit zum einflussreichen Interpreten deutscher Literatur avanciert. Er hatte einen Roman Walsers dafür kritisiert, dass in ihm Auschwitz nicht vorkomme, obwohl die Handlung zur Zeit des Nationalsozialismus angesiedelt war. Walser veröffentlichte daraufhin 2002 den Roman »Tod eines Kritikers«, in dem die Figur eines berühmten Literaturkritikers verschwand. Dieser war deutlich nach Reich-Ranicki gezeichnet. Walser imaginierte folglich literarisch dessen Tod, nachdem Reich-Ranicki dem realen Tod in Polen unter deutscher Okkupation nur knapp entgangen war.

Die Positionen Walsers und die erfahrene Zustimmung standen paradigmatisch für den deutschen Zeitgeist Ende der 1990er-Jahre. Das neue Deutschland rang um den Ort der NS-Vergangenheit in seiner nationalen Identität. Die Debatten darüber spülten regelmäßig den Antisemitismus an die Oberfläche. Sie zeigten, wie fragil das Holocaustgedenken und wie marginal die Opferperspektive auch über 50 Jahre nach dem »Tag der Befreiung« (Richard von Weizsäcker) in der deutschen Gesellschaft waren. Zu Beginn des neuen Jahrtausends erlebte der Antisemitismus einen neuen Aufschwung, keineswegs nur in Deutschland, sondern global.

Der 11. September 2001, die Zweite Intifada und der Aufschwung des globalen Antisemitismus

Am 11. September 2001 entführten islamistische Terroristen des Al-Qaida-Netzwerks vier Passagiermaschinen in den Vereinigten Staaten von Amerika. Sie nutzten die Flugzeuge als fliegende Bomben. Zwei Maschinen trafen die Türme des World Trade Center in New York City, eines flog ins amerikanische Verteidigungsministerium, das Pentagon, bei Washington D.C., und eines ging nach dem Widerstand der Passagiere in Pennsylvania auf einem Feld nieder. Das World Trade Center kollabierte, nachdem ein starker Brand die Strukturen der Gebäude zerstört hatte. Das Pentagon wurde stark beschädigt. Insgesamt starben bei den Attentaten ca. 3000 Menschen.

Unmittelbar nach den Anschlägen rief der amerikanische Präsident George W. Bush den Krieg gegen den Terror aus. Das primäre Ziel waren die in Afghanistan herrschenden Taliban, die Osama bin Laden, dem Kopf von Al-Qaida, Zuflucht boten. Knapp einen Monat später begann Amerika mit Unterstützung anderer Länder eine Intervention, um das islamistische Regime zu stürzen und die Terrororganisation zu zerschlagen. Zugleich erlebte der globale Antisemitismus nach den Anschlägen einen erschreckenden Aufschwung.

Die verbindende Ideologie der unterschiedlichen islamistischen Gruppierungen von Al-Qaida in Afghanistan über die Hisbollah im Libanon bis zur Hamas im Gazastreifen ist die Judenfeindschaft. Ihr Weltbild basiert auf einer großen Verschwörung, in der die Juden die Strippen ziehen. Sie würden die Banken, die Börsen und die Presse kontrollieren und hätten einen immensen Einfluss in Amerika. Die enge Verbindung zwischen Judenfeindschaft und Antiamerikanismus kommt in islamistischen Stellungnahmen immer wieder deutlich zum Ausdruck. Darüber hinaus zeichnet den Islamismus eine tiefe Aversion gegen »den Westen« und seine aufklärerischen Werte aus. Er verdammt die Frauenemanzipation, die Freiheit des Individuums und eine freizügige Kultur. Als Gesellschaftsideal verfolgt er das kollektivistische Ideal eines Gottesstaates, in dem der einzelne Mensch sich der gottgegebenen Ordnung des Islams unterwirft. Islamistische Pamphlete erinnern an die berüchtigten antisemitischen Hetzschriften aus dem Europa des 19. Jahrhunderts wie die »Protokolle der Weisen von Zion«.

In der Gründungscharta der Hamas von 1987 heißt es etwa: Die Juden »standen hinter dem Ersten Weltkrieg, wo sie es schafften, den Staat des islamischen Kalifats zu beseitigen, und wo sie materielle Gewinne erzielten, die Kontrolle über viele Quellen des Reichtums erlangten [...]. Und sie standen hinter dem Zweiten Weltkrieg, wo sie gewaltige Profite aus ihrem Handel mit Kriegsgütern erzielten [...].« Die Hamas macht demgemäß die Juden für die großen Kriege und Erschütterungen des 20. Jahrhunderts verantwortlich. Auch die Gründung Israels stellt sie als zionistisches Komplott dar. Die Zerstörung des jüdischen Staates ist eines der Hauptziele aller islamistischen Organisationen. Der Antisemitismus der Hamas geht darüber aber noch weit hinaus. So zitiert die Charta in einer weiteren Passage einen Ausspruch des Propheten Mohammed: »Die Stunde wird kommen, da die Muslime gegen die Juden solange kämpfen und sie töten, bis sich die Juden hinter Steinen und Bäumen verstecken. Doch die Bäume und Steine werden sprechen: ›Oh Muslim, oh Diener Allahs, hier ist ein Jude, der sich hinter mir versteckt. Komm und töte ihn!‹ Insofern gelten den Islamisten alle Juden als Feinde, überall. Der Westen wiederum symbolisiert die jüdische Dominanz. Dieser islamistische Hass manifestierte sich in den folgenden Jahren in verheerenden Anschlägen, etwa 2004 in Madrid, 2005 in London, 2015 in Paris und Brüssel sowie 2016 in Berlin. Die Liste ließe sich fortsetzen.

Ganz besonders im Visier der Islamisten stand und steht jedoch Israel. Bereits im Jahr 2000 war der Konflikt dort eskaliert. In der sogenannten Zweiten Intifada setzten die palästinensischen Organisationen, allen voran die Hamas, auf Selbstmordanschläge. Attentäter sprengten sich in Restaurants, vor Diskotheken, auf Marktplätzen oder in Bussen selbst in die Luft, um möglichst viele Menschen zu töten. Ferner wurde Israel mit Raketen beschossen. Die Eskalation erreichte 2002/03 ihren Höhepunkt.

Der hochkochende Nahostkonflikt befeuerte den Antisemitismus global. Islamistische Gruppen weltweit solidarisierten sich mit den

Selbstmordattentätern. Demonstranten in Ländern des globalen Südens wünschten Juden den Tod und forderten die Zerstörung Israels. In westlichen Staaten ging der offene Judenhass in der Regel nicht so weit, aber nicht wenige Menschen brachten Verständnis für die Aktionen der Palästinenser auf. Sie würden sich gegen eine unrechtmäßige Besatzung wehren. Letztlich sei Israel selbst dafür verantwortlich. So sahen bei einer Eurobarometer-Umfrage 2003 59 Prozent der Europäer den Staat Israel als die größte Bedrohung für den Weltfrieden, vor dem Iran, Nordkorea und weit vor Russland.

Im Zuge der Anschläge vom 11. September entwickelte sich auch eine Reihe neuer Verschwörungserzählungen. Die sogenannte Truther-Bewegung zum Beispiel sieht entweder die amerikanische Regierung oder die Geheimdienste oder eine geheime Finanzelite als die eigentlichen Urheber an. Derartige verschwörungsmythologische Erzählungen sind strukturell antisemitisch, weil sie das Geschehen der Welt auf geheime Kräfte zurückführen, und schlagen häufig in offenen Judenhass um. So benennen einige direkt die Juden als vermeintliche Profiteure der Anschläge, behaupten, dass unter den Anschlagsopfern keine Juden gewesen seien, oder machen den Mossad, den israelischen Geheimdienst, dafür verantwortlich. Solche Verschwörungsmythologien erfreuen sich auch in Deutschland und anderen westlichen Ländern einiger Beliebtheit.

Antisemitismus in der politischen Arena: Jürgen Möllemann

In der ohnehin aufgeladenen weltpolitischen Situation 2002 äußerte der ehemalige Bundesminister und Vizekanzler der Bundesrepublik Deutschland, Jürgen Möllemann, Verständnis für die Selbstmordattentate. Sie seien eine Reaktion auf die israelische Besatzung.

Der FDP-Bundestagsabgeordnete stellte sich ferner hinter den damaligen grünen Parlamentarier in Nordrhein-Westfalen, Jamal Karsli, der Israel einen »Vernichtungskrieg« gegen die Palästinenser unterstellte. Er sprach ebenso von »Nazimethoden« und beklagte den Einfluss einer »zionistischen Lobby« in Deutschland. Die Grünen distanzierten sich von diesen Aussagen. Karsli trat daraufhin aus und schloss sich auf Bestreben Möllemanns der FDP-Landtagsfraktion an.

Mitglieder des Zentralrats der Juden in Deutschland, darunter sein Vizepräsident Michel Friedman, aber auch einige prominente FDP-Politiker, kritisierten Karslis Aussagen als antisemitisch. Möllemann stellte sich hingegen vor ihn: »Wer Ariel Sharon kritisiert, wird von bestimmten Leuten in Deutschland in die Ecke des Antisemitismus gestellt. Das verbitte ich mir auf das Schärfste. Ich fürchte, dass kaum jemand den Antisemiten, die es in Deutschland gibt, leider, die wir bekämpfen müssen, mehr Zulauf verschafft hat als Herr Sharon und in Deutschland ein Herr Friedman mit seiner intoleranten und gehässigen Art. Überheblich.« Der Zentralratspräsident Paul Spiegel warf Möllemann daraufhin vor, die Juden selbst für den Antisemitismus verantwortlich zu machen. Damit bediene er einen alten antisemitischen Topos.

Wenig später, im Herbst 2002, verschickte Möllemann ohne Rücksprache mit dem FDP-Parteivorstand ein Faltblatt zum Bundestagswahlkampf an alle Haushalte in Nordrhein-Westfalen mit den Abbildungen von Michel Friedman und des israelischen Ministerpräsidenten Ariel Sharon. Darin präsentierte sich der FDP-Vizevorsitzende als Friedensfreund. Er strebe eine friedliche Lösung im Nahostkonflikt an, während Sharon einen Kriegskurs verfolge und einen palästinensischen Staat ablehne. Friedman verteidige diesen Kurs und versuche, den »Sharon-Kritiker Jürgen W. Möllemann als ›anti-israelisch‹ und »antisemitisch‹ abzustempeln.«

Die im Bundestag vertretenen Parteien wandten sich zwar gegen die Aktion, ebenso prominente Stimmen der FDP, aber Möllemann erhielt viel öffentliche Unterstützung. So stimmte knapp ein Drittel in einer Umfrage seiner Diagnose zu. Diese Aussagen in der politischen Arena, von einem ehemaligen Bundesminister und bekannten FDP-Politiker markierten eine Zäsur. Möllemann artikulierte offen antisemitische Positionen, setzte sie wahlstrategisch ein und zeigte damit, dass der Antisemitismus als Bestandteil der Politik in der gesellschaftlichen Mitte fungieren konnte.

Zwangsarbeiterentschädigung und »Holocaustindustrie«

Nach der Wiedervereinigung war auch die Debatte um die immer noch nicht entschädigten NS-Zwangsarbeiter aufgekommen. 1998 hatte der Bundestag beschlossen, eine Stiftung zur Entschädigung unter Beteiligung der Wirtschaft einzurichten. Nach langen Rechts- und Finanzstreitigkeiten gründete die Bundesregierung letztlich im Jahr 2000 die Stiftung Erinnerung, Verantwortung und Zukunft. Außerdem brachten Sammelklagen und Boykottdrohungen in den Vereinigten Staaten von Amerika deutsche Unternehmen dazu, 1999 eine eigene Stiftungsinitiative zu gründen. Daran beteiligten sich besonders die exportorientierten Großunternehmen, vor allem aus Angst vor Boykotten und Imageschäden. Als Bedingung verlangten sie, dass ihnen Rechtssicherheit vor weiteren Klagen gewährt würde, allerdings ohne eine eigene Schuld einzugestehen.

Diese Diskussion lief in Deutschland nicht ohne bekannte antijüdische Ressentiments ab. Immer wieder wurde den Juden vorgeworfen, Profit aus dem Holocaust zu ziehen. Befeuert wurden derartige Annahmen durch die Debatte um die deutsche Ausgabe des 2000 veröffentlichten Buches »Die Holocaust-Industrie – Wie das Leid der Juden ausgebeutet wird« von Norman Finkelstein, ein antizionistischer Politologe und Sohn von Holocaustüberlebenden. Er behauptete, dass amerikanische Juden sich lange nicht um das Leid von Überlebenden gekümmert hätten. Nach dem Sechstagekrieg 1967 hätten sie registriert, dass sich daraus Kapital schlagen ließe. Eine »Holocaustindustrie« der jüdischen Organisationen habe sich am Gedenken bereichert und Unterstützung für Israel erpresst. Sie hätten den Holocaust gezielt vermarktet, deshalb seine Einzigartigkeit postuliert und die Opferzahlen übertrieben: »Die Unvergleichlichkeit, ja Außergeschichtlichkeit des Massenmords an den Juden entspringt nicht dem Ereignis selbst, sondern ist vor allem Produkt der ausbeuterischen Industrie, die sich danach entwickelt hat. Die Holocaust-Industrie ist schon immer bankrott gewesen.«

Während in Amerika namhafte Historiker die Thesen nahezu einhellig scharf kritisierten und Finkelstein lediglich von einigen linken Intellektuellen Zustimmung erntete, fanden sich in deutschen Medien zahlreiche zustimmende Positionen. Finkelsteins Mischung aus sekundärem Antisemitismus, dass die Juden vom Holocaust profitieren würden, und verschwörungserzählerisch aufgeladener »Israelkritik« traf nicht nur bei der Rechten auf Unterstützung. Kritiker wie Salomon Korn, Vorsitzender der Jüdischen Gemeinde Frankfurt am Main, bemängelten, dass die Thesen in seriösen Zeitungen ernsthaft diskutiert würden. Damit werde ihnen fälschlicherweise eine Wissenschaftlichkeit zugesprochen. Vielen Kommentatoren galt die Herkunft als Beleg für die Seriosität Finkelsteins. Ein antizionistischer amerikanischer Jude, Sohn von Holocaustüberlebenden, sprach aus, was sich deutsche Antisemiten nicht mehr offen zu sagen trauten. Finkelstein diente ihnen als willkommener Kronzeuge. So feierte unter anderem die rechtsextreme »National-Zeitung« das Buch euphorisch. Die NS-Vergangenheit war folglich auch in den frühen 2000er-Jahren in Deutschland noch sehr präsent, ebenso wie das Bedürfnis, endlich einen Schlussstrich unter die Vergangenheit zu ziehen.

Martin Hohmann und das »Tätervolk«

Ein besonders eklatantes Beispiel dafür stellt die Rede eines CDU-Bundestagsabgeordneten am 3. Oktober 2003 dar. Am Tag der Deutschen Einheit sprach Martin Hohmann vor einem hessischen Ortsverband seiner Partei. Er beklagte den angeblich gegen das deutsche Volk erhobenen Vorwurf der »Kollektivschuld«. Dadurch würden die Deutschen ungerechtfertigterweise zu einem »Tätervolk« stilisiert, während die Juden ausschließlich als Opfer wahrgenommen würden. Aber gebe es nicht auch dunkle Flecken in der jüdischen Geschichte, so fragte Hohmann rhetorisch. Schließlich hätten die Juden eine herausragende Rolle im Bolschewismus und der Oktoberrevolution in Russland gespielt: »Mit einer gewissen Berechtigung könnte man im Hinblick auf die Millionen Toten dieser ersten Revolutionsphase nach der ›Täterschaft‹ der Juden fragen. Juden waren in großer Anzahl sowohl in der Führungsebene als auch bei den Tscheka-Erschießungskommandos aktiv. Daher könnte man Juden mit einiger Berechtigung als ›Tätervolk‹ bezeichnen.«

Diese Bezeichnung sei letztlich aber für Juden wie für Deutsche unangebracht. Die größten Massenmörder des 20. Jahrhunderts seien schließlich die Gottlosen. Sie seien das eigentliche »Tätervolk«. Deshalb beendete Hohmann seine Rede mit den Worten: »Wir sollten uns in Zukunft gemeinsam gegen diesen Vorwurf wehren. Unser Leitspruch sei: Gerechtigkeit für Deutschland, Gerechtigkeit für Deutsche. Ich komme zum Schluss und sage: Mit Gott in eine gute Zukunft für Europa! Mit Gott in eine gute Zukunft, besonders für unser deutsches Vaterland!«

Die Rede rief bei den anwesenden Parteimitgliedern keinen Widerspruch hervor. Erst im Nachhinein, nachdem der Ortsverband sie auf seiner Internetseite veröffentlicht hatte, setzte die Kritik daran ein. Zugleich erhielt Hohmann viel Zustimmung, auch von Politikern seiner Partei. Zunächst wurde der Redner von der damaligen Parteivorsitzenden Angela Merkel lediglich gemaßregelt. Andere CDU-Politiker forderten weitergehende Konsequenzen. Letztlich schloss die Bundestagsfraktion den Abgeordneten im November 2003 aus, der Parteiausschluss folgte ein halbes Jahr später. Daraufhin gründeten sich Initiativen zur Solidarität mit Hohmann. Auch Finkelstein verteidigte den Inhalt der Rede. Hohmann verklagte viele Kritiker, denen er üble Nachrede unterstellte. Später schloss er sich der in Teilen rechtsextremen Alternative für Deutschland (AfD) an, für die er 2017 für eine Legislaturperiode in den Bundestag einzog.

Die Diskussion über die »Holocaustindustrie«, die Rede Hohmanns und die Debatte über die Zwangsarbeiterentschädigung zeigten die Gegenwärtigkeit der NS-Vergangenheit und den weitverbreiteten Wunsch nach einer unbefangenen Identität im wiedervereinigten Deutschland, nach einer Normalität. Die Erinnerung an die nationalsozialistischen Verbrechen wurde dabei als Belastung empfunden. Im sekundären Antisemitismus erscheint jeder Jude als Mahnung an die »deutsche Schuld«. Deshalb werden die Juden ebenfalls zu Tätern gemacht oder Israel vergleichbare Gräueltaten wie dem NS-Regime unterstellt. Im eingeforderten Schlussstrich unter die Vergangenheit wird Entlastung herbeigesehnt.

Die Debatten der 2000er-Jahre verschoben den Diskurs. In scharfem Ton forderten die Protagonisten, endlich eine lang tabuisierte Wahrheit aussprechen zu dürfen. Sie traten deshalb auf als jemand, der sich traue, etwas Verbotenes zu sagen. Dieser Gestus des Tabubruchs fand sich bereits bei den Antisemiten im 19. Jahrhundert; er gehört folglich zu den Kernbestandteilen der modernen Judenfeindschaft. Die »Tabubrecher« erfreuten sich vielfältiger medialer und politischer Unterstützung.

Günter Grass und Jakob Augstein

Dass sich derartige sekundärantisemitische Positionen keineswegs nur im rechten, sondern in allen politischen Lagern finden, machte 2012 das Gedicht »Was gesagt werden muss« von Günter Grass deutlich. Er veröffentlichte es parallel in drei großen europäischen Tageszeitungen. Der Schriftsteller galt lange Zeit als das linke Gewissen der Bundesrepublik, ein glühender Unterstützer Willy Brandts und der Sozialdemokratie. Anlässlich einer drohenden Eskalation um das iranische Atomprogramm meldete sich der über 80-Jährige zu Wort. Er kritisierte allerdings nicht das diktatorische Mullahregime, das seit seiner Errichtung 1979 immer wieder mit der Zerstörung des jüdischen Staates drohte und weltweit antisemitische Terrorgruppen und -anschläge unterstützte, sondern Israel. Grass warf dem jüdischen Staat, wiederum in tabubrecherischer Geste, vor, den Weltfrieden zu bedrohen: »Warum sage ich jetzt erst, gealtert und mit letzter Tinte: Die Atommacht Israel gefährdet den ohnehin brüchigen Weltfrieden? Weil gesagt werden muß, was schon morgen zu spät sein könnte [...].«

Er befürchtete außerdem, dass Israel das »iranische Volk auslöschen könnte«. Ferner sprach er sich ausdrücklich gegen deutsche U-Boot-Lieferungen zur atomaren Zweitschlagfähigkeit an Israel aus und beklagte eine »Heuchelei des Westens«. Das verordnete Schweigen über diese Themen ertrage er nicht mehr, auch wenn er sich dadurch dem »Verdikt des ›Antisemitismus‹« aussetze.

Das Gedicht des Schriftstellers, der jahrzehntelang seine Mitgliedschaft in der Waffen-SS verschwiegen hatte, steht prototypisch für den sekundären Antisemitismus. Der proklamierte Tabubruch, die Täter-Opfer-Umkehr, in der Israel ein potenzieller Völkermord unterstellt wird, und die vorweggenommene Klage über einen drohenden Antisemitismusvorwurf, wenn die unterdrückte Wahrheit ausgesprochen werde, machen seine Kernbestandteile aus.

Grass' Gedicht löste eine breite mediale Debatte aus. Der Autor erfuhr einige Unterstützung, war aber auch heftiger Kritik von politischen Funktionsträgern ausgesetzt. Andere Politiker nahmen ihn in Schutz und verteidigten die Kunstfreiheit, auch wenn sie seine Position zu Israel nicht teilten. Die konservative israelische Regierung unter Benjamin Netanjahu reagierte scharf und verhängte ein Einreiseverbot gegen Grass, das wiederum linke israelische Intellektuelle als überzogen kritisierten.

Eine einflussreiche Stimme, die für den Schriftsteller Partei ergriff, war Jakob Augstein, der Sohn des »Spiegel«-Gründers Rudolf Augstein. Auf »Spiegel online« verteidigte er den Inhalt des Gedichts. Sein Artikel »Es musste gesagt werden« kritisierte die deutsche Politik, welche die Sicherheit Israels als Teil der Staatsräson Deutschlands betrachte, wie Bundeskanzlerin Angela Merkel 2008 vor dem israelischen Parlament verkündet hatte. Auch Augstein unterstellte der Regierung Netanjahu, die Welt an den Rand des Krieges zu führen und dazu Unterstützung aus Amerika und Deutschland zu erhalten: »Mit der ganzen Rückendeckung aus den USA, wo ein Präsident sich vor den Wahlen immer noch die Unterstützung der jüdischen Lobbygruppen sichern muss, und aus Deutschland, wo Geschichtsbewältigung inzwischen eine militärische Komponente hat, führt die Regierung Netanjahu die ganze Welt am Gängelband eines anschwellenden Kriegsgesangs.« Augstein bediente in seinem Artikel nicht nur den antisemitischen Topos des großen jüdischen Einflusses in Amerika, sondern auch den verschwörungserzählerischen Gedanken, dass Juden die Weltpolitik grundlegend beeinflussen würden.

Er hatte Israel schon häufiger vorgehalten, den Weltfrieden zu gefährden, Parallelen zum NS-Regime gezogen und den Einfluss einer jüdischen Lobby beklagt. Insofern kam seine Unterstützung für Grass nicht unerwartet. Das Simon-Wiesenthal-Center setzte Augstein deshalb im November 2012 auf die jährlich erscheinende Liste der zehn schlimmsten antisemitischen/antiisraelischen Verunglimpfungen. Diese Positionierung wurde als überzogen kritisiert und brachte Augstein viel Zuspruch in der deutschen Öffentlichkeit ein.

Das Gedicht von Grass und die Haltung von Augstein stehen beispielhaft für die Verbreitung des sekundären Antisemitismus bei deutschen Intellektuellen. Sie sprachen damit eine Position aus, die in der gesamten Gesellschaft sozialwissenschaftlichen Untersuchungen zufolge weitverbreitet war. Darin offenbarte sich außerdem die Vermischung des sekundären mit dem israelbezogenen Antisemitismus. Die Debatte darüber, wann »Israelkritik« in Antisemitismus umschlägt, wurde in den folgenden Jahren anhand unterschiedlicher Anlässe immer wieder geführt, vor allem anlässlich der Eskalationen im Nahen Osten und ihren Auswirkungen in Deutschland. Doch noch ein weiteres Thema erregte in diesem Jahr die deutsche Öffentlichkeit: die Berechtigung religiöser Rituale in einem weltlichen Staat.

Die Beschneidungsdebatte

Die Beschneidung von jüdischen Jungen, also die Entfernung der Vorhaut kurz nach der Geburt, stand im Laufe der Geschichte immer wieder heftig in der Kritik. Kritiker sahen darin bereits in der Antike ein primitives Ritual, eine archaische Tradition. Sie sei ein Ausdruck für die Rückständigkeit der Juden. Ferner werde durch sie das Wohl der Kinder durch einen dauerhaften körperlichen Eingriff verletzt. Diese Kritik zieht sich durch bis in die Gegenwart.

So stufte das Landgericht Köln 2012 die Beschneidung als Körperverletzung ein. Mehrere Rechtswissenschaftler, ärztliche Organisationen und atheistische Vereinigungen begrüßten das Urteil. Dagegen regte sich Protest von jüdischer und muslimischer Seite, dem sich christliche Vereinigungen anschlossen. Sie argumentierten mit der Religionsfreiheit und einer jahrtausendealten religiösen Tradition. Die Debatte erreichte in den Medien und der Öffentlichkeit ein hohes Erregungsniveau.

So hieß es in einem Leitartikel der »FAZ«: »Eine Religion, die eine regelmäßige Körperverletzung von Minderjährigen [...] im Programm hat, steht in einem Dauerkonflikt mit wesentlichen Zielen der Verfassung – und zwar umso tiefgreifender, je freiheitlicher und säkularer der Staat ist.« In der Diskussion wurde auf den grundlegenden Konflikt zwischen weltlichem Staat und religiösen Ritualen verwiesen.

Mehrere jüdische Intellektuelle merkten an, dass in der Debatte antijudaistische und antisemitische Ressentiments allgegenwärtig seien. Die Beschneidung werde ebenso von vielen, ihren Glauben nicht praktizierenden Juden als wichtiges Zeichen vollzogen, gerade nach der NS-Zeit. So sagte der Frankfurter Pädagogikprofessor Micha Brumlik in einem Gespräch im Deutschlandfunk: »Für viele nicht religiöse oder liberale Juden ist das ein Zeichen der Selbstbehauptung nach jener Katastrophe, die ich eben genannt habe, nach der Shoah.« Der Präsident des Zentralrats der Juden in Deutschland, Dieter Graumann, wurde noch deutlicher: »Würde die Beschneidung in Deutschland verboten, würde dies ein jüdisches Leben hier unmöglich machen. Dann müssten wir gehen.« Das Urteil des Kölner Landgerichts stieß ebenso bei jüdischen Gemeinden in vielen anderen Ländern auf großes Unverständnis. So sah die Europäische Rabbinerkonferenz darin den »schwerste[n] Angriff auf jüdisches Leben seit dem Holocaust«. Ferner hielt sie fest: »Die neue Sprache des Antisemitismus ist die Sprache der Menschenrechte.«

Neben einer sachlich geführten Debatte über die medizinischen Hintergründe der Beschneidung erschienen in deutschen Zeitungen auch Karikaturen, die blutlechzende, hakennasige Personen mit Messern zeigten und damit die jahrhundertealte judenfeindliche Bildsprache reproduzierten. Viele Antisemiten begriffen die Beschneidungsdebatte als Möglichkeit, ihren Ressentiments freien Lauf zu lassen. Der Zentralrat der Juden in Deutschland und die israelische Botschaft erhielten zahllose E-Mails und Briefe voller judenfeindlicher Beleidigungen und Drohungen. Die Beschneidungsdebatte diente einem tief sitzenden Judenhass als Ventil.

Die gesellschaftliche Meinung war hinsichtlich der Frage äußerst gespalten. Etwas mehr als die Hälfte der Befragten war dagegen, die Beschneidung aus religiösen Gründen zu erlauben. Ende 2012 verabschiedete der Bundestag allerdings ein Gesetz, das die Beschneidung ausdrücklich erlaubte. Führende Repräsentanten jüdischer Organisationen in Deutschland machten deshalb auf die Diskrepanz zwischen der öffentlichen Meinung und der politischen Vernunft aufmerksam. Dieses Missverhältnis kennzeichnet bis heute die Debatten über Antisemitismus und »Israelkritik«.

Während die Bundesrepublik auf vielen Ebenen eine enge Beziehung zu Israel pflegt, dessen Sicherheit zur deutschen Staatsräson erklärt hat, das Gedenken an den Nationalsozialismus und den Holocaust in ritueller Form vollzieht und den Antisemitismus offiziell verurteilt, stellt sich die Stimmung in der Gesellschaft anders dar. Judenfeindliche Ressentiments brechen anlassbezogen regelmäßig hervor. Zu diesem Antisemitismus der deutschen Mehrheitsgesellschaft trat noch eine neue Form hinzu, die eng mit den Entwicklungen im Nahen Osten verbunden war.

Muslimischer Antisemitismus

Nachdem die islamistische Hamas Israel wochenlang mit Raketen beschossen hatte, startete die israelische Armee im Sommer 2014 eine Bodenoffensive im Gazastreifen, um Tunnel und Raketenabschussanlagen zu zerstören. Anlässlich dieses Militäreinsatzes fanden in vielen Ländern Demonstrationen gegen Israel statt. Im ganzen Bundesgebiet gingen Menschen auf die Straße, mehrheitlich Muslime. In mehreren Städten skandierten die Demonstranten »Jude, Jude, feiges Schwein, komm heraus und kämpf allein« und griffen Teilnehmer von Gegenkundgebungen an. In Essen ermittelte die Polizei wegen eines geplanten Anschlags auf die Alte Synagoge. Auf zahlreichen Kundgebungen waren Embleme der Hamas und anderer terroristischer Organisationen zu sehen.

Diese Demonstrationen waren keineswegs die ersten und einzigen, auf denen offener oder israelbezogener Antisemitismus artikuliert wurde. So findet seit Mitte der 1990er-Jahre in Berlin jährlich der Al-Quds-Marsch (arabisch für Jerusalem) zur »Befreiung« der Heiligen Stadt von der »jüdischen Besatzung« statt. Ausgerufen hatte ihn 1979 der religiöse Führer des Irans, Ruhollah Chomeini. Die schiitische Diktatur betreibt weltweit Propaganda gegen Israel und gegen jüdische Gemeinden. Die Al-Quds-Märsche stellten insofern immer antisemitische Demonstrationen dar. Im Jahr 2014 waren sie vor dem Hintergrund der Eskalation im Nahen Osten besonders aggressiv.

Derartige Aufmärsche boten Anlass, um über einen »neuen Antisemitismus« zu diskutieren. Der Israelhass auf diesen Demonstrationen schlug nur allzu oft in offenen Antisemitismus um.

Die Mehrzahl der Demonstrierenden waren Muslime, die entweder eingewandert oder in Deutschland geboren waren. Ihr emotionales Verhältnis zu Israel ergab sich aus ihrer Herkunft oder ihrer Familiengeschichte. Allerdings ging die Kritik weit über eine Ablehnung bestimmter politischer oder militärischer Maßnahmen Israels hinaus.

Die Debatte um den israelbezogenen Antisemitismus drehte sich folglich um den Zusammenhang von Kritik an Israel und Judenhass, um die Frage, wann das eine in das andere übergeht. Sie wurde und wird äußerst emotional geführt. Bis heute herrscht kein Konsens darüber, weder in der Wissenschaft noch in der Politik. Sie ist allerdings regelmäßig Gegenstand politischer Auseinandersetzungen.

Die International Holocaust Remembrance Alliance

Einen Versuch, das Verhältnis genauer zu bestimmen, lieferte die International Holocaust Remembrance Alliance (IHRA). Die seit 2000 bestehende Vereinigung aus 34 Ländern, einigen Beobachterstaaten und internationalen Organisationen widmet sich dem Gedenken an den Holocaust auf unterschiedlichen Ebenen. 2016 legte sie eine Arbeitsdefinition vor: »Antisemitismus ist eine bestimmte Wahrnehmung von Jüdinnen und Juden, die sich als Hass gegenüber Jüdinnen und Juden ausdrücken kann. Der Antisemitismus richtet sich in Wort oder Tat gegen jüdische oder nicht jüdische Einzelpersonen und/oder deren Eigentum sowie gegen jüdische Gemeindeinstitutionen oder religiöse Einrichtungen.«

Neben Gewalt gegen Juden oder jüdische Einrichtungen und Holocaustleugnung definierte sie folgende Umstände als antisemitisch:

»das Aberkennen des Rechts des jüdischen Volkes auf Selbstbestimmung, zum Beispiel durch die Behauptung, die Existenz des Staates Israel sei ein rassistisches Unterfangen;

die Anwendung doppelter Standards, indem man von Israel ein Verhalten fordert, das von keinem anderen demokratischen Staat erwartet oder gefordert wird;

Vergleiche der aktuellen israelischen Politik mit der Politik der Nationalsozialisten; das kollektive Verantwortlichmachen von Jüdinnen und Juden für Handlungen des Staates Israel«.

Die IHRA-Definition wird immer wieder heftig kritisiert als einseitig und unzureichend, vor allem von pro-palästinensischen Gruppen. Besonders tut sich dabei die Kampagne Boykott, Desinvestionen und Sanktionen (BDS) hervor. Die antisemitische Organisation bezeichnet Israel als kolonialistischen Apartheidstaat und vergleicht ihn mit dem rassistischen System in Südafrika. Sie tritt vehement für einen politischen und kulturellen Boykott gegen den jüdischen Staat ein. Insbesondere stört sie sich daran, dass die Bundesregierung die IHRA-Definition 2017 angenommen und ihre politische Umsetzung beschlossen hat.

2019 beschloss der Bundestag darüber hinaus mit großer Mehrheit den Antrag »Der BDS-Bewegung entschlossen entgegentreten – Antisemitismus bekämpfen«. Er verurteilte die BDS-Kampagne als antisemitisch. Organisationen, die BDS unterstützen, sollten keine finanzielle Förderung erhalten. Ferner verfügten einige Städte und Kommunen in diesen Jahren, keine Räumlichkeiten für BDS-nahe Gruppen zur Verfügung zu stellen. Diese Beschlüsse begrüßte der Bundestag ebenfalls.

Die Debatte um die IHRA-Definition und den antisemitischen Charakter der BDS-Bewegung ist nicht abgeschlossen. Neben pro-palästinensischen Aktivisten ziehen einige Akademiker den wissenschaftlichen Gehalt der Definition infrage und verurteilen seine vermeintlich missbräuchliche politische Anwendung.

Trotz aller berechtigten Kritik, dass die IHRA-Definition nicht in allen Punkten ausreichen mag, stellt sie doch eine wichtige politische und diplomatische Errungenschaft dar. Zahlreiche Staaten einigten sich erstmals in einem kontroversen Aushandlungsprozess auf eine gemeinsame Position hinsichtlich der unterschiedlichen Formen des Judenhasses. Insofern stellt sie einen zentralen Ausgangspunkt für die Debatte über Antisemitismus dar. Von nicht zu unterschätzender Bedeutung ist auch die politische Positionierung der Bundesregierung und des Bundestages.

Diese offizielle politische Position steht aber noch immer in einem Widerspruch zum verbreiteten Antisemitismus in der Bevölkerung. Unterschiedliche Befragungen, unter anderem die sogenannten Mitte-Studien der Friedrich-Ebert-Stiftung, messen seit 2006 rechtsextreme Einstellungen und gruppenbezogene Menschenfeindlichkeit in der deutschen Gesellschaft. Auch wenn der Anteil klassischer Antisemiten im Laufe der letzten Jahre auf knapp vier Prozent der Bevölkerung gesunken ist, liegen doch die Zustimmungsraten bei sekundärantisemitischen und israelbezogenen judenfeindlichen Äußerungen bei bis zu einem Drittel der Befragten.

Die Alternative für Deutschland

Generell zu Ressentiments in der deutschen Gesellschaft und zum (sekundären) Antisemitismus trägt auch die Alternative für Deutschland (AfD) bei. Die 2013 als euroskeptische Partei gegründete Formation entwickelte sich in den letzten Jahren immer deutlicher in Richtung Rechtsextremismus. Mittlerweile wird die Partei vom Bundesamt für Verfassungsschutz als rechtsextremer Verdachtsfall eingestuft und beobachtet. Vor allem die Migration syrischer Geflüchteter nach Deutschland nutzte die AfD, um Rassismus zu schüren. Sie machte mobil gegen die Regierung von Angela Merkel und gerierte sich als Antisystempartei. Im Mittelpunkt ihrer Agitation stehen muslimische Migranten und der Islam, den sie für nicht vereinbar mit Deutschland erachtet. Rhetorisch stellt sich die Partei gegen Antisemitismus und unterstützt Israel als Bollwerk gegen den Islam.

Führende Parteivertreter bedienen dennoch ständig strukturell antisemitische Argumentationsmuster. Das Raunen über die abgehobene Elite, die im Dienst von dubiosen transatlantischen Strippenziehern stehe und gegen das eigentliche Interesse des Volkes handle, folgt der altbekannten Verschwörungserzählung. Zu einem Hauptfeind erkor die Partei George Soros. Der in Ungarn geborene jüdisch-amerikanische Finanzinvestor unterstützt mit seinen Open-Society-Stiftungen weltweit liberale, demokratische Organisationen, hauptsächlich in autokratischen Gesellschaften. Für Antisemiten vereinigt seine Person gängige Ressentiments. So titulierte der Thüringer AfD-Fraktionsvorsitzende Björn Höcke die Bundeskanzlerin Merkel als »Soros Kundin«. In unzähligen Reden klagte er über »neoliberalistische Multikultikräfte« und bezeichnete die Europäische Union als »neoliberalistische Globalisierungsagentur, die den volkszerstörenden und als pervers zu bezeichnenden Ungeist eines George Soros exekutiert«. Höckes Argumentation ist ein typisches Beispiel für Antisemitismus, ohne ausdrücklich die Juden zu erwähnen. Die von ihm genutzten Chiffren sind jedoch mehr als deutlich.

Die Kritik an der bundesrepublikanischen Erinnerungspolitik nimmt bei Höcke geschichtsrevisionistische Züge an. Beim Kyffhäuser-Treffen 2016 sagte er: »Das permanente Mies- und Lächerlichmachen unserer Geschichte hat uns wurzellos gemacht. [...] Die Vergangenheitsbewältigung als gesamtgesellschaftliche Daueraufgabe lähmt ein Volk.« Er plädierte dafür, dass die Deutschen sich ihre »über 1000-jährige Geschichte« erneut in Gänze aneignen und »einen neuen Mythos für unser Volk [...] erschließen«. Mit einer derartigen sekundärantisemitischen Argumentation, mit dem Bedürfnis, einen Schlussstrich unter die NS-Vergangenheit zu ziehen, ist Höcke in der AfD keineswegs isoliert. Auch der damalige AfD-Fraktionsvorsitzende im Bundestag und Parteivorsitzende Alexander Gauland sagte 2018 bei einem Treffen der Parteijugend über die nationalsozialistische Vergangenheit: »Hitler und die Nazis sind nur ein Vogelschiss in über 1000 Jahren erfolgreicher deutscher Geschichte.«

Der parlamentarische Erfolg der AfD, schwerpunktmäßig in Ostdeutschland, bedeutete die Rückkehr von offenem Rassismus, Geschichtsrevisionismus, (sekundärem) Antisemitismus und Verschwörungsmythen auf die politische Bühne. Einen weiteren Schub erhielt diese Entwicklung durch die Proteste gegen die Corona-Maßnahmen der Bundesregierung.

Die Anti-Corona-Proteste

Auf die Covid-19-Pandemie antwortete die bundesdeutsche Politik 2020 mit zahlreichen Einschränkungen, von einer Maskenpflicht über Schul- und Kitaschließungen bis zu allgemeinen Lockdowns und Grundrechtseinschränkungen. Die Versuche, die Pandemie in den Griff zu bekommen, folgten keinem Drehbuch. Die Regierung improvisierte, handelte aus der Situation heraus und reagierte auf neue Entwicklungen. Die für die Öffentlichkeit nicht immer verständlichen Maßnahmen wurden von Beginn an kritisiert, hinterfragt und ihr Nutzen in Zweifel gezogen. Diese notwendige Debatte verlief allerdings alles andere als rational. Schnell formierte sich eine amorphe Protestbewegung, die ihren Unmut auf die Straße trug. Die Bewegung versammelte ein breites Spektrum, eine

Querfront von Esoterikern, die der wissenschaftlich orientierten Medizin ablehnend gegenüberstehen, über staatskritische Linke bis zu Rechtsextremen. Vor allem in Ostdeutschland konnte sie an die rassistische Pegida-Bewegung (Patriotische Europäer gegen die Islamisierung des Abendlandes) der vorigen Jahre anknüpfen. Einen Schub erhielt sie durch die Debatte über eine mögliche Impfpflicht. Der Protest dagegen war voller antisemitischer Verschwörungsmythen. Es kursierten teils absurde Erzählungen, etwa dass Bill Gates oder die Pharmaindustrie planen, mit der Impfung einen Chip zu implantieren, um die Menschen zu kontrollieren. Hinter diesem groß angelegten »Menschenversuch« stecke die (jüdische) »Hochfinanz« oder das Großkapital. Anknüpfungspunkte fanden derartige Mythen bei der seit 2017 in den Vereinigten Staaten von Amerika kursierenden QAnon-Verschwörungserzählung. Ihr zufolge entführt eine im Hintergrund agierende liberale Elite Kinder, um aus ihrem Blut ein Verjüngungsmittel zu gewinnen. Dabei handelt es sich um eine leicht abgewandelte Form der antijudaistischen Ritualmordlegende. Dieser strukturelle Antisemitismus funktioniert wiederum, ohne Juden explizit zu erwähnen. Nicht selten fabuliert die QAnon-Verschwörungserzählung über den dominanten Einfluss der jüdischen Bankiersfamilie Rothschild oder anderer jüdischer Persönlichkeiten bei den Kindesentführungen und wird damit offen antisemitisch.

Klarer Antisemitismus zeigte sich auch auf vielen Anti-Corona-Demonstrationen. Bei zahlreichen Aufmärschen trugen Teilnehmer gelbe »Judensterne« mit der Aufschrift »ungeimpft«. Die Verbrechen des NS-Regimes wurden ebenfalls durch Plakate mit Sprüchen wie »Impfen macht frei« relativiert, eine klare Referenz auf die Torinschriften nationalsozialistischer Konzentrationslager »Arbeit macht frei«. Die Demonstranten gerierten sich als die »neuen Juden«, als Opfer eines Willkürregimes. Sie stellten die Corona-Maßnahmen der Bundesregierung mit der Vernichtungspolitik der Nationalsozialisten auf eine Stufe. Diese Relativierung von NS-Verbrechen markiert einen Kernbestandteil des sekundären Antisemitismus.

Auch AfD-Politiker riefen zu diesen Demonstrationen auf. Bei der Demonstration im August 2020 in Berlin durchbrachen mehrere Hundert Teilnehmer die Absperrgitter und Polizeiketten und stürmten die Treppen zum Reichstag. Die verschwörungsideologische Szene feierte diese Aktion überschwänglich in den sozialen Netzwerken, die eine wichtige Funktion im Radikalisierungsprozess einnehmen.

Nachdem die Corona-Maßnahmen nahezu vollständig weggefallen sind und die Pandemie durch effektive Impfungen weitgehend kontrollierbar geworden ist, verlagert die verschwörungsideologische Szene ihre Aufmerksamkeit auf ein anderes Thema: auf den brutalen russischen Angriffskrieg auf die Ukraine am 24. Februar 2022. Sie demonstriert nun für Frieden und übernimmt dabei häufig die russische Propaganda.

In der AfD und dem Anti-Corona-Protestmilieu zeigt sich ein antidemokratisches, autoritäres Potenzial, das sich nicht selten offen antisemitisch artikuliert und gegen »das korrupte System«, die Eliten und deren vermeintlichen Hintermänner agitiert. Es lehnt die parlamentarische Demokratie ebenso ab wie die plurale, liberale Gesellschaft. Darin zeigt sich eine neue Form eines »libertären Autoritarismus«, der zwar einen egoistischen, entgrenzten Freiheitsbegriff propagiert, aber offen für autoritäres, verschwörungsmythologisches Denken ist. Er weist eine hohe Anfälligkeit für Antisemitismus auf.

Die Mbembe-Debatte und die »Hohepriester« des Holocaust

In den letzten Jahren artikulierte sich die Judenfeindschaft allerdings noch in einem anderen Gewand – nämlich postkolonial – und auf einem anderen Feld: der Kunst. Als Redner für den Eröffnungsvortrag der Ruhrtriennale war 2020 der in Südafrika lehrende kamerunische Historiker und Philosoph Achille Mbembe eingeladen. Er gilt als einer der führenden Denker des Postkolonialismus.

Der kulturpolitische Sprecher der FDP-Landtagsfraktion von Nordrhein-Westfalen, Lorenz Deutsch, warf in einem offenen Brief an die Intendantin des Festivals, Stefanie Carp, Mbembe vor, in seinen Schriften den jüdischen Staat mit dem südafrikanischen Apartheidsregime gleichzusetzen. Ferner habe er den BDS-Aufruf zum akademischen

Boykott gegen Israel unterzeichnet. Deshalb forderte Deutsch, den Redner auszuladen. Diesen Vorwürfen und der Forderung schloss sich der Antisemitismusbeauftragte der Bundesregierung, Felix Klein, an. Daraufhin entspann sich eine emotionalisierte Debatte über das Verhältnis von »Israelkritik«, Antisemitismus und Postkolonialismus. Mbembe wies die Anschuldigungen empört zurück. In Interviews bestritt er jede Verbindung zur BDS-Kampagne. Mehrere Hundert afrikanische Wissenschaftler solidarisierten sich mit dem Angegriffenen und forderten ihrerseits den Rücktritt von Klein. Einige deutsche Akademiker sprachen ebenfalls von einer »Hexenjagd« und Zensur gegen Mbembe. Eine antikoloniale Stimme solle mundtot gemacht werden. In dieser Debatte wurde deutlich, wie schwierig das Verhältnis von Holocaust und Kolonialverbrechen zu bestimmen ist. Anhänger des Postkolonialismus sehen eine enge Verbindung, während die Kritiker die Einzigartigkeit der Vernichtung der europäischen Juden betonen.

Mbembes Schriften bedienen zweifellos die Tendenz zu einem Opferkonkurrenz-Antisemitismus. Er reproduziert antijudaistische Stereotype, wenn er Israelis vorhält, als »Opfer der Weltgeschichte« nun selbst Blut vergießen zu wollen. Sie folgten der »Form des Rachegeistes – Auge um Auge und Zahn um Zahn«. Er bedient damit das antijudaistische Bild des rachsüchtigen Juden.

Über viele Passagen der Reden und Werke Mbembes lässt sich fraglos streiten und das Verhältnis von NS- und Kolonialverbrechen ist zu komplex, um in einer aufgeladenen Debatte geklärt zu werden, aber dessen ungeachtet sorgte der Philosoph dafür, dass eine Professorin aus Israel von einer Konferenz in Südafrika 2018 ausgeladen wurde. Er drohte zusammen mit weiteren Kollegen, seine Teilnahme zurückzuziehen, wenn die israelische Psychologin Shifra Sagy dort auftrete. Letztlich gaben die Organisatoren dem Druck nach. Ein derartiges Verhalten folgt den politischen Forderungen der antisemitischen BDS-Kampagne. Die Mbembe-Debatte stellte aber nur den Auftakt einer Diskussion über Postkolonialismus und NS-Verbrechen dar.

Daran anschließend veröffentlichte der australische Genozidforsche Anthony Dirk Moses 2021 den Aufsatz »Der Katechismus der Deutschen«. Vehement kritisierte er die Erinnerung an den Holocaust als »moralisches Fundament der deutschen Nation«. Außerdem stellte er sich gegen eine besondere deutsche Verpflichtung gegenüber Israel und die angebliche Gleichsetzung von Antisemitismus und Antizionismus. Den BDS-Beschluss des Bundestages bezeichnete Moses als »moralische Hybris«. »Hohepriester« wie die renommierten Historiker Dan Diner und Saul Friedländer wachten über die Einhaltung des Katechismus. In ihrem »Erlösungsnarrativ« nehme der Holocaust »den Platz ein, der vormals Gott zukam«. Damit schlössen sie andere historische Erfahrungen und Opfer von kolonialen Gewaltverbrechen aus. Moses plädiert stattdessen mit Michael Rothberg für eine »multidirektionale Erinnerung«. Hierfür müsse der deutsche »Katechismus« überwunden werden.

Die als wissenschaftlicher Beitrag daherkommende Polemik stellt das markanteste Beispiel für die sich gegenwärtig abzeichnende Tendenz dar: Die Grundlagen der deutschen Erinnerungspolitik, das Gedenken an den Holocaust als Menschheitsverbrechen werden nicht mehr in erster Linie von konservativer Seite infrage gestellt wie noch Mitte der 1980er-Jahre im Historikerstreit – sondern von linken, BDS-unterstützenden, antizionistischen Aktivisten wie Moses. Bislang war es der extremen Rechten vorbehalten, über den »deutschen Schuldkult« und die »Holocaustreligion« zu klagen. Mittlerweile kommen derartige Positionen auch im progressiven postkolonialen Gewand daher. Die Annahme, jüdische Historiker wachten über ein Erinnerungsnarrativ, grenzt an eine Verschwörungserzählung über den großen Einfluss von Juden auf die politische Kultur in Deutschland. Moses relativiert den Holocaust, leugnet die Spezifik des Antisemitismus und seinen Unterschied zum Rassismus. Den antisemitischen Massenmord löst er in eine allgemeine Gewaltgeschichte des Westens auf. Sein Artikel steht für eine extreme Form des linken Geschichtsrevisionismus.

Die auch als »Historikerstreit 2.0« bezeichnete Auseinandersetzung wurde sehr heftig geführt. Neben Kritik erfuhr Moses auch viel Zustimmung von deutschen Akademikern. Die Diskussion steht für eine problematische Verschiebung in der bundesdeutschen Erinnerungskultur.

Statt ihre notwendige Erweiterung zu fordern und einen angemessenen Platz der deutschen Kolonialverbrechen in der öffentlichen Debatte einzuklagen, bauen die postkolonialen Theoretiker einen Gegensatz zwischen dem Gedenken an den Holocaust als singulärem Verbrechen und der Erinnerung an den Kolonialismus auf. Das unzureichende Verständnis des Antisemitismus in der postkolonialen Perspektive wurde auch bei der Documenta fifteen in Kassel 2022 deutlich.

Documenta fifteen

Die internationale Ausstellung zeitgenössischer Kunst in der nordhessischen Stadt Kassel kuratierte das indonesische Künstlerkollektiv Ruangrupa. Die Gruppe sollte eine Perspektive des globalen Südens einbringen und damit neue Sichtweisen auf die Kunst eröffnen.

Bereits vor der Eröffnung der Ausstellung kritisierte das Bündnis gegen Antisemitismus Kassel die indonesischen Künstler wegen ihrer Nähe zur BDS-Bewegung und verwies auf den Bundestagsbeschluss, dass keine öffentlichen Gelder für BDS-nahe Gruppen zur Verfügung gestellt werden sollten. Diese Behauptung wiesen die Verantwortlichen der Documenta empört zurück und diffamierten die Kritiker als unwichtige lokale Gruppierung. Die bislang ignorierten Positionen von Ruangrupa ließen sich nun aber nicht länger ausblenden.

So bezeichnete es Bundespräsident Frank-Walter Steinmeier in seiner Eröffnungsrede am 18. Juni 2022 als problematisch, dass keine jüdisch-israelischen Künstler in Kassel vertreten seien. Viele Künstler aus dem globalen Süden weigerten sich, an Veranstaltungen mit Israelis teilzunehmen. Dieser Umstand sei verstörend. Die Presseberichterstattung tat Steinmeiers Kommentar noch mehrheitlich als vage und unverständlich ab. Sie beklagte vielmehr, dass diese Diskussion das Image der Documenta als bedeutendster Kunstausstellung in Deutschland schade.

Nur wenige Tage nach der Eröffnung wuchs sich die Documenta fifteen zu einem handfesten Antisemitismusskandal aus. Auf einem großen, triptychonähnlichen Banner namens »People's Justice« auf dem zentralen Platz in der Kasseler Innenstadt war eine Figur mit Schläfenlocken und scharfen Schneidezähnen abgebildet. Auf dem Kopf trug sie einen »Judenhut« mit SS-Runen. Außerdem fand sich darauf ein Soldat mit Schweinsgesicht. Er trug ein Halstuch mit Davidstern und einen Helm mit der Aufschrift Mossad. Nach Protesten wurde das Banner erst verdeckt und schließlich abgehängt. Auch Stimmen aus der Politik forderten nun weitergehende Konsequenzen.

In den folgenden Wochen wurden immer weitere Kunstwerke entdeckt, die die Grenze zum israelbezogenen Antisemitismus klar überschritten. Die Bildserie »Guernica Gaza« des palästinensischen Künstlers Mohammed al-Hawajri setzte das Vorgehen der israelischen Armee im Gazastreifen mit der Bombardierung der baskischen Stadt 1937 durch die deutsche Legion Condor im spanischen Bürgerkrieg gleich. Als Reaktion auf die Zerstörung hatte Pablo Picasso sein berühmtes Gemälde »Guernica« gemalt.

Die ebenfalls auf der Documenta gezeigten »Tokyo Reels«-Filme wurden von einem ehemaligen Mitglied der japanischen Rote-Armee-Fraktion mitinitiiert, eine Terrororganisation, die für einen Anschlag 1972 auf den Flughafen von Tel Aviv verantwortlich war. Dabei ermordete sie 26 Personen. Die Filme selbst sind voller Hass auf Israel. Sie stellen die Gründung des Staates als zionistische Verschwörung dar, sind voller Falschbehauptungen über vermeintliche israelische Verbrechen und glorifizieren den Tod von Kindern und Jugendlichen im Kampf gegen Israel. Es ließen sich noch zahlreiche weitere Kunstwerke anführen.

Die Kritik an der Kasseler Ausstellung wurde deshalb auch immer lauter. Der Antisemitismusskandal beschäftigte die Feuilletons der deutschen Zeitungen ausführlich. Nach anfänglicher Weigerung musste die Generaldirektorin der Documenta zurücktreten. Das Kuratorenkollektiv veröffentlichte mehrere Stellungnahmen, musste sich im Bundestag und in der Öffentlichkeit erklären, zeigte sich aber weitgehend uneinsichtig und stellte sich als Opfer einer kolonialistischen Kritik dar.

Die politisch Verantwortlichen auf Bundes- und Landesebene erklärten, die Entscheidungsstrukturen der Kunstausstellung zu reformieren und über die Gesamtkonzeption nachzudenken. Das eingesetzte Expertengremium aus fünf Wissenschaftlern unterschiedlicher

Disziplinen zur fachwissenschaftlichen Begleitung der Documenta schrieb in seiner Presseerklärung am 10. September 2022: Es werde »deutlich, dass die gravierenden Probleme der Documenta fifteen nicht nur in der Präsentation vereinzelter Werke mit antisemitischer Bildsprache und antisemitischen Aussagen bestehen, sondern auch in einem kuratorischen und organisationsstrukturellen Umfeld, das eine antizionistische, antisemitische und israelfeindliche Stimmung zugelassen hat«.

Dieses Urteil über die bedeutendste Kunstausstellung in der Bundesrepublik ist verheerend. Die Debatte über die Documenta, über Antisemitismus in der Kunst und antisemitische Bildsprache verdeutlicht die vielen unterschiedlichen Erscheinungsformen der Judenfeindschaft. Zugleich machte sie die globale Reichweite antisemitischer Stereotype deutlich. Im globalen Süden erscheint der Judenhass in postkolonialer, progressiver Hülle und meist als Kritik an Israel.

In erster Linie zeigt die Debatte aber, dass der Antisemitismus eine bestimmte Art zu denken darstellt, eine Art, die Welt zu begreifen. Damit funktioniert er unabhängig vom nationalen Kontext, von den konkreten historischen Erfahrungen und der realen Präsenz von Juden. Er ist ein weltweit auftretendes Ressentiment, das dazu dient, unverstandene gesellschaftliche Verhältnisse zu rationalisieren, sie in ein dichotomes Gut-Böse-Schema zu pressen und Sinn aus einer als halt- und sinnlos empfundenen Welt zu gewinnen.

Schlussbemerkung

Der Judenhass zieht sich durch die Geschichte von der Antike bis in die Gegenwart. Seine unterschiedlichen Formen und seine historischen Wandlungen vom christlichen Antijudaismus über den modernen »rassischen« bis zum sekundären und israelbezogenen Antisemitismus werden in diesem Buch dargestellt. Diese erstaunliche Wandlungsfähigkeit ist ein wichtiger Grund für die Beständigkeit des Hasses über mehr als 2000 Jahre. Sie ist zweifellos erklärungsbedürftig, erschwert aber zugleich eine eindeutige Definition des Gesamtphänomens.

Bei allen Unterschieden der verschiedenen Erscheinungsformen besteht doch zugleich eine erstaunliche Kontinuität bestimmter Elemente. So taucht etwa das Motiv des jüdischen Ritualmords und der Entführung christlicher Kinder aus dem Antijudaismus abgewandelt heutzutage in der rechtsextremen QAnon-Verschwörungsmythologie wieder auf. Ohnehin gehen nahezu alle Formen der Judenfeindschaft mit Verschwörungserzählungen einher.

Es war das Anliegen dieses Buches, die historische Entwicklung des Judenhasses in knapper Form darzustellen. Dabei konnten und sollten nicht alle Aspekte oder Ereignisse berücksichtigt werden. Ich hoffe aber, dass es trotzdem einen profunden Einblick in die unterschiedlichen Erscheinungsformen des Judenhasses vermittelt und zur weiteren Beschäftigung anregt.

Es handelt sich hierbei um ein historisches Werk, aber das Thema ist kein historisches – es ist ein erschreckend aktuelles. So ermittelte die Mitte-Studie der Friedrich-Ebert-Stiftung für 2020 knapp über vier Prozent manifeste und 15 Prozent latente Zustimmung der Befragten zu eindeutig antisemitischen Aussagen in der Bundesrepublik. Die Leipziger Autoritarismusstudie kam sogar zu deutlich höheren Zahlen. Ihr zufolge stimmten 10,2 Prozent der befragten Personen manifest und 24,6 Prozent latent judenfeindlichen Behauptungen zu. Die Zustimmungsraten bei israelbezogenem Antisemitismus sind noch sehr viel höher.

Der Antisemitismus ist jedoch kein nationales Phänomen. Auch ein Überblick der European Union Agency for Fundamental Rights von

2021 zeigt, dass sich der Antisemitismus zwischen 2010 und 2020 europaweit stabil hält und in mehreren Ländern seit einigen Jahren ansteigt. Der Judenhass ist allerdings auch nicht ausschließlich ein Problem im christlich geprägten Europa, sondern kommt in allen Weltgegenden vor. So verzeichnet der Bericht des Center for the Study of Contemporary Jewry der Universität in Tel Aviv für 2021 eine deutliche Zunahme antisemitischer Vorfälle weltweit.

Woher kommt diese globale Verbreitung des Judenhasses heutzutage, auch in Ländern, in denen keine oder so gut wie keine Juden leben? Das Ressentiment gegen Juden erklärt sich demgemäß nicht aus ihrem Verhalten, sondern hat seinen Ursprung in der sie umgebenden Mehrheitsgesellschaft. Deshalb stellt die Judenfeindschaft gewissermaßen eine Sonde dar, um die jeweiligen gesellschaftlichen Verhältnisse auszuleuchten. Sie erfüllt anscheinend global eine ideologische Funktion, befriedigt ein verbreitetes Bedürfnis. Der Antisemitismus ist aber keine *creatio ex nihilo*, keine Schöpfung aus dem Nichts. Er fällt nicht einfach vom Himmel, sondern wird von den sozialen Umständen hervorgebracht. Gewissermaßen stellt er ein »notwendig falsches Bewusstsein« dar, eine ideologische Reaktion auf unverstandene Verhältnisse.

Der individuelle Alltagsverstand durchschaut die Funktionsmechanismen der Gesellschaft nicht unmittelbar. Komplexe wirtschaftliche und politische Prozesse bleiben unverstanden. Dadurch erscheinen sie bedrohlich. Statt aber das eigene Nichtwissen einzugestehen, also beispielsweise die Komplexität der Moderne anzuerkennen, neigen Menschen häufig dazu, sie zu rationalisieren. Die Verhältnisse werden damit greifbar gemacht. Die Ursachen von abstrakten Prozessen werden auf das konkrete Handeln von Individuen projiziert, darauf zurückgeführt. Sie werden personalisiert, es werden Schuldige ausgemacht, die für die Entwicklungen verantwortlich seien. Durch diesen ideologischen Verstehensmechanismus scheinen die unverstandenen Verhältnisse leichter zu durchschauen und zu bewältigen. Zugleich bleiben die Umstände für den Einzelnen unerträglich, weshalb sich die aggressiven Gefühle auf die Juden als vermeintlich Schuldige richten, die stets auf ihre praktische Umsetzung, also zur Gewalt, drängen. Die Personalisierung und die Projektion innerer, unbewältigter Konflikte in die Außenwelt sind das Zentrum aller Verschwörungserzählungen. Und nahezu alle Verschwörungserzählungen wiederum sind antisemitisch.

Neben der verblendeten Reaktion auf die komplexe Moderne basiert der Antisemitismus auf einer langen Tradition stereotyper Judenbilder im kulturellen Gedächtnis, die situativ abgerufen werden können. Damit enthalten sie eine aktualisierbare Wirkmächtigkeit. Auf diese Weise leben archaische Bedürfnisse, Gefühle, Vorurteile in der Gegenwart fort und werden an den Juden entladen. Der Judenhass kann sich daher aus einem breiten Fundus antijüdischer Bilder und Vorstellungen bedienen.

Auch wenn die unverstandenen gesellschaftlichen Verhältnisse eine Form der Rationalisierung produzieren, stellt sie doch keine unausweichliche Notwendigkeit dar, der das Individuum sich nicht erwehren könnte. Die Menschen sind dem »falschen Bewusstsein« nicht einfach hilflos ausgeliefert. Es ist schließlich nur notwendig in dem Sinne, dass es aus den gesellschaftlichen Verhältnissen resultiert. Folglich sind ihm zwar alle erst einmal unterworfen, können sich nicht vollständig davon lösen, müssen ihm aber nicht nachgeben. Ebenso wenig muss das Individuum die archaischen Gefühle projektiv und aggressiv bewältigen. Es kann sich ihrer reflexiv bewusst werden. Die sozialen Umstände, welche die Ressentiments produzieren, sind ebenfalls nicht naturgegeben. Scheinbar natürliche Verhältnisse können geändert oder durchbrochen werden. Diese Veränderung wäre eine gesellschaftspolitische Aufgabe.

Ein anderes individuelles Verhalten ist ebenfalls möglich: Die menschliche Vernunftfähigkeit ermöglicht jedem Einzelnen die Reflexion. Einfache, naheliegende Erklärungen müssen nicht automatisch übernommen werden. Deshalb ist der Antisemit für sein hasserfülltes Ressentiment zu kritisieren, er ist verantwortlich für seine Haltung und die daraus resultierenden Taten. Insofern kann der Judenhass trotz seiner langen Geschichte auch bekämpft werden, sowohl auf gesellschaftlicher als auch auf individueller Ebene.

Gesellschaftlich geht es um Aufklärung, um politische und zivilgesellschaftliche Programme gegen Judenhass. Es geht darum, jüdisches Leben in Deutschland und weltweit zu schützen und alle Erscheinungsformen des

Antisemitismus zu bekämpfen; und es geht um staatliche Repression gegen Antisemiten. Derartige Initiativen sichern die Grundlagen der demokratischen, pluralen Gesellschaft. Der Antisemitismus hingegen bedroht sie in ihrem Kern. Deshalb ist der Kampf gegen den Antisemitismus keine jüdische, sondern eine zentrale gesamtgesellschaftliche Aufgabe. Gerade vor dem Hintergrund der deutschen Geschichte, angesichts des NS-Regimes und der Ermordung von sechs Millionen Juden, stellt eine liberale Ordnung in der Bundesrepublik eine kaum zu überschätzende Errungenschaft dar.

Auf individueller Ebene geht es darum, sich simplen Denkmustern zu entziehen, die Komplexität der Entwicklungs- und Veränderungsprozesse zu reflektieren sowie ein kritisches Bewusstsein und historische Urteilskraft auszubilden. Die Kenntnis der geschichtlichen Entwicklung des Antisemitismus stellt hierfür einen wichtigen Baustein dar. Wenn dieses Buch dazu ein Stück beitragen konnte, dann ist sein Zweck erfüllt.

Nachwort

Das Buch war bereits vor dem 7. Oktober 2023 abgeschlossen. Es ist aber unmöglich, nicht auf diesen Tag einzugehen. Zumindest soll dies in einem kurzen Nachwort geschehen. An jenem 7. Oktober überfiel die islamistische Terrororganisation Hamas Israel. In einem barbarischen Massaker töteten die Terroristen in wenigen Stunden über 1200 Juden, vom Baby über feiernde und tanzende junge Menschen bis zum Greis. Sie vergewaltigten Frauen und entführten über 200 Menschen als Geiseln in den von ihnen kontrollierten Gazastreifen. Dieses antisemitische Pogrom an einem Schabbat markiert einen Einschnitt in der Geschichte Israels. Es ist der Tag, an dem so viele Juden ermordet wurden wie seit dem Holocaust nicht mehr. Es ist der Tag, an dem die Verletzlichkeit Israels deutlich wurde. Das Schutzversprechen für alle Juden, in einem jüdischen Staat ohne Angst leben zu können, wurde durch den Massenmord konterkariert.

Israel muss nun reagieren, militärisch und mit Härte, um zukünftig wieder glaubwürdig seine Feinde abzuschrecken. Noch immer gilt:

Wenn die Palästinenser und ihre Verbündeten die Waffen niederlegen würden, gäbe es Frieden. Wenn Israel die Waffen niederlegen würde, gäbe es kein Israel mehr.

Die Hamas muss zerschlagen werden, damit überhaupt wieder Hoffnung auf Frieden im Nahen Osten aufkommen kann. An Frieden hat sie aber, wie auch ihr Förderer, das iranische Mullah-Regime, keinerlei Interesse. Sie will Israel vernichten, Juden töten und ein Palästina vom Jordan bis zum Mittelmeer errichten. Die Hamas sabotiert daher bewusst die Annäherungen zwischen Israel und den arabischen Staaten.

Ferner übernahm sie nach dem israelischen Abzug 2005 infolge eines innerpalästinensischen Bürgerkrieges im Gazastreifen die Macht und errichtete ein diktatorisches Regime, unter dem vor allem die dortige Bevölkerung leidet. Internationale Hilfsgelder nutzt die Hamas, um Terror zu finanzieren, anstatt zivile Infrastruktur aufzubauen. Raketenabschussvorrichtungen sind ihr wichtiger als Wasserleitungen. Das Wohlergehen der Bevölkerung in Gaza ist nicht ihre Priorität.

Sie platziert militärisches Gerät bewusst in zivilen Gebäuden, in Schulen, neben Krankenhäusern. Sie nimmt den Tod von palästinensischen Zivilisten nicht nur in Kauf, sondern kalkuliert ihn bewusst ein. Je mehr Tote, desto besser für die Hamas. Je schrecklicher die Bilder, desto größer die propagandistische Wirkung. Deutlich machte diesen Sachverhalt die Explosion am al-Ahli-Arab-Krankenhaus im Gazastreifen. Allen Indizien zufolge war dafür nicht die israelische Armee verantwortlich, sondern der Islamische Dschihad, eine weitere palästinensische Terrororganisation. Die Hamas beschuldigte Israel, und das Urteil der Weltöffentlichkeit stand schnell fest: Israel begeht Kriegsverbrechen in Gaza.

Sicherlich wird der israelische Militäreinsatz nicht ohne Leid ablaufen (können), aber dafür ist die Hamas verantwortlich. Sie hindert die Bevölkerung daran, sich in Sicherheit zu bringen. Sie sorgt sich nicht in erster Linie um das Leben der Palästinenser, sondern verfolgt ihre eliminatorisch-antisemitischen Ziele.

Die Hamas und ihre Verbündeten stellen das größte Hindernis für einen langfristigen Frieden in der Region dar. Deshalb müsste der Ruf aller sein, die sich für die Palästinenser und einen souveränen palästinensischen Staat engagieren: Free Gaza from Hamas, befreit Gaza von der Hamas. Wie naiv diese Vorstellung ist, zeigen die weltweiten Reaktionen. Selbst wenn Israel ein Verteidigungsrecht zugestanden wird, folgt danach nicht selten ein »Aber«. Der jüdische Staat wird zur Zurückhaltung aufgerufen und vor Kriegsverbrechen gewarnt. Derartige Positionen bestimmen den Diskurs in den meisten europäischen Ländern. Viele Länder des globalen Südens oder Diktaturen und Autokratien wie China oder Russland gestehen Israel nicht einmal das Recht auf Verteidigung zu, beklagen die Unterdrückung der Palästinenser und die vermeintliche koloniale Besatzung. In den arabischen Ländern finden Massendemonstrationen gegen Israel statt, und auch in vielen europäischen Staaten gehen Tausende für die Hamas auf die Straße, besonders in Gesellschaften mit einem großen muslimischen Bevölkerungsanteil.

Ihre völlige moralische Verkommenheit bewiesen große Teile der politischen Linken weltweit in den vergangenen Wochen. In amerikanischen Eliteuniversitäten fordern sich als fortschrittlich verstehende Studierende die Verurteilung Israels, reden von einem »israelischen Apartheidsregime« und betrachten den komplexen Konflikt im Nahen Osten ausschließlich durch die Linse des Postkolonialismus. In Frankreich weigert sich der Vorsitzende der linken Partei La France Insoumise, Jean-Luc Mélenchon, den Überfall der Hamas als Terror zu bezeichnen. Indirekt macht er Israel selbst für das Massaker verantwortlich. Die internationale Organisation Fridays for Future mit ihrer Ikone Greta Thunberg warnt vor einem Völkermord in Gaza durch die israelische Armee und raunt in antisemitischen Verschwörungstopoi von einer Gehirnwäsche durch westliche Medien und einer einseitigen, proisraelischen Berichterstattung. Dass eine Umweltorganisation überhaupt eine Haltung zu Israel vertritt, während sie über die meisten anderen kriegerischen Konflikte schweigt, verweist auf die nahezu pathologische Beschäftigung der Linken mit dem jüdischen Staat. Wenn dann noch Hunderte deutsche Linke vor dem Außenministerium in Berlin die Befreiung Palästinas von deutscher Schuld fordern, tritt bei dieser postkolonialen Variante der rechtsextremen »Schuldkult«-Erzählung endgültig Fassungslosigkeit ein. Ebenso, wenn queerfeministische Gruppen sich auf die Seite der Hamas schlagen, deren Ideologie und Politik genau für das Gegenteil einer pluralen, diversen Gesellschaft steht. Sexuelle Minderheiten sind die ersten Opfer, die unter dem repressiven islamistischen Tugendterror leiden, sei es in Gaza, im Iran oder anderswo.

Mittlerweile steigt der Antisemitismus weltweit an. Jüdische Einrichtungen werden angegriffen, Juden auf der Straße drangsaliert. Bisweilen nehmen die antijüdischen Ausschreitungen einen pogromartigen Charakter an, wie auf dem Flughafen in der russischen Republik Dagestan im Nordkaukasus.

Diese Aufzählung ließe sich fortsetzen. Sie genügt aber, um zu zeigen, wie ungefiltert sich die unterschiedlichen Formen des Judenhasses in den Reaktionen auf das Massaker der Hamas wieder Ausdruck verleihen, vom israelbezogenen Antisemitismus über die Täter-Opfer-Umkehr bis hin zu antisemitischen Verschwörungserzählungen.

Angesichts dessen bin ich geschockt und sprachlos, wenn auch nicht verwundert. Der Judenhass weist schließlich eine lange historische Tradition auf. Seine Geschichte stellt dieses Buch dar. Die letzten Wochen haben seine Brisanz und traurige Aktualität deutlich gemacht. Diese Feststellung ist deprimierend.

Sebastian Voigt
Leipzig/München, Ende Oktober 2023

Nachwort zur zweiten Auflage

Für die zweite Auflage wurden kleinere Fehler korrigiert und einige sprachliche Veränderungen vorgenommen.

Der israelische Militäreinsatz nach dem pogromartigen Massaker der Hamas am 7. Oktober 2023 ist noch im Gange; sein Ziel, die Terrororganisation zu zerschlagen, nicht erreicht; sein Ausgang unklar. Abgesehen von der weltweit steigenden Feindschaft gegen Juden sowie gegen Israel und den pro-palästinensischen, oftmals antisemitischen Demonstrationen ruft mittlerweile auch der wichtigste Verbündete, die Vereinigten Staaten von Amerika, den jüdischen Staat zur Zurückhaltung angesichts des Leids der Bevölkerung im Gaza-Streifen auf. Dieses Leid ist unbeschreiblich. Die israelische Kriegsführung trifft neben den Terroristen viele Unschuldige. Diese Opfer sind in einem dicht besiedelten Gebiet trotz aller Vorsichtsmaßnahmen des Militärs kaum zu vermeiden.

Notwendig ist es, sich angesichts dessen in Erinnerung zu rufen, warum Israel diesen Krieg führt: als Reaktion auf das Pogrom der Hamas, auf das Abschlachten von 1200 Juden, die massenhafte und systematische Vergewaltigung von Frauen, Folter und die Geiselnahme von über 200 Personen. Dieser Krieg gilt der Zerstörung einer eliminatorisch-antisemitischen Organisation, die sich nie um das Wohlergehen der Menschen im Gaza-Streifen geschert hat.

Es bleibt zu hoffen, dass die Akteure vor Ort perspektivisch zu einem dauerhaften Frieden kommen, den allerdings weder die Hamas noch ihr Unterstützer, das iranische Regime, anstreben. Deshalb sollten die moderaten arabischen Staaten in Absprache mit Israel und Amerika für eine Zukunft des Gaza-Streifens ohne die Hamas sorgen und den destabilisierenden iranischen Einfluss zurückdrängen. Sie stellt mit ihren Verbündeten das größte Hindernis für einen Frieden dar und ist hauptverantwortlich für das Leid der Menschen im Gaza-Streifen: Free Gaza from Hamas.

Sebastian Voigt
Leipzig/München, Anfang Januar 2024

Danksagung

An der erfolgreichen Niederschrift dieses Buches haben viele Personen ihren Anteil. Zuallererst danke ich Rüdiger Müller vom S. Hirzel Verlag für die Anfrage, die gute Zusammenarbeit und seine Geduld. Ebenso danke ich Thomas Steinhoff für das sorgfältige Lektorat. Benjamin Männel und Felix Berge lasen das gesamte Manuskript. Ihr ehrliches Feedback und ihre Anmerkungen machten den Text besser. Darüber hinaus danke ich mehreren Freund*innen und Kolleg*innen, die Auszüge des Manuskripts kritisch lasen und kommentierten. Diese Unterstützung ermöglichte mir, Fehler zu vermeiden und sprachliche Unklarheiten zu beseitigen. Namentlich genannt seien in zufälliger Reihenfolge: Andreas Rentz, Anna Ullrich, Stefan Hofmann, Samuel Miner, Lorraine Ong, Fabian Weber, Philipp Dinkelaker, Julana Bredtmann, Jonas Jung, Felix Lieb, Marc Schwietring, Lilli Helmbold und Patrick Hesse.

Zu guter Letzt danke ich Andreas Wirsching, dem Direktor des Instituts für Zeitgeschichte, der mir den notwendigen Freiraum gewährte, ohne den intellektuelle Reflexion und das Verfassen von Texten nicht möglich ist.

Sebastian Voigt
Leipzig/München, August 2023

Literaturverzeichnis

Benz, Wolfgang, u. a. (Hg.): Handbuch des Antisemitismus. Judenfeindschaft in Geschichte und Gegenwart. Unveränderter Nachdruck, 9 Bände. Darmstadt: wbg Academic 2022

Bergmann, Werner: Geschichte des Antisemitismus. München: C. H. Beck 2020

Bernstein, Julia: Israelbezogener Antisemitismus. Erkennen – Handeln – Vorbeugen. Weinheim: Verlagsgruppe Beltz 2021

Brumlik, Micha: Antisemitismus. 100 Seiten. Stuttgart: Reclam 2020

Eriksen, Trond Berg/Harket, Håkon/Lorenz, Einhart: Judenhass. Die Geschichte des Antisemitismus von der Antike bis zur Gegenwart. Göttingen: Vandenhoeck & Ruprecht 2019

Grigat, Stephan (Hg.): Kritik des Antisemitismus in der Gegenwart. Erscheinungsformen – Theorien – Bekämpfung. Baden-Baden: Nomos 2023

Hahn, Hans-Joachim/Kistenmacher, Olaf (Hg.): Beschreibungsversuche der Judenfeindschaft II. Antisemitismus in Text und Bild – zwischen Kritik, Reflexion und Ambivalenz. Europäisch-jüdische Studien. Beiträge; Band 37, Berlin/Boston: De Gruyter Oldenbourg 2019

Holz, Klaus/Haury, Thomas: Antisemitismus gegen Israel. Hamburg: Hamburger Edition 2021

Jander, Martin/Kahane, Anetta (Hg.): Gesichter der Antimoderne. Gefährdungen demokratischer Kultur in der Bundesrepublik Deutschland. Interdisziplinäre Antisemitismusforschung; Band 12, Baden-Baden: Nomos 2020

Keßler, Mario: Sozialisten gegen Antisemitismus. Zur Judenfeindschaft und ihrer Bekämpfung (1844–1939). Hamburg: VSA-Verlag 2022

König, Mareike/Schulz, Oliver (Hg.): Antisemitismus im 19. Jahrhundert aus internationaler Perspektive. Nineteenth Century Anti-Semitism in International Perspective. Schriften aus der Max-Weber-Stiftung; Band 1, Göttingen: V&R unipress 2019

Krah, Franziska: »Ein Ungeheuer, das wenigstens theoretisch besiegt sein muß«. Pioniere der Antisemitismusforschung in Deutschland. Frankfurt am Main: Campus 2016

Longerich, Peter: Antisemitismus: Eine deutsche Geschichte. Von der Aufklärung bis heute. München: Siedler 2021

Massing, Paul W.: Vorgeschichte des politischen Antisemitismus. Herausgegeben und mit einem Nachwort von Ulrich Wyrwa. Hamburg: Europäische Verlagsanstalt 2021

Peham, Andreas: Kritik des Antisemitismus. Stuttgart: Schmetterling-Verlag 2022

Rensmann, Lars: Demokratie und Judenbild. Antisemitismus in der politischen Kultur der Bundesrepublik Deutschland. Wiesbaden: VS-Verlag für Sozialwissenschaften 2004

Salzborn, Samuel: Globaler Antisemitismus. Eine Spurensuche in den Abgründen der Moderne. Weinheim: Beltz Juventa Basel 2018

Stögner, Karin: Antisemitismus und Sexismus. Historisch-gesellschaftliche Konstellationen. Baden-Baden: Nomos 2014

Der Autor

Dr. Sebastian Voigt ist wissenschaftlicher Mitarbeiter am Institut für Zeitgeschichte, München–Berlin, sowie Fellow am Institut für soziale Bewegungen in Bochum. Er unterrichtet außerdem als Lehrbeauftragter an der Universität der Bundeswehr in München und der Ruhr-Universität Bochum.

Er hat u. a. in der »TAZ«, dem »Tagesspiegel«, der »Jerusalem Post« und der »Jungle World« publiziert und wurde von vielen Medien interviewt. Außerdem hat er zahlreiche wissenschaftliche Veröffentlichungen, u. a. Der jüdische Mai '68. Pierre Goldman, Daniel Cohn-Bendit und André Glucksmann im Nachkriegsfrankreich, Vandenhoeck & Ruprecht, Göttingen/Bristol, CT, 2015 (2., durchgesehene Auflage 2016). Die Entstehung des modernen Antisemitismus, in: Deutsches Historisches Museum/Raphael Gross, u. a. (Hg.): Karl Marx und der Kapitalismus, Berlin/Darmstadt 2022, S. 57–65.

Peter Steinbach, Historiker und Politikwissenschaftler. Er lehrte als Professor für Politikwissenschaft bzw. Neuere und Neueste Geschichte an der Universität Passau, an der Freien Universität Berlin, an der Universität Karlsruhe und an der Universität Mannheim. Gemeinsam mit Johannes Tuchel ist er wissenschaftlicher Leiter der Gedenkstätte Deutscher Widerstand in Berlin.